Promenades dans les Villages de Paris

À mon frère,
soutien indéfectible et complice de toujours,
tranquille, enthousiaste et souriant.

L'auteur tient à adresser un grand merci à Pascal, Jean-Pierre et Marine, qui ont testé ces balades avec un grand sérieux (et apparemment aussi beaucoup de plaisir).
Merci aussi à toutes les professions paramédicales (podologues, kinés, masseurs, dentistes et autres psychothérapeutes) qui ont eu la bonne idée d'installer leur cabinet dans des cours privées, nous en offrant ainsi un accès discret en journée.

Promenades dans les Villages de Paris

DOMINIQUE LESBROS

16 itinéraires de charme

dans les anciens faubourgs de la capitale

PARIGRAMME

Sommaire

Avant-propos 9

La Villette
De Stalingrad au parc de La Villette 17

Belleville
De la place des Fêtes au parc des Buttes-Chaumont 37

Ménilmontant
De Saint-Fargeau au métro Ménilmontant 55

Charonne
De la porte de Bagnolet au métro Avron 65

Bercy
De la porte de Charenton à la cour Saint-Émilion 77

Ivry
Du métro Nationale à la porte d'Ivry 91

Gentilly
Du métro Corvisart au parc Montsouris 101

Petit-Montrouge
Du métro Gaîté au parc Montsouris 115

Vaugirard
De la porte de Brancion au métro Sèvres-Lecourbe 135

Grenelle
Du métro Dupleix au métro Javel 147

Auteuil
De la porte de Saint-Cloud au métro Jasmin 157

Passy
Du Trocadéro à La Muette 173

Ternes
De l'Arc de Triomphe à la porte Maillot 191

Batignolles
Du métro Brochant au métro Villiers 203

Montmartre
Du métro Blanche au métro Château-Rouge 219

La Chapelle-Saint-Denis
De Barbès au métro Marx-Dormoy 247

Bibliographie 259

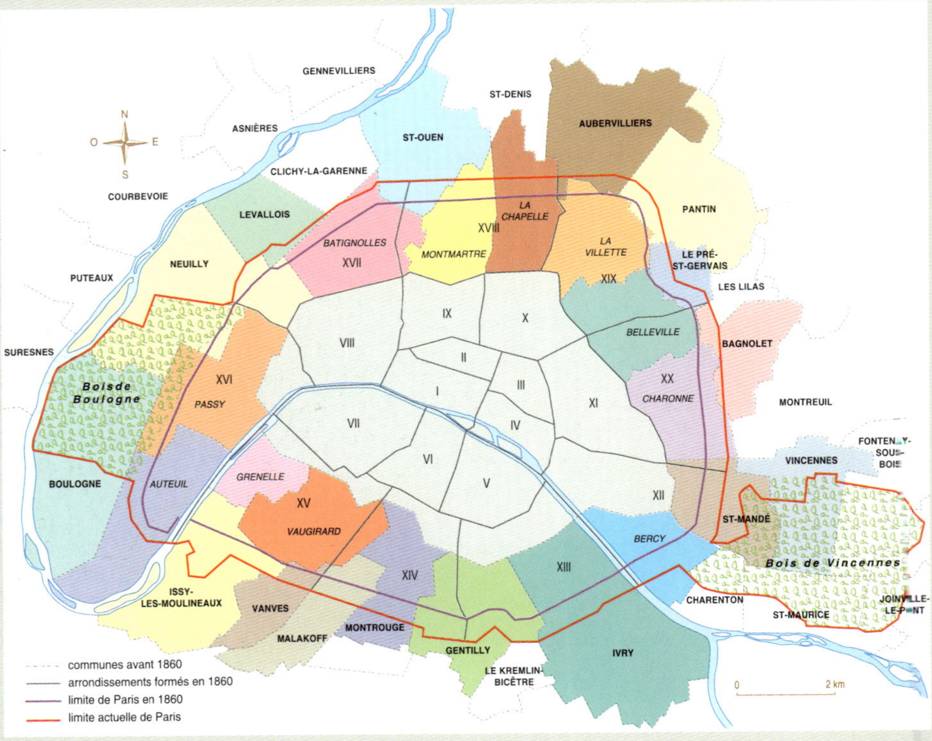

Plan de l'annexion des communes et de la nouvelle division de Paris en vingt arrondissements. [© Parigramme]

Avant-propos

Belleville, Passy, Ménilmontant, Batignolles, Montmartre... Le nom de ces quartiers parisiens exhale un parfum de village champêtre qui fait écho à un passé pas si lointain. Avant l'annexion de 1860 qui les a rattachés à Paris, c'étaient des communes indépendantes avec une identité propre à chacune. Certaines se sont déroulées en coquille d'escargot autour du clocher paroissial, d'autres se sont développées le long d'un grand axe de communication, d'autres encore furent créées de toutes pièces sur une terre quasiment vierge à la faveur d'une fièvre spéculative. (Vous aurez peut-être reconnu Montmartre, Charonne et Passy, autour de l'église ; La Villette, La Chapelle et Vaugirard, le long d'une route et les « villes nouvelles » de Grenelle et des Batignolles.)

À l'origine, ces villages étaient quasiment tous des bourgs ruraux que le relief, la géologie et l'histoire ont modelés différemment. Ceux perchés sur une colline furent souvent élus comme lieux de villégiature ; ceux posés dans la plaine ou au bord d'un cours d'eau colonisés par des industries ; ceux plantés sur d'anciennes carrières se caractérisent par leurs parcs et leurs légères maison nettes... L'Histoire, elle, s'est chargée de bousculer les plans cadastraux.

La Révolution eut pour conséquence le démembrement de grands domaines féodaux (châteaux de Bercy et de Charonne, abbaye de Montmartre, parc de la Muette à Passy). Dans cette brèche s'engouffrèrent d'opportunistes promoteurs. Une autre révolution, industrielle celle-là, fit pousser des usines monstrueuses sur des terres jadis maraîchères.

Toutes ces données ont façonné les particularités des communes suburbaines – particularités que l'annexion n'a pas totalement fait disparaître. La pierre en garde trace, parfois sous forme de vestiges flagrants ou discrets, parfois en filigrane dans le paysage. Comment expliquer par exemple à La Villette la présence d'un îlot d'immeubles

La rue Saint-Blaise, à Charonne, a gardé des allures de village.

modernes au milieu d'un tissu serré de bâtisses anciennes ? Par la démolition d'une usine à gaz et la libération soudaine de vastes terrains. Pourquoi les artistes se sont-ils installés à Montparnasse ? Pourquoi tant d'impasses, de cours et de villas à Belleville et Charonne ? Les réponses sont à piocher dans l'histoire des villages qui éclaire la réalité du Paris actuel. Des surprises sont souvent au rendez-vous. Qui se serait douté qu'une haineuse rivalité opposait Vaugirard et Grenelle ? Qu'un chic quartier des Buttes-Chaumont était jadis un ignoble cloaque et qu'en revanche, La Chapelle embaumait la rose ? Que la réputation d'hospitalité et de bienveillance des habitants de Passy était telle qu'on les surnommait les Câlins ? Le tissu urbain offre, à qui sait le lire, de savoureuses évocations couleur sépia. Un perron surélevé et quelques marches grignotant le trottoir qui révèlent une pente édulcorée (rues de Belleville, de Bagnolet, de Charenton, Saint-Vincent), un blason ou des numéros de rue égarés (rues Lepic, Guyton-de-Morveau), une pierre émoussée de guingois sur la chaussée (rue Berton)… Le cœur de Paris n'a pas l'apanage du pittoresque. Sa couronne est fleurie de pépites qui évoquent par bribes le quotidien des villageois.

Un mur qui bouscule la donne

Jusqu'à la fin du XVIIIe siècle, les villages entourant Paris se développèrent doucettement, à leur rythme et sans heurts, faisant office de grenier et de réserve de pierre à bâtir pour la capitale. La construction du mur des Fermiers généraux, en 1788, changea la donne.

La collecte des impôts était assurée depuis le XVIe siècle par la Ferme générale, une compagnie de quarante financiers appelés « fermiers généraux ». Ceux-ci avaient un contrat avec le roi : ils s'engageaient à verser chaque année une certaine somme au Trésor royal, charge à eux

Ancienne mairie du village de Grenelle, place du Commerce (15e).

de définir les taxes. Leur revenu résultait de la différence entre les droits perçus et le montant du bail versé au Trésor royal qui, trop content de percevoir son dû, fermait les yeux sur les méthodes utilisées. La Ferme générale employa jusqu'à 25 000 agents : une partie s'occupait de vérifier, percevoir et liquider les droits, l'autre luttait contre la fraude et la contrebande. Les fermiers généraux amassèrent des fortunes colossales et s'attirèrent la haine des Parisiens. Tout objet ou denrée destiné à la consommation entrant dans Paris était soumis à l'octroi : vin, paille, bois, charbon, fruits cuits, viande dépecée, gibier, volailles... Chacun cherchait évidemment à s'y soustraire et vers la fin du XVIIIe, la fraude était telle que les fermiers généraux obtinrent du roi la construction d'une enceinte fiscale autour de la ville. Un mur de 3,40 mètres de haut s'éleva sur un périmètre de 28 kilomètres, percé de 54 portes fermées par des grilles et flanquées de bâtiments dits « barrières » pour le logement et les bureaux des employés de l'octroi. Une poussée de haine gagna les Parisiens qui, le 12 juillet 1789, avant même de prendre la Bastille, s'en prirent au « mur murant Paris », pillant le bureau Saint-Martin. La Révolution supprima l'octroi, qui réapparut cependant en 1798 car il fallait bien remettre un peu d'ordre et de prospérité dans les finances municipales. La fraude prit alors une autre dimension. Les resquilleurs rivalisèrent d'ingéniosité. Impossible de passer par les tunnels des anciennes carrières car les bâtisseurs du mur avaient pris soin d'élever à l'aplomb de celui-ci des maçonneries appelées « mur de fraude », destinées à empêcher toute communication. Les contrebandiers creusèrent de véritables chemins de taupe pour pénétrer dans Paris. Le plus long boyau observé (intact) reliait une cave du 29 de la rue Duméril (13e) à une autre du 103 boulevard de l'Hôpital et mesurait 208 mètres. Son existence fut découverte lors de la démolition de l'immeuble dans lequel il débouchait. Dans ces boyaux passaient à longueur de journée des individus chargés de tonneaux de vin, de bonbonnes d'eau-de-vie ou de chapelets de saucisses.

Qui dit octroi dit guinguette

Il y avait un autre moyen, légal celui-là, de contourner l'octroi : s'établir en dehors de l'enceinte de Paris. Ce que firent quantité de cabaretiers qui installèrent près des barrières et en bordure des routes principales une ribambelle de guinguettes, où l'on allait manger, boire et danser. La muraille encerclant Paris se doublait

Démolition du mur d'octroi à la barrière de Clichy, en 1859. Gravure extraite de *The Illustrated London News*, 18 février 1860. (BnF)

donc d'une broderie de guinguettes en guise de pendeloques. Ces établissements tapageurs joueront un rôle primordial dans l'histoire de la banlieue car ils furent la première cause de son peuplement spectaculaire, à laquelle s'ajouteront un peu plus tard l'accroissement des loyers *intra-muros*, la multiplication des moyens de transport, la création d'industries nouvelles, le goût de la villégiature et la fièvre de la spéculation.

En 1830 se posa la question de la défense militaire de la capitale. Le mur des Fermiers généraux ne pouvait assumer ce rôle. Le gouvernement décida de construire une enceinte fortifiée dans les faubourgs. Thiers, le ministre de la Guerre, supervisa les travaux qui s'achevèrent en 1845. Une muraille ininterrompue de trente-trois kilomètres de longueur et de six mètres d'épaisseur encercla la banlieue, coupant parfois en deux certains villages (Gentilly, Ivry, Montrouge…), raison d'État oblige. Cette enceinte fortifiée, la plus vaste du monde autour d'une ville, se révéla en 1870 totalement inefficace ; aussi fut-elle démolie, entre 1920 et 1924.

Prise en sandwich entre ces deux enceintes, l'une fiscale, l'autre militaire, la petite banlieue se développa dans la première moitié du XIXe siècle de façon anarchique. C'était un patchwork livré à vingt administrations diverses et peuplé d'une population incontrôlable. Dans les villages et hameaux de la périphérie se déversait le trop-plein de la population laborieuse, chassée de la capitale par les grands travaux d'Haussmann ou attirée par le bon air de la campagne. De son côté, Paris était engorgé. L'hygiène en souffrait mais aussi la circulation. Fiacres, carrosses et cabriolets se roulaient dessus. Jeter des ponts en travers de la Seine et élargir les rues ne suffisait plus. Il était impossible de laisser les choses en l'état. De ce constat découla l'annexion.

Et Paris fit craquer son corset

L'annexion ne fut pas, comme on le croit souvent, un décret brutalement appliqué de but en blanc. Elle fit suite à une enquête d'utilité publique. Entre le 13 et le 27 février 1859 (soit quinze jours seulement), les habitants de Paris et de la banlieue furent invités à se rendre dans leur mairie pour consigner leurs remarques sur de petits cahiers portant en titre : « Registre des dires et observations du public ». Le commissaire enquêteur rédigea son rapport à partir de ces cahiers représentatifs de l'état d'esprit des populations.
Les Parisiens ne daignèrent pas se déplacer, curieusement indifférents à cette mesure qui allait doubler la superficie de la capitale et augmenter d'un tiers sa population. L'opération était jugée par tous comme imminente et indispensable. De plus, l'opinion publique avait d'autres chats à fouetter : une guerre contre l'Autriche et des troubles en Italie. Enfin, Haussmann, qui avait commencé ses travaux d'embellissement de Paris, bénéficiait de l'entière confiance des Parisiens. Les principales réclamations couchées sur le papier émanaient de petits artisans et d'industriels soucieux de devoir affronter la concurrence de leurs confrères établis au-delà du mur.
Les villageois, en revanche, inquiets, ne se privèrent pas de noircir les registres. Chaque municipalité avait sa propre organisation de vie, son réseau d'échanges, ses rouages bien huilés et tout allait être chamboulé !
Avant 1859, la majorité des habitants des communes suburbaines étaient soit cultivateurs, maraîchers, meuniers, carriers ; soit des petits rentiers et des employés que la cherté des loyers avait chassés de la capitale ; soit des ouvriers fixés à proximité de leurs usines. Tous redoutaient une augmentation du coût de la vie. *A contrario*, les classes aisées se frottaient les mains, anticipant une hausse de la valeur des terrains. Les élus étaient ravis que leur commune puisse bientôt profiter des commodités édilitaires de la capitale.
Tel fut le compte rendu de l'administration préfectorale : « Un certain nombre d'oppositions, éparses et modérées, dans presque toutes les communes, groupées et vives dans

La presse en parle

Et la presse, quel rôle joua-t-elle dans cet épisode ? L'indifférente. Même les journaux satiriques firent peu de cas de l'annexion, mesure discutée depuis vingt ans. Les caricatures furent bien douces : on voyait des gens qui couraient pour avoir le temps de faire leurs affaires dans la journée par suite de l'agrandissement de Paris ; les chevaux d'omnibus arriver de même, fourbus, aux nouvelles limites de leur ligne ; de braves campagnards tout étonnés de se trouver Parisiens ou encore la bonne ville de Paris faisant la toilette de ses nouveaux enfants.

trois ou quatre [La Chapelle, Belleville et Bercy. Nde], et dépassant, dans une seule, la mesure convenable [La Villette s'opposa vivement à son incorporation forcée. Id.], se sont produites au nom d'intérêts industriels et commerciaux, les seuls qui, en définitive, paraissent engagés dans la question. Cependant, la plupart des opposants admettent que des raisons de l'ordre le plus élevé puissent rendre nécessaire l'annexion à Paris [...] et se réduisent à demander des tempéraments, des exemptions, des privilèges. »

L'annexion des communes de banlieue à la capitale. Caricature de Morin.
(Coll. Debuisson)

Des conséquences plus ou moins prévisibles

Onze communes (Auteuil, Passy, les Batignolles, Montmartre, La Chapelle, La Villette, Belleville, Charonne, Bercy, Grenelle et Vaugirard) et des parties de treize autres se trouvèrent par là annexées à Paris. Mais il y avait entre elles et Paris un décalage considérable : la petite couronne pullulait de ruelles et d'impasses glauques, rares étaient les rues pavées et pourvues de trottoirs ; rares aussi l'alimentation en eau et en gaz, le raccordement aux égouts ; le balayage et l'arrosage de la voirie étaient inconnus ; les écoles peu nombreuses et l'on ne comptait en moyenne qu'un agent de police pour 5 000 habitants. Il fallut construire des édifices publics (mairies, écoles, églises), engager de grands travaux de voirie et d'aménagement, exproprier pour ouvrir des voies, racheter des concessions (Compagnie des Eaux, abattoirs, canal Saint-Martin), démolir le mur des Fermiers généraux... À cela s'ajouta un casse-tête toponymique. Chaque commune avait sa rue de l'Église et sa rue de la Mairie, sa rue des Saules ou des Cerisiers. Il fallut rebaptiser la majorité des voies en gommant les doublons, ce qui déconcerta longtemps les habitants des anciens villages.

Aux Batignolles, les anciennes dénominations villageoises se juxtaposent aux actuelles.

Le coût fut élevé pour Paris, beaucoup plus que prévu, et les Parisiens en subirent le contrecoup (hausse d'impôt). L'annexion ne fut pas une mesure fructueuse pour les finances de la ville mais une mesure imposée par un intérêt d'ordre public.

Avertissement

Cet ouvrage a pour cadre l'espace compris entre l'ancien mur des Fermiers généraux et les fortifications de Thiers – que délimitent à peu près aujourd'hui le métro aérien (lignes 2 et 6) et le boulevard périphérique. L'année 1860 a été prise comme date limite du Vieux Paris. Il ne sera donc pas (ou peu) fait mention des événements ou constructions survenus au-delà.

Sachez enfin que le week-end, de nombreuses cours, d'accès libre en semaine, se voient bloquées par des digicodes.

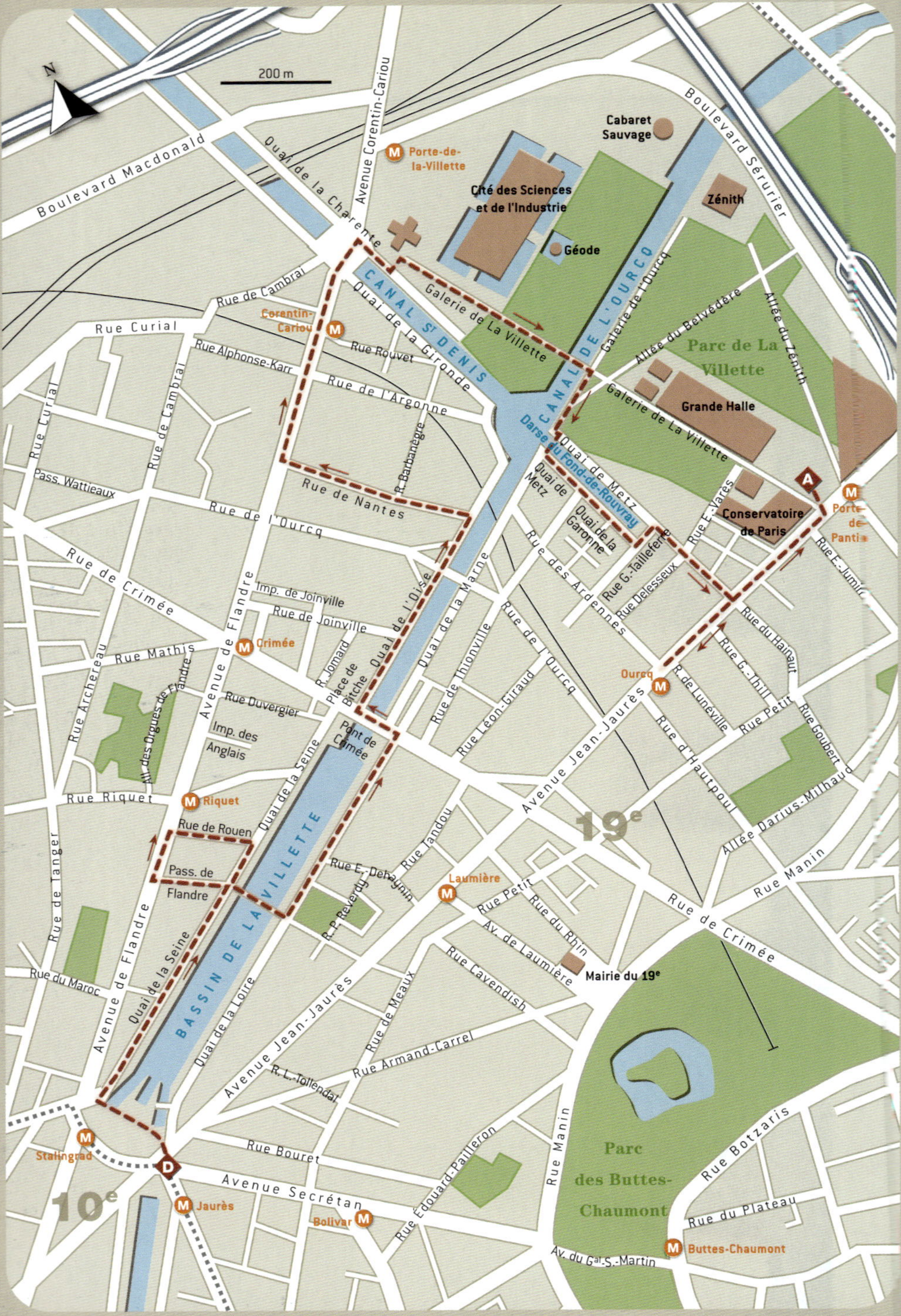
N
200 m
Boulevard Macdonald
Quai de la Charente
Avenue Corentin-Cariou
Porte-de-la-Villette
Cité des Sciences et de l'Industrie
Géode
Cabaret Sauvage
Zénith
Boulevard Sérurier
Rue de Cambrai
Corentin-Cariou
Rue Curial
Rue Alphonse-Karr
Rue Rouvet
Quai de la Gironde
Canal St Denis
Galerie de La Villette
Canal de l'Ourcq
Galerie de l'Ourcq
Allée du Belvédère
Allée du Zénith
Parc de La Villette
Grande Halle
Rue de l'Argonne
Rue Curial
Rue de Cambrai
Pass. Wattieaux
R. Barbanègre
Rue de Nantes
Darse du Fond-de-Rouvray
Quai de Metz
Quai de la Garonne
Rue E.-Varèse
Conservatoire de Paris
Porte-de-Pantin
Rue E.-Jumin
Rue de l'Ourcq
Rue de Crimée
Imp. de Joinville
Rue de Joinville
Avenue de Flandre
Rue G.-Tailleferre
Rue Delesseux
Rue des Ardennes
Rue de la Marne
Quai de l'Oise
Rue de Thionville
Rue de l'Ourcq
Rue du Hainaut
Rue G.-Thill
Rue Mathis
Crimée
R. Jomard
Place de Bitche
Rue Archereau
All. des Orgues de Flandre
Rue Duvergier
Imp. des Anglais
Pont de Crimée
Rue Léon-Giraud
Ourcq
R. de Lunéville
Rue Petit
Rue Goubert
Avenue Jean-Jaurès
Rue d'Hautpoul
Allée Darius-Milhaud
Rue Riquet
Riquet
Rue de Rouen
Quai de la Seine
Pass. de Flandre
Bassin de La Villette
Rue E. Dehaynin
Rue Tandou
19e
Rue Manin
Rue de Tanger
Rue du Maroc
Avenue de Flandre
Quai de la Seine
R. P. Reverdy
Laumière
Rue Petit
Rue du Rhin
Av. de Laumière
Mairie du 19e
Rue Cavendish
Rue de Crimée
Quai de la Loire
Avenue Jean-Jaurès
Rue de Meaux
Rue Armand-Carrel
R. L.-Tollendal
Rue Manin
Parc des Buttes-Chaumont
Rue Botzaris
Stalingrad
Rue Bouret
Avenue Secrétan
Rue Édouard-Pailleron
10e
Jaurès
Bolivar
Rue du Plateau
Buttes-Chaumont
Av. du Gal-S.-Martin
A
D

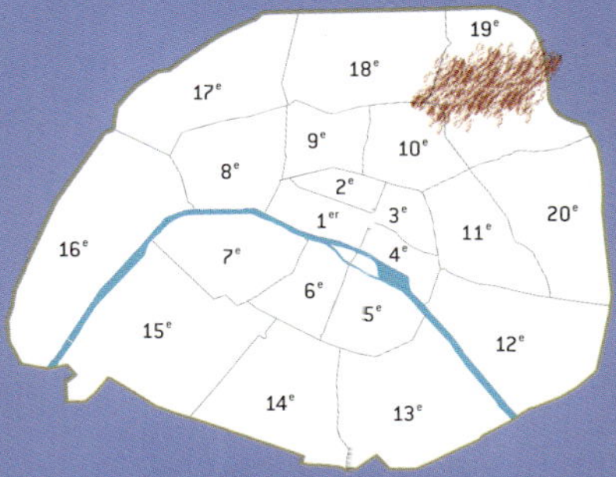

La Villette

De Stalingrad au parc de La Villette

La Villette

Fief du billot, du gaz et de l'épicerie

Ils sont partis depuis 1974 mais leur souvenir est toujours là, chevillé au corps de La Villette. Ils ? Les abattoirs, bien sûr. L'odeur, les cris, les tope-là ne sont aujourd'hui qu'affaire d'imagination, ou presque. Mais La Villette ne se résume pas à cette tranche de boucherie, à ce cliché sanguinolent. Bien avant l'implantation des abattoirs, à une époque où débutait une guerre qui allait durer cent ans, c'était un dodu village appelé La Villette-Saint-Ladre-lèz-Paris – Saint-Ladre étant le nom d'une léproserie qui y possédait des biens. Ce village avait posé ses maisons, ses fermes et ses couvents à la fourche de deux grandes voies de communication. L'une, d'origine romaine, menait à Compiègne et au-delà, vers Maubeuge (c'est l'actuelle avenue de Flandre). L'autre était un ancien chemin celte conduisant à Mayence (l'avenue Jean-Jaurès s'appelait jadis avenue d'Allemagne).
Il fallait pour atteindre ce village compter deux bonnes heures de marche depuis la Cité. À son approche, la plaine se couvrait de céréales, de jardins potagers, de vergers et de vignes qui produisaient un petit vin de messe guilleret à souhait.
Cet environnement fertile faisait à la fois le bonheur et le malheur des villageois. Car ces cultures attiraient le gibier, lequel attisait la convoitise des chasseurs ! Or rien n'était plus dévastateur que le passage d'une chasse à courre...
Un caprice climatique, à l'orée du XIXe siècle, fit basculer le destin de ce village. Après plusieurs années consécutives d'une forte sécheresse, Napoléon décida du creusement d'un canal destiné à alimenter les fontaines de Paris. Les eaux de cinq ruiseaux furent captées et orientées vers la rivière de l'Ourcq qui les réunit dans son lit. Un canal de navigation, mis en service en 1808, les achemina vers un bassin creusé le long du village de La Villette. De ce point, situé à vingt-cinq mètres au-dessus du niveau de la Seine, l'eau pouvait s'écouler facilement jusqu'aux fontaines publiques de la capitale.
Dès lors, La Villette devint un port, les canaux une fourmilière. Mariniers, dockers, débardeurs et voituriers se croisaient dans un brouhaha intense pour charger, décharger et assurer le transit d'une quantité phénoménale de marchandises plus ou moins exotiques, dont le stockage entraîna la construction de grands entrepôts en bord d'eau.
Une vaste plaine avec des terrains

Le bassin de La Villette, en 1808. (Bnf)

vierges, une liaison fluviale, une main-d'œuvre disponible, des taxes moins élevées qu'à Paris… Il n'en fallait pas plus pour attirer ici une cohorte d'industriels. Les vignerons, découragés par le phylloxéra qui rongeait leur petit « guinguet» (vin aigrelet produit aux abords de Paris), troquèrent leur tablier contre une casquette d'ouvrier.
En 1860, La Villette est une vraie ville de 30 000 habitants et accueille une liste impressionnante d'industries : neuf savonneries et parfumeries, sept raffineries de sucre, deux fabriques de bougies, des fabriques de cristaux, verreries et émaux, des forges, des fabriques de pianos, de chalets et parquets, de noir animal (charbon d'os, utilisé comme engrais ou pigment noir), des raffineries de sel, des fabriques d'allumettes, de plumes métalliques, des brasseries et près de cent distilleries ! L'annonce de l'annexion provoqua un tollé parmi les industriels qui s'y opposèrent comme un seul homme, par crainte des droits d'octroi sur les matières premières dont Paris allait frapper leurs entreprises. Le conseil municipal affirmait : « L'annexion stoppera l'essor de la commune et fera sa ruine. » L'extension étant d'utilité publique, le gouvernement tint bon mais La Villette réussit cependant à négocier huit ans de franchise accordée aux marchandises de la municipalité.
L'annexion changea grandement la physionomie de l'ancien village. De beaux immeubles haussmanniens furent construits, un parc à l'anglaise poussa sur les remblais des anciennes carrières et surtout, le modeste abattoir de La Villette fut agrandi et complété d'un vaste marché aux bestiaux, en 1867.
La Villette l'industrieuse jouait sur trois tableaux. Sa population se partageait entre le billot, le gaz et l'épicerie. Car le faubourg de la viande voisinait avec plusieurs usines à gaz, favorablement implantées sur cette zone plane, et avec de nombreuses industries alimentaires (raffineries de sucre, chocolateries, conserveries, brasseries, biscuiteries…) bénéficiant pour leur approvisionnement de la proximité du canal.

1

2

3

1 et 2. Le bassin et la rotonde de La Villette.

3. On distingue au fond, sur la muraille, les noms gravés des anciens octrois.

La Villette

Durée : 2h–2h30

➸ Départ au métro Jaurès. Longez l'écluse menant au bassin de La Villette et hissez-vous sur la passerelle métallique qui fait le dos rond. Puis cheminez vers la rotonde.

Que fait donc là cette rotonde ? Elle se morfond, morne et déserte, en songeant à l'animation qui l'entourait jadis. Avant l'annexion du village de La Villette, la barrière Saint-Martin ou barrière de Senlis comme on l'appelait alors, était un bureau d'octroi, un endroit où l'on devait s'acquitter d'une taxe à chaque fois que l'on introduisait une quelconque marchandise dans Paris (voir introduction générale, p. 9).Le mur des Fermiers généraux et son chemin de ronde suivaient le même tracé concave que dessine aujourd'hui le viaduc du métro. À l'époque, ce bâtiment était flanqué de deux annexes en forme de guérite qui fermaient la route du Bourget (actuelle avenue de Flandre) et la route de Pantin (actuelle avenue Jean-Jaurès).

La rotonde de La Villette est l'un des quatre octrois parisiens encore visibles. Tous les autres, ceux dont les noms sont gravés en creux sous la crête des deux murailles qui encadrent l'esplanade où vous vous trouvez, ont été démolis.

Une fois la barrière franchie, vous vous retrouviez à l'extérieur des limites de la capitale, face à une plaine. Au loin, vers le nord, une petite ville se dessine, une « Villette » qui, en ce début de XIXe siècle, vient de se voir dotée par Napoléon d'un vaste bassin. Belle nouveauté qui attirait les foules en toute saison ! L'été, on se promenait sur ses rives et l'on canotait, entre deux naumachies (joutes navales). L'hiver, quand le froid se faisait complice, les patineurs s'élançaient sur la surface durcie. En février 1827, la glace fut suffisamment épaisse pour supporter des traîneaux improvisés provenant d'anciens chars de montagnes russes de Tivoli et de Beaujon. « Quinze sous le tour du bassin ! Quarante sous de l'heure ! » Les dames en revenaient frigorifiées mais ravies. Un peu effrayées aussi car chaque année, quelques patineurs disparaissaient sous une glace trop mince... La mode du patinage se reporta ensuite sur les lacs creusés au bois de Boulogne par Alphand à l'initiative de Napoléon III.

➸ Longez le quai de la Seine.

Les immeubles modernes numérotés 45 et 49 (à gauche) qui se mirent dans l'eau, quai de la Seine, n'ont apparemment rien d'exceptionnel. Et pourtant... Personne ne se doute que dans cet îlot se trouve imbriqué un très vieux cimetière juif. Son histoire n'est pas banale. À la fin du XVIIe siècle, les Juifs de Paris à qui l'on refusait l'accès aux cimetières

●●●

1. Le cimetière juif, tout en longueur.

2. Des anneaux d'ancrage jalonnent le quai de la Seine.

3. Des péniches sont amarrées quai de la Loire.

4. L'ancien relais de poste de l'avenue de Flandre.

municipaux se trouvaient bien ennuyés au moment d'ensevelir les dépouilles de leurs proches. Ils passèrent en 1691 un accord avec un aubergiste dénommé Camot. Ce dernier autorisait dans son jardin l'inhumation des Juifs, allemands pour la plupart, en échange de cinquante livres pour un adulte et vingt pour un enfant. Ironie du sort, cette auberge avait une étoile pour enseigne… En 1765, *L'Étoile* fut rachetée par un écorcheur nommé Matard, qui poursuivit ce commerce tout en enfouissant au même endroit les carcasses impropres à la consommation des chevaux qu'il abattait. Émue par cette odieuse cohabitation, la communauté juive portugaise de Paris ouvrit une souscription qui lui permit, avec l'autorisation des autorités, d'acquérir sur le terrain voisin deux petites parcelles. Propriété du Consistoire, ce cimetière est l'un des plus secrets et des plus oubliés qui soient. Trente et une dalles, sobres, noires et anonymes, s'alignent dans le gravier, environnées d'un profond silence. Comment le voir ? En faisant preuve d'audace et de discrétion et en vous faufilant, un jour de semaine, dans l'entrée « Espace quai de Seine ». (Allez tout droit, suivez le corridor vert puis tournez dans un petit couloir à gauche et poussez la porte partiellement vitrée. Si vous vous perdez, demandez aux gens des bureaux la cour intérieure où l'on peut fumer. Le cimetière est visible en contrebas.)

➡ Glissez-vous dans le passage de Flandre (il n'a pas de plaque de rue mais se trouve dans le prolongement de la passerelle) pour rejoindre l'avenue de Flandre. À la hauteur du nº 52, introduisez-vous dans la cour si le portail bleu est entrouvert. (Sinon, appelez à la rescousse la marchande de légumes…)

Diantre ! Heureusement que nous ne sommes plus au XVIIe siècle ! Vous auriez manqué de vous faire écraser par l'une ou l'autre des diligences qui faisaient halte ici, au relais de poste. Le premier pavillon à gauche, avec un fronton triangulaire, est d'origine. Les autres bâtiments ont été construits, plus tard, à son image, et joliment crépis de rose et de blanc. Prenez garde à ne pas vous tordre les pieds sur les vieux pavés en sortant…

➡ Revenez sur le quai de la Seine par la rue de Rouen. Postez-vous sur la passerelle qui enjambe le bassin, le temps d'évoquer ce site au XIXe siècle.

Le bassin de La Villette était un port grouillant d'activité. Sur ses quais accostaient chaque année quinze mille péniches venues des pays du Nord et d'ailleurs, apportant par le canal de Saint-Denis les marchandises de Rouen et du Havre. Elles s'amarraient aux anneaux que vous voyez solidement ancrés dans la pierre, à fleur d'eau. Quelque deux mille dockers déchargeaient des tonnes de bois, de grains, de betteraves venues de Picardie, mais aussi des denrées coloniales fleurant bon les Caraïbes. Ils ployaient sous des balles de thé, de café de cacao ou d'épices, ils roulaient des barils tapissés d'écorces de canne martiniquaise ou remplis de rhums jamaïquains. Pour accueillir toutes ces marchandises en transit, douze bâtiments étaient alignés le long des quais, de part et d'autre du bassin.

1

2

3

1. Le pont de Crimée, encadré par deux anciens entrepôts de stockage.

2. Passerelle piétonnière.

4

3. Façade provinciale du 88, quai de Loire.

4. L'une des quatre poulies du pont.

Ici étaient stockées les denrées alimentaires (sucre, grains, alcools...). Plus loin, au-delà du pont de Crimée, les quais étaient ceux du charbon et du plâtre. Ces entrepôts ne sont plus. À leur place, quai de la Seine et quai de la Loire, sont venus s'échouer face à face deux hangars provenant de l'Exposition universelle de 1878 au Champ-de-Mars, reconvertis en cinémas.
Parmi cette flottille de péniches, quelques coches d'eau jouaient des coudes pour se frayer un chemin. Ils reliaient, au départ de ce bassin, Paris à Meaux deux fois par jour dans chaque sens.

➨ Redescendez quai de la Loire, que vous longerez en direction du pont de Crimée (en prenant garde aux vélos qui roulent à fond sur la piste).

Les entrepôts symétriques qui semblent grossir au fur et à mesure de votre approche ont été utilisés pour le stockage du sucre, des grains et des alcools jusqu'en 1974, malgré le déclin des activités portuaires. Ils ont ensuite été investis par des artistes et servirent de décor à des films (*Diva*, de Jean-Jacques Beneix), des expositions et de mémorables fêtes. Aujourd'hui, celui de droite abrite une société nautique (aviron-kayak) et une résidence étudiante tandis que celui de gauche, reconstruit après avoir été détruit par un incendie, est devenu une auberge de jeunesse.
Les n°s 88 à 100 du quai de la Loire détonnent par leur aspect provincial. Des volets verts arrondis, de coquettes corniches en plâtre, un réverbère rétro et une boulangerie centenaire... Une parfaite image du village d'antan.

➨ Enjambez le pont de Crimée sur la passerelle piétonnière...

... Et admirez le travail. Cet ouvrage d'art est une véritable rareté technologique. Breveté en 1885, ce pont est le premier à soulèvement parallèle, avec un actionnement par l'eau sous pression. Si par chance votre présence coïncide avec le passage d'un bateau, prenez le temps d'admirer la puissance de son système hydraulique. Les poulies se mettent en branle, les filins métalliques glissent et s'enroulent autour d'elles, les contrepoids s'appesantissent tandis que le tablier s'élève peu à peu.
La passerelle sur laquelle vous êtes permet aux piétons de franchir le chenal pendant les manœuvres.
Avant lui, un pont tournant connaissait une circulation quotidienne de « quatre mille colliers ». Il s'ouvrait vingt-cinq fois par jour et bloquait à chaque fois la circulation pendant quinze minutes, voire une heure pour les gros convois. Sur le pont de Crimée se croisaient alors des hommes blancs de plâtre ou noirs de charbon qui trimaient soit sur le quai de l'Oise, couvert du sol aux toitures d'une poussière ouatée ; soit sur le quai de la Marne, barbouillé d'anthracite et de houille.
Derrière vous, autour du kiosque à musique, la place de Bitche : son square, son église, son jardin d'enfants... À la place du lycée Jomard se trouvait la mairie du village de La Villette, remplacée après l'annexion par la mairie du 19e arrondissement, place Armand-Carrel.

➨ Longez le quai de l'Oise.

S'il est ouvert (lundi et dimanche après-midi), marquez un arrêt au

1. Sortie de l'usine Félix Potin, rue de l'Ourcq. Carte postale, vers 1900. (Coll. part.)

2. Déchargement des péniches. Dessin de Therond, gravure de Trichon. (Bnf)

3. La guérite du pont de Crimée.

Petit bol d'air, un jardin partagé géré par une association de quartier, fouilli-fouilla à souhait.

➨ **Tournez dans la rue de Nantes pour vous approcher du cœur de l'ancien village de La Villette.**

C'est là, à l'intersection de l'avenue de Flandre, que se sont assemblées les toutes premières maisons. Cet agglomérat balbutiant remonte aux calendes... romaines ! Lors du creusement du canal de l'Ourcq, en 1807, on a en effet découvert ici même un vase contenant 2 500 pièces de monnaie enfouies vers l'an 310. Sans doute les habitants d'une villa gallo-romaine ont-ils voulu mettre ce trésor à l'abri d'une invasion barbare. Plus tard, vers l'an 1198, les vignerons de la plaine se pressaient chaque automne à ce carrefour pour vider leur hotte dans le pressoir des religieux de la léproserie de Saint-Lazare. Une église s'éleva au XVe siècle – la rue de Nantes s'appelait d'ailleurs jadis rue de l'Église – mais en ce bourg de La Villette-Saint-Ladre-lèz-Paris, la vie religieuse ne semble pas avoir été d'une intensité particulière, bien au contraire. Une ordonnance du bailli de 1727 interdit d'emmener avec soi des chiens dans l'église et d'y « râper tabac ».

➨ **Remontez l'avenue de Flandre en direction du pont de chemin de fer.**

L'avenue de Flandre résonnait de rires et de chants. Imaginez un chapelet de guinguettes où l'on dansait, où l'on tirait au fusil et à l'arquebuse et où l'on se livrait à des jeux prohibés – boules, quilles ou Siam – en dégustant le petit guinguet de La Villette. Les cris rebondissaient sur les murs des hôtels particuliers qui faisaient office de résidences de chasse, au niveau des nos 139, 143 et 152. Inutile de chercher, il n'en reste aucun vestige.

Il ne reste rien non plus (ou si peu...) du fief du fameux épicier Félix Potin, qui couvrait un quadrilatère délimité *grosso modo* par l'avenue de Flandre, la rue de Crimée, la rue Curial et la ligne du chemin de fer. Sur des champs cultivés, il a bâti un véritable empire : une chocolaterie, une confiserie, une confiturerie, une conserverie et une usine de charcuterie (le seul bâtiment encore debout, au carrefour Ourcq-Archereau, reconnaissable à ses faïences décoratives). Il y avait aussi (à la place de la résidence d'Île-de-Flandre) des ateliers de fabrication de conserves de légumes, une usine de torréfaction de café, une condimenterie et une cave à vins. Pour passer d'un bâtiment à un autre, les quelque deux mille employés utilisaient des souterrains. Cette fabuleuse machinerie alimentaire fonctionna jusqu'à la dernière guerre puis le groupe vendit les terrains en 1954.

L'industrie de Félix voisinait avec la raffinerie Sommier – autre institution locale installée dès 1349 le long de l'avenue de Flandre au niveau des nos 145-161. Ville dans la ville, elle possédait son propre système d'éclairage, des rues indépendantes et trois niveaux souterrains de circulation. On y fabriquait des pains de sucre, de la mélasse et du caramel dans des conditions de travail éprouvantes : la chaleur était terrible et la cadence infernale, comme dans les nombreuses autres raffineries implantées dans la plaine, entre Stalingrad et le chemin de fer de ceinture...

1 et 2. La vraie-fausse mairie école de l'avenue de Flandre.

3. L'ancienne gare La Villette-Pont-de-Flandre.

Mais pourquoi tant de raffineries ici ? Quand le canal de l'Ourcq fut creusé, les entrepreneurs se sont empressés d'acheter à bas prix les terrains agricoles du village de La Villette, désormais relié aux contrées betteravières du Nord et de l'Est. Dès 1850, ils tirèrent parti du sang des abattoirs, utilisé dans les processus d'épuration, et du noir animal, provenant de la calcination des os, pour le blanchiment de la matière. Enfin, l'usine à gaz toute proche fournissait le coke et le chemin de fer emportait la production vers les points de vente. Les vapeurs chargées de sucre s'échappant des usines attiraient des nuées d'abeilles logées dans des ruchers opportunément placés rue d'Aubervilliers !

Toujours à la place de ce même pâté d'immeubles modernes, entre le côté impair de l'avenue de Flandre et la rue de Cambrai, se trouvait l'usine à goudron dépendant de l'usine à gaz de La Villette – l'une des plus importantes de France, un modèle du genre que les élus étaient fiers de faire visiter aux délégations étrangères. Un embranchement spécial du chemin de fer du Nord l'approvisionnait en charbons de Belgique et du Nord de la France, tandis que le chemin de fer de ceinture, qui la longeait, la reliait directement au réseau général des chemins de fer pour le transport des sous-produits. De tout cela, rien ne demeure…

Pourtant, la présence de ces manufactures et de ces gazomètres monstrueux se révèle en creux dans le paysage urbain actuel. Vous n'avez pas en face de vous un entrelacs de ruelles mais un ensemble massif d'immeubles dont la construction n'a été possible que sur un vaste terrain. Et ce vaste terrain ne s'est trouvé disponible qu'avec la démolition globale de ces grandes usines.

L'héritage de cette époque se lit aussi dans le visage cosmopolite du quartier. La Villette à l'état de village attirait déjà des étrangers en quête d'ouvrage. Autour des raffineries de sucre, on croisait des ouvriers polonais, algériens et marocains. Les Italiens, embauchés dans les usines d'alimentation, avaient investi la rue Curial et la rue de l'Argonne. Les Juifs avaient ouvert des commerces de meubles, de cotonnades ou de viande.

➨ **Entre les nos 144 et 146 de l'avenue de Flandre, engouffrez-vous sous le porche, au-delà de la grille (ouverte en semaine).**

Des étudiants vous frôlent, portant sous le bras d'immenses cartons à dessins. Ils se dirigent vers leur école d'architecture, au fond de la deuxième cour. Un surprenant totem de bois, de verre et de métal vous accueille. Mais le plus étonnant est sur votre gauche, une maisonnette gris souris que l'on croirait sortie d'un film de Marcel Carné, sur le fronton de laquelle sont inscrits les mots : « Mairie École ». C'est à n'y rien comprendre… L'ancienne mairie de La Villette était sur la place de Bitche… pas ici ! Si la maison est bien ancienne, sa façade crayonnée de fusain n'est qu'un décor, le fruit d'un exercice pratique d'étudiants.

➨ **De retour sur l'avenue de Flandre, le pont de chemin de fer se dresse devant vous.**

Ses arcades qui se déroulent de part et d'autre sont tristement noircies,

●●●

1. Abattoirs de La Villette : un échaudoir à moutons.
[© ND/Roger-Viollet]

2. Devanture de l'établissement Lalauze, 15, avenue Corentin-Cariou.

murées, squattées ou transformées en garages. Jadis, elles étaient toutes investies par différents commerces et participaient à l'animation du quartier. Dépitées et décrépites, elles se morfondent en enviant le sort de leurs homologues si joliment réhabilitées du viaduc des Arts, le long de l'avenue Daumesnil (12e). L'ancienne gare La Villette-Pont-de-Flandre, que l'on aperçoit au loin, à gauche après le pont, a un sort un peu plus enviable : une famille l'habite et entretient son jardinet. Elle a vu s'installer sous son toit, alors qu'elle était en activité, la première librairie de gare Flammarion.

➨ Vous voilà sur l'avenue Corentin-Cariou.

Un cauchemar pour végétarien. Partout des boucheries, des charcuteries, vente en gros, demi-gros et détail, casher pour la plupart. Ici une enseigne représentant un bœuf doré ; plus loin (au no 15) l'établissement Lalauze, qui affiche en devanture sa spécialité de « foie gras rougie » (*sic*) et sa ribambelle de crochets coulissant sur des rails. Les commerces des rues Rouvet, Barbanègre et du quai de la Gironde sont à l'avenant. Les abattoirs sont partis, les boucheries sont restées.

➨ Franchissez le canal Saint-Denis en direction de la Cité des Sciences.

Les bâtiments au pignon en escalier que vous apercevez sur votre gauche, quai de la Gironde, sont les anciens entrepôts des Magasins généraux de Paris, parfaitement restaurés. Ils servaient jusque dans les années 1960 de stockage de denrées alimentaires.

➨ À l'entrée du parc de La Villette...

Ici commence le parc de La Villette qui s'étend sur les cinquante-cinq hectares libérés des fonctions de marché et d'abattoir qui ont existé pendant plus d'un siècle, entre 1867 et 1974. En 1858, Haussmann proposa, pour plus de commodités, de réunir en un même lieu les deux marchés aux bestiaux de Sceaux et de Poissy, comme les cinq abattoirs municipaux répartis tout autour de la capitale. Cela devint effectif en 1867, sous la forme du plus grand abattoir d'Europe. Installez-vous confortablement pour entendre son histoire. Les abattoirs se composaient d'une vingtaine de bâtiments comportant des cours d'abattage et des pièces, appelées échaudoirs, où l'on accrochait les carcasses pour la vente. Il en existait près de 240, attribués par classement et par ancienneté aux chevillards. Chaque type de bête avait son carré d'abattage. Les bœufs occupaient les échaudoirs de la cour d'entrée donnant sur l'actuelle avenue Corentin-Cariou, ensuite venaient les veaux d'un côté, les moutons de l'autre. Un endroit particulier était réservé aux porcs avec un brûloir et un bâtiment pour la découpe. L'activité d'abattage des bêtes engendra, par ricochet, la naissance dans le quartier d'une kyrielle d'activités satellitaires : fonderies de suif, boyauderies, fabriques de saucissons et de jambons, conserveries, triperies, grossistes en cuirs frais, fabriques d'ustensiles pour boucheries, de vêtements professionnels... Le sang, le foie ou la rate faisant partie des ingrédients de certains médicaments, parfums ou savons, on vit également des laboratoires se rapprocher de leurs matières premières.

1. Les déjections de la capitale se déversaient au dépotoir de La Villette. [Bnf]

2. La darse est aujourd'hui plus riante.

3. Le parc de La Villette et sa « vague métallique ».

À la fin du XIXe siècle, anémiques et chlorotiques se rendaient chaque jour aux abattoirs, sur ordonnance médicale, afin de boire un bon verre de sang des bêtes égorgées.
Cherchez des yeux un édifice octogonal blanc à quatre avancées.
À l'origine, ce bâtiment et son jumeau (aujourd'hui disparu) devaient être des fondoirs à suif mais ils devinrent criée aux viandes pour l'un et laboratoire pour les vétérinaires et siège du Syndicat de la boucherie en gros de Paris pour l'autre. Ce dernier est devenu Maison de La Villette. Vous aurez le loisir d'en détailler l'intérieur aux allures de chapelle à l'occasion d'une exposition ou d'un spectacle.
Au fil du temps, les bâtiments de l'abattoir se dégradèrent. Le gouvernement décida de sa reconstruction en 1959. Dix ans plus tard, les travaux étaient terminés, faisant naître le plus grand complexe d'abattage européen... et le plus grand scandale financier de la Ve République.
Le développement d'abattoirs concurrents sur les lieux même d'élevage ajouté aux progrès de la chaîne du froid provoquèrent la faillite et la fermeture d'un ensemble hyper sophistiqué. Le dernier bœuf fut abattu le 14 mars 1974.
Le bâtiment censé abriter le marché national de la viande est resté inoccupé une décennie durant avant d'être attribué au nouveau musée des Sciences et de l'industrie.
Un témoignage du passé subsiste : les décaissés sous l'escalier, au niveau le plus bas de la médiathèque de la Cité des Sciences, correspondent à la grande fosse qui devait accueillir les rails de la voie ferrée et aux quais où devaient débarquer les bestiaux à abattre. En sortant du bâtiment de la viande, la voie s'engouffrait dans un tunnel qui existe encore. Long d'un kilomètre, il suit la courbe du périphérique et aboutit à la porte de Pantin. Il abrite désormais des gaines électriques et d'énormes canalisations d'eau qui courent sous la voûte, sous un éclairage au mercure orangé et dans une odeur de salpêtre. Nous évoquerons plus loin le marché aux bestiaux.

➨ Longez le canal au plus près de l'eau jusqu'à l'écluse puis tournez à gauche pour rejoindre la longue « vague métallique » du parc. Franchissez le canal de l'Ourcq et à mi-hauteur de l'escalier qui redescend, bifurquez à droite, en direction du petit pont tournant.

Postez-vous sur ce pont tournant et tournez le dos au carrefour des canaux pour contempler la darse du Fond-de-Rouvray, le long du quai de Metz.
Bout de vie sauvage et inattendu au cœur de cet arrondissement si urbanisé. Des canards, des roseaux, une friche sur les berges, là-bas, tout au fond à gauche... Le coin est si calme que l'on a envie de s'y attarder. Sans doute un visiteur passant par là au XIXe siècle n'en aurait pas dit autant. L'odeur peut-être...
Chaque jour, plusieurs centaines d'équipages tirant charrette se rendaient en file indienne sur ces quais pour déverser entre les mains de la compagnie des Vidanges atmosphériques (*sic*) toutes les déjections de la capitale. Au milieu du XIXe siècle, une machine à vapeur de quarante chevaux fut installée ici, qui refoulait

1

2

1 et 2. Façade de la cayenne des compagnons charpentiers du tour de France.

3. Au paradis des bouchers, 194, avenue Jean-Jaurès.

4. Une enseigne bovine de l'avenue Corentin-Cariou.

3

4

Un petit creux ?

Partagez le pain des compagnons charpentiers ***Aux Arts et sciences réunis*** *(161, avenue Jean-Jaurès, tél. 01 42 40 53 18). Ou testez les réalisations des apprentis de l'**école supérieure des charcutiers-traiteurs**. Au menu, pâtés, galantines, œufs en gelée... Leurs plus beaux chefs-d'œuvre de la matinée, ils vous les servent à midi (21, rue Goubet, réservations au 01 42 39 19 64 ; déjeuner du lundi au vendredi de 12h30 à 14h30).*

à l'aide d'un tuyau de seize kilomètres de long les « parties liquides » jusqu'à une usine sise entre Aulnay et Bondy, située à huit kilomètres de là, tandis que les « parties solides » étaient stockées dans des tonneaux et utilisées comme engrais par les maraîchers de la plaine alentour.

➨ Longez la darse.

Elle butte sur la rue Adolphe-Mille, directeur du dépotoir de La Villette qui, le premier, proposa d'arroser les champs avec l'eau des égouts. Assainies au XXe siècle, les berges de la darse ont servi de port aux deux péniches de l'architecte Adrien Fainsilber lorsqu'il construisait la Cité des Sciences et de l'industrie. Elles viennent d'être dotées d'un hangar à bateaux et de bureaux pour les services des canaux.

➨ Rejoignez l'avenue Jean-Jaurès et suivez-la jusqu'au nº 161.

Vous voilà à l'entrée d'une cayenne, une maison de compagnons charpentiers du devoir du Tour de France. Le compagnonnage est l'une des formes les plus anciennes de l'organisation ouvrière, reposant sur l'accomplissement d'un tour de France au cours duquel les compagnons complètent leur formation auprès de patrons successifs. Cette cayenne qui existe depuis 1831 est l'une des plus anciennes encore en activité. Une dame hôtesse préside à son bon fonctionnement. Il y a là un foyer avec des chambres et des salles de cours pour les compagnons apprentis charpentiers, un restaurant (Aux Arts et sciences réunis) ouvert à tous et un musée, cocon secret rempli de merveilles. Après le service (à partir de 14h30 ou après 21h), on vous accordera peut-être une visite commentée et l'on vous mènera dans une pièce étroite où sont conservées de monumentales maquettes hautes de près de cinq mètres, réalisées dans les années 1860-1870 par des compagnons virtuoses. Elles sont à elles seules un dictionnaire encyclopédique car elles synthétisent toutes les techniques employées dans le métier de charpentier. L'entrée du foyer est au nº 2 de la rue des Ardennes. On peut y voir sur le portail cinq écussons avec les symboles instrumentaux des compagnons des métiers du bâtiment (maçons, charpentiers, menuisiers-ébénistes, plâtriers et couvreurs). Les compagnons de cette cayenne ont certainement participé, en leur temps, à la construction des abattoirs de La Villette.

➨ Faites demi-tour et remontez l'avenue en direction de la porte de Pantin.

Les enseignes de restaurants vous rapprochent du passé de La Villette : Le Bœuf couronné, Dagorno, Le Cochon d'or... Quant à la façade jaune du nº 194, elle a franchi les décennies sans prendre une ride et propose l'outillage nécessaire aux bouchers, charcutiers, salaisonniers, restaurateurs, abattoirs, éleveurs...
Plus haut sur l'avenue, devant la Grande Halle, crache la Fontaine aux Lions, qui servit d'abreuvoir au temps du marché aux bestiaux. Deux jours par semaine, le lundi et le jeudi, les ventes avaient lieu. Voilà qui donne soif, et faim, et sonne la fin de cette balade dans le village industrieux de La Villette. Le métro Porte-de-Pantin est tout proche.

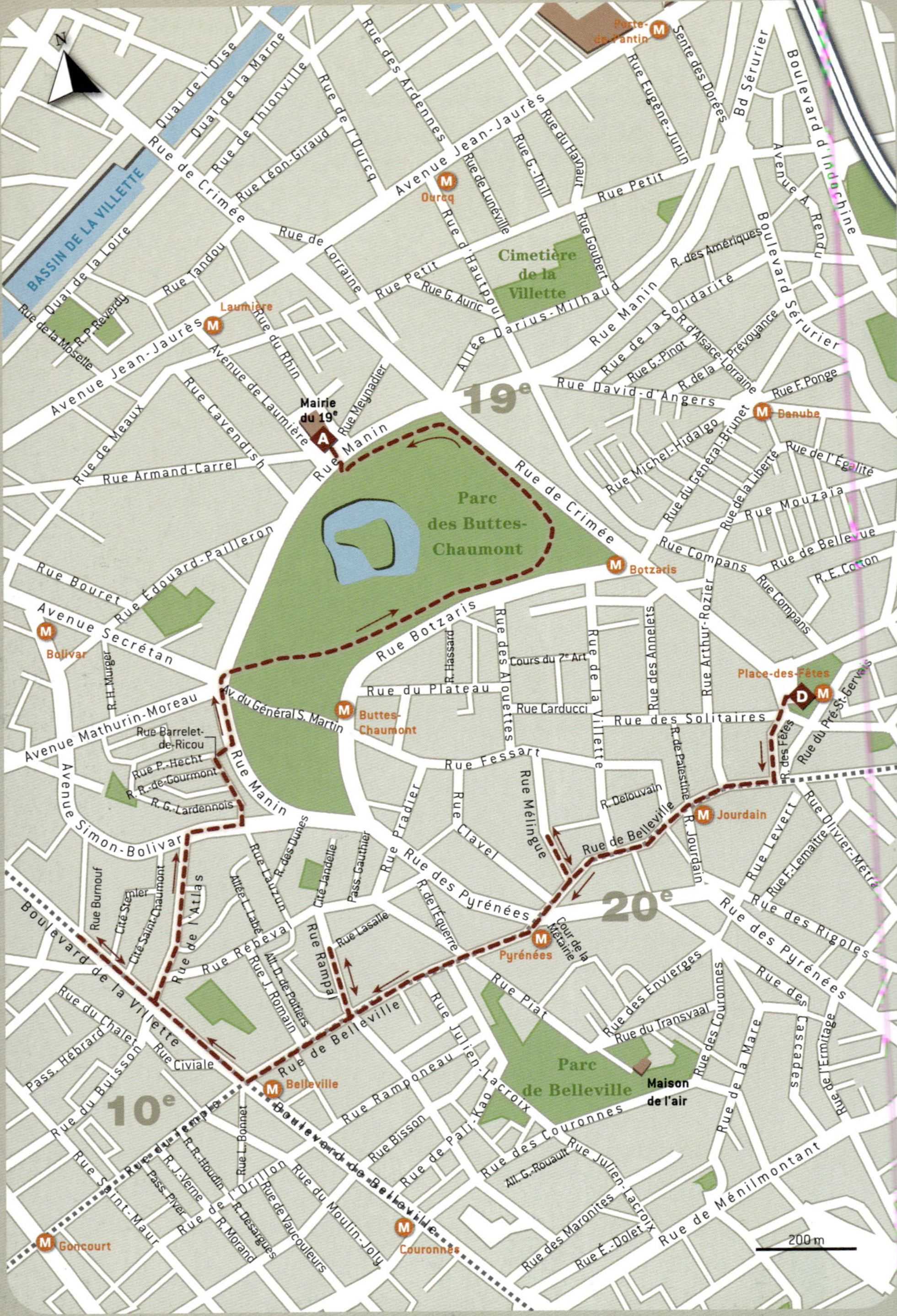

N
BASSIN DE LA VILLETTE
Quai de l'Oise
Quai de la Marne
Quai de la Loire
Rue de Thionville
Rue de Crimée
Rue Léon-Giraud
Rue de l'Ourcq
Rue des Ardennes
Avenue Jean-Jaurès
Ourcq
Rue de Lunéville
Rue G.-Thill
Rue du Hainaut
Porte-de-Pantin
Sente des Dorées
Rue Eugène-Jumin
Bd Sérurier
Boulevard d'Indochine
Avenue A.-Rendu
Boulevard Sérurier
Rue Petit
Rue de Lorraine
Rue d'Hautpoul
Cimetière de la Villette
Rue Goubert
R. des Amériques
Rue G. Auric
Allée Darius-Milhaud
Rue Manin
Rue de la Solidarité
R. d'Alsace-Lorraine
R. de la Prévoyance
Rue G.-Pinot
Rue Tandou
Laumière
Rue de la Moselle
R. P.-Reverdy
Avenue Jean-Jaurès
Rue du Rhin
Avenue de Laumière
Rue Meynadier
Mairie du 19e
A
19e
Rue David-d'Angers
Rue F. Ponge
Danube
Rue de Meaux
Rue Cavendish
Rue Armand-Carrel
Rue Manin
Rue Michel-Hidalgo
Rue du Général-Brunet
Rue de la Liberté
Rue de l'Égalité
Rue Mouzaïa
Parc des Buttes-Chaumont
Rue de Crimée
Rue Compans
Rue de Bellevue
R. E. Cotton
Botzaris
Rue Édouard-Pailleron
Rue Bouret
Avenue Secrétan
Bolivar
R. H. Murger
Rue Botzaris
R. Hassard
Rue des Alouettes
Cours du 7e Art
Rue de la Villette
Rue des Annelets
Rue Arthur-Rozier
Place-des-Fêtes
D
Rue du Pré-St-Gervais
Rue des Fêtes
Avenue Mathurin-Moreau
Av. du Général S. Martin
Rue du Plateau
Buttes-Chaumont
Rue Carducci
Rue des Solitaires
Rue Barrelet-de-Ricou
Rue P.-Hecht
R. R.-de-Gourmont
R. G.-Lardennois
Rue Manin
Rue Fessart
Rue Mélingue
R. Delouvain
R. de Palestine
Jourdain
Rue Levert
Rue F.-Lemaître
Rue Olivier-Métra
Avenue Simon-Bolivar
Rue Burnouf
Cité Saint-Chaumont
Rue de l'Atlas
Allée L.-Labé
Rue Lauzun
R. des Dunes
Cité Jandelle
Pass. Gauthier
Rue Pradier
Rue Clavel
Rue des Pyrénées
R. de l'Équerre
Rue de Belleville
20e
Rue des Rigoles
Rue des Pyrénées
Boulevard de la Villette
Rue Rébeval
Rue J.-Romain
All. D.-de-Poitiers
Rue Rampal
Rue Lasalle
Pyrénées
Cour de la Métairie
Rue des Envierges
Rue du Transvaal
Rue des Couronnes
Rue des Cascades
Rue de l'Ermitage
Rue du Chalet
Pass. Hébrard
Rue Civiale
Rue du Buisson
Rue de Belleville
Belleville
Rue Julien-Lacroix
Rue Piat
Parc de Belleville
Maison de l'air
Rue de la Mare
10e
Rue du Temple
Boulevard de Belleville
Rue Ramponeau
Rue Bisson
Rue de Pali-Kao
Rue des Couronnes
All. G.-Rouault
Rue Julien-Lacroix
Rue L.-Bonnet
R. R.-Houdin
R. J.-Verne
Pass. Piver
Rue de l'Orillon
R. Desargues
R. Morand
Rue de Vaucouleurs
Rue du Moulin-Joly
Rue Saint-Maur
Goncourt
Couronnes
Rue des Maronites
Rue É.-Dolet
Rue de Ménilmontant
200 m

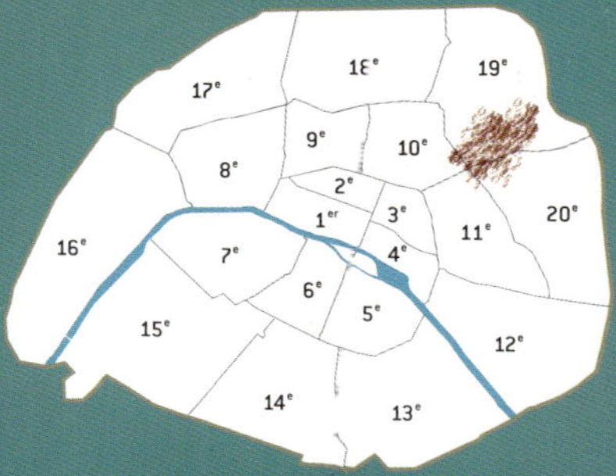

Belleville

De la place des Fêtes aux Buttes-Chaumont

Belleville

Vignes, villas, courtilles et casino

À l'est, la plaine de La Villette fait le dos rond, elle courbe l'échine et devient colline. Au sommet de cette colline, un plateau domine Paris. Les sources y sont nombreuses, la végétation s'en régale, les buissons d'osiers et les saules pleureurs en gavent leurs racines. Des landes de bruyère teintent de mauve les coteaux.
Rien d'étonnant à ce qu'une bourgade s'installe sur ce site. C'est d'abord une ferme carolingienne nommée Savies (littéralement « terre sauvage »), mentionnée dès 862, qui grossit et forme un hameau baptisé Poitronville. En son cœur, une chapelle édifiée en 1543 à l'emplacement de l'église actuelle.
À droite, la butte de Chaumont ; à gauche, celle de Beauregard, et sur leurs pentes, des vignobles quadrillés de cascades, de chemins, de haies de lilas et de groseilliers. Le panorama y est si beau que le hameau troque son nom contre celui de Bellevue puis Belleville.
La villa Faucheur, la rue du Moulin-Joly ou la cour de la Métairie évoquent ce paysage disparu. La rue de l'Encheval dérive du lieu-dit la vigne du Cheval, la rue des Annelets était au XIIIe siècle la vigne d'Aignelet, celle des Panoyaux désigne une variété de raisin sans pépins.
Sur le belvédère vivent autour de l'église les paysans et les vignerons. Peu à peu, la rue principale du hameau de Belleville va s'allonger, s'étirant depuis le plateau jusqu'au bas de la colline, jusqu'à lécher le mur des Fermiers généraux.
En bas afflue une population très différente composée de carriers, d'artisans, de boutiquiers, de fabricants, de négociants et d'ouvriers employés dans les manufactures d'habillement ou de chaussures.
Leur quartier, appelé Haute-Courtille, est séparé de celui de la Basse-Courtille par le mur d'octroi. Une courtille désigne la closerie ombragée propre aux guinguettes, sous laquelle

La rue de Belleville et son funiculaire, au début du XXe siècle
(© Coll. Kharbine-Tapabor)

il fait bon siroter le petit guinguet produit sur les coteaux environnants. Et les guinguettes, ici, ne manquent pas ! Déclinées en bals et en cabarets, elles accueillent le prolétaire comme le Parisien du dimanche, venu par les barrières du Combat, de la Chopinette, de Belleville, de Ramponeau, des Couronnes, de Ménilmontant ou des Amandiers s'enivrer du vin local vierge de taxes. Entre 1815 et 1860, le bourg enfle démesurément. Sa population est multipliée par vingt, jusqu'à atteindre 70 000 habitants, hissant la cité au rang de treizième ville de France. Les paysans du plateau laissent place à un contingent de Parisiens de classes moyennes – artisans, commerçants, artistes, petits propriétaires bourgeois, retraités aisés, notables bien-pensants – avides de campagne et de grand air.

L'annexion de Belleville, en 1860, fit grincer bien des dents. *A priori*, les Bellevillois n'y étaient pas hostiles. Mais le contrecoup fut douloureux. D'abord parce que leur ville s'est retrouvée « distribuée » entre deux arrondissements (le 19ᵉ et le 20ᵉ). Haussmann a délibérément tranché sur le fil de sa colonne vertébrale – la rue de Belleville – pour affaiblir le pouvoir d'une population frondeuse. Ensuite parce que le rattachement a entraîné un renchérissement des denrées désormais assujetties à l'octroi de Paris, plus élevé que celui des communes de banlieue.
Un ménage d'ouvriers qui pouvait vivre avec 1 200 francs par an à Belleville en 1859 devait débourser, sans augmentation de salaire, 1 500 francs l'année suivante. Nombre de familles bellevilloises déménagèrent donc pour s'installer au-delà des fortifications. Elles laissèrent place à des Parisiens chassés du cœur de Paris par les grands travaux d'Haussmann, à des provinciaux et à des étrangers.
Belleville, si cosmopolite aujourd'hui, l'était déjà au milieu du XIXᵉ siècle. Plusieurs raisons expliquent le choix de cet asile par les immigrés. Il y avait d'abord les carrières des Buttes-Chaumont, friandes de main-d'œuvre bon marché. Il y avait aussi une foule d'échoppes d'artisans où un bon tailleur, cordonnier ou bottier venu d'Italie, de Grèce, de Russie ou d'ailleurs avait des chances de se faire embaucher. Belleville était alors l'une des villes de banlieue qui comptait le plus grand nombre de petites entreprises. Au fil des décennies, cette « Babelville » s'est construite comme un millefeuille, avec des couches successives correspondant aux différentes vagues d'immigration. Celle des Arméniens, des Italiens, des Juifs russes et polonais dans les années 1920, puis celle des Juifs allemands à l'arrivée du nazisme, des Juifs tunisiens dans les années 1960, des Africains, des Antillais et des Asiatiques dans les années 1980 et enfin celle des Yougoslaves et des Pakistanais dans les années 1990.
Mais retournons là-haut, sur le plateau, pour une balade au cœur de l'ancien village de Belleville.

1, 2 et 3. Dans les allées de la villa des Fêtes...

4. L'église Saint-Jean-Baptiste, dans la rue de Belleville.

5. Mascaron sur le fronton du nº 13 de la rue des Fêtes.

6. Courette du 105, rue de Belleville.

Belleville

Durée : 2h-2h30

Départ au métro Place-des-Fêtes.
Faites appel à votre imagination, oubliez les tours et remplacez-les par quelques moulins à vent. Troquez le béton contre une prairie vert gazon et les arbres rachitiques contre une quadruple rangée de tilleuls. Au milieu du XIXe siècle, cet espace champêtre à l'écart du village de Belleville, légèrement en contrebas, était un lieu de réjouissances populaires. Quelle que soit la fête, profane ou sacrée, les villageois montaient sur ce belvédère boisé pour s'adonner à de joyeuses libations. Un banquet sous les étoiles ? Il y avait un peu de ça, oui. Les forains bonimenteurs faisaient office de barde et le petit guinguet jouait son rôle de potion magique.
Depuis le cœur du village, on y accédait par « le chemin qui menait aux fêtes », devenu la rue des Fêtes, que vous emprunterez.
À l'approche du nº 13, ralentissez. Une petite porte noire ouvre (si elle s'ouvre...) sur un étroit boyau qui mène à la villa des Fêtes, merveilleuse allée biscornue aux pavés disjoints, ponctuée d'un kiosque drapé de glycines. Les micro-jardins privatifs parlent du délice de vivre ici à la belle saison. La campagne de jadis a de beaux restes... En sortant, levez le nez : l'inscription « Villa des Fêtes » se trouve bizarrement apposée au-dessus du nº 15, sans doute pour mieux tromper les curieux et préserver le calme de ce paradis.

La rue des Fêtes déboule sur la rue de Belleville, que vous descendrez jusqu'à l'église Saint-Jean-Baptiste.
Là bat le cœur historique de Belleville. La mairie du bourg se dressait au niveau du nº 141. L'église se trouvait juste à côté. Celle que vous voyez n'est pas d'origine. Il y eut d'abord une chapelle édifiée en 1543, puis une église en 1635. Mais celle-ci se révéla trop petite, au point qu'un dimanche de juillet 1761, un homme dut monter sur son âne pour écouter le sermon, ce qui fit braire le baudet. Un fidèle s'indigna : « Faites taire cet âne ! » Le prêtre prit le compliment pour lui et répliqua : « Faites sortir cet insolent ! » Pour éviter d'autres incidents de ce genre, l'église fut rasée en 1854 puis reconstruite, en plus grand.

Poursuivez la descente de la rue de Belleville jusqu'au nº 105. Poussez la lourde porte et engouffrez-vous sous le porche.
Le calme et la verdure sont de nouveau au rendez-vous. Moins exubérante que la villa des Fêtes, cette arrière-cour offre en contrepartie une fontaine en fonte baignée de fleurs. Et ce calme, toujours, si étonnant... Toute la rue de Belleville est bordée d'arrière-cours de ce type mais les digicodes ont tendance

1

2
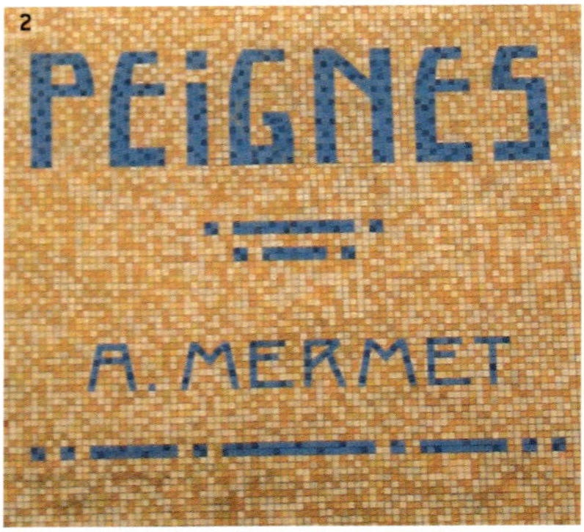

1. Blason de la Ville de Paris, à l'intersection de la rue de Belleville et de la rue Mélingue.

2. Enseigne d'une fabrique de peignes disparue, au 35, rue Clavel.

3

4

5

6

3, 4 et 6. L'étal du petit cordonnier du 8 de la rue Mélingue.

5. Faïences dans le hall d'immeuble voisin du cordonnier.

à barrer la route aux curieux ; si vous voyez des porches ouverts, à la faveur de travaux par exemple, n'hésitez pas à vous y faufiler discrètement.

➨ Descendez la rue de Belleville jusqu'à l'intersection de la rue Mélingue.

Levez la tête et cherchez le blason de la Ville de Paris, enserré dans un feuillage de faïence. Il est apposé sur l'immeuble qui abritait les bureaux de l'ancien funiculaire de Belleville, propriété de la Ville de Paris. Belleville était en effet déjà rattaché à Paris quand fut ouvert le funiculaire, en 1891. Ce tramway à crémaillère reliait la place du Jourdain (celle de l'église) au boulevard de Belleville. Avant lui, vers 1860, une ligne d'omnibus faisait l'ascension de la colline : c'était une voiture légère de quatorze places tirée par deux chevaux, dite « la petite monteuse ». Le « funi » ne fit pas long feu. On ne comptait plus les collisions avec les voitures à bras qui roulaient n'importe comment, les fiacres cahotants, les tombereaux et les charrettes brinquebalantes. Déficitaire, il fut supprimé en 1924. Depuis 1935, seule la ligne de métro n° 11 assure le désenclavement du haut Belleville car aucun bus ne se risque à escalader la colline.

Plus bas (au-delà du métro Pyrénées), vers les nos 70-76 de la rue de Belleville, vous observerez sur le trottoir un curieux dénivelé. Trois longues marches hissent le trottoir au niveau du pas-de-porte des immeubles, trahissant une volonté au fil des ans d'adoucir la forte pente naturelle du vieux chemin.

➨ Poursuivez la descente de la rue de Belleville jusqu'au métro Pyrénées. Filez dans la cour de la Métairie et posez-vous quelques instants sur un muret.

Le nom de cette cour rappelle l'existence de la ferme de Savies, embryon du futur hameau de Belleville.

Cette halte est l'occasion d'évoquer le Belleville artisanal et laborieux du XIXe siècle. Un nombre incroyable de petites entreprises (moins de dix personnes) animaient les abords de son axe principal. Dans ces ateliers œuvraient des bijoutiers, des orfèvres, des tourneurs sur bois, des menuisiers, des passementiers ou des serruriers dont l'habileté était réputée. Les manufactures de boutons, de cuirs vernis, d'allumettes, elles, employaient des centaines d'enfants, garçons et filles, dès l'âge de huit ans. Les bourgeois qui s'installèrent dans le haut Belleville dès 1850 drainèrent dans leur sillage ces artisans soucieux de répondre à leurs besoins domestiques : papetiers, imprimeurs, fabricants d'articles de voyage, tapissiers, souffleurs de verre…

Il y avait également quelques industries qui tiraient directement profit de la proximité des abattoirs de Belleville et de La Villette. La rue Mélingue (que vous avez croisée plus haut) était celle des savetiers et des cordonniers qui transformaient les cuirs en chaussures (un seul demeure, au n° 8). La rue Clavel (au-dessus du métro Pyrénées) comptait une fabrique de peignes, réalisés à base de corne. Il subsiste d'ailleurs au n° 35 une mosaïque jaune portant la marque « A. Mermet » en bleu. (Mais c'est un peu éloigné du parcours.)

1, 3, 4 et 5. Arrière-cours en enfilade du 38, rue de Belleville.

2. Plaque apposée sur la maison du 4, rue Rampal.

3

1

4

2

5

➡ Reprenez la descente de la rue de Belleville, jusqu'au nº 38. Poussez la porte et avancez...
Un porche, une cour, un long couloir sombre, une deuxième cour, encore un couloir, une troisième cour, un escalier et une autre cour ! Pas moins de quatre cours en enfilade avec, à la clé, une microscopique jungle de palmiers, de bananiers et d'orangers du Mexique. Les volées d'escaliers invitent à l'escalade avec leurs rampes en volutes, leurs marches rustiques et décolorées et leurs paliers pavés de tomettes hors d'âge.
Au-delà du charme qui s'en dégage, l'endroit est remarquable car sa configuration est un précieux exemple de la découpe dite parcellaire du sol urbain (on retrouve aussi cette découpe à Charonne). Le village de Belleville était, on le sait, entouré de vignes. Quand un vigneron mourait, ses terres étaient équitablement partagées entre ses héritiers. Pour cela, il fallait que chacun bénéficie des mêmes conditions d'exposition et dispose du bas et du haut de la pente. On découpait donc les parcelles en étroites lanières dans le sens de la pente. Il y avait un autre avantage à ce découpage : lors des grosses pluies, la terre des coteaux était entraînée vers le bas et devait être remontée à dos d'homme.
La découpe des propriétés suivant la pente évitait les débats incertains pour statuer sur le réel propriétaire de la terre qui se trouvait en bas.
Cette enfilade de cours relie cinq « lignes d'immeubles » construits sur cinq anciens étroits vignobles.

➡ Revenez dans la rue de Belleville jusqu'à l'intersection de la rue Rampal, dans laquelle vous bifurquerez...
Vous serez alors rassuré sur la salubrité des nºs 4 et 6. Ce genre de plaques en émail blanc et à la typographie fantaisiste n'est pas rare dans le quartier.

➡ Quelques pas encore et vous voilà à l'angle de la rue du Général-Lassalle.
Droite et austère, elle fut créée en 1890 sur l'emplacement de l'ancienne usine à gaz de la commune de Belleville, disparue alors que celle de La Villette, d'une grande capacité, remplaçait les petites usines disséminées dans l'Est parisien. À l'usine à gaz succédèrent les manufactures Dressoir qui occupaient 700 personnes à transformer en souliers les cuirs des abattoirs.

➡ De retour dans la rue de Belleville, tentez votre chance en poussant la porte du nº 18.
Si elle s'abandonne, vous verrez une autre enfilade de cours pittoresques. Sinon, attendez la mi-mai, quand les ateliers d'artistes de Belleville font portes ouvertes, sésame précieux pour la découverte des arrière-cours. Cette même adresse était celle d'un cabaret de l'Ancien Régime, à l'enseigne du Grand Condé. Ses quatre caves de près de trente mètres de long forçaient l'admiration et l'on se disputait l'ombrage de son jardin fruitier.

➡ Au nº 12 de la rue de Belleville...
... Se trouvait en 1884 la taverne du Bagne et des Ratapoils de Maxime Lisbonne. Cet homme était un ancien bagnard passionné de théâtre. Après avoir purgé sa peine en Nouvelle-Calédonie, il a fondé un cabaret, fidèle réplique d'une caserne de Nouméa.

1. Ornements sur la façade du 39, rue de Belleville.

2. La descente de la Courtille et ses extravagances légendaires. [Bnf]

3. Les Folies de Belleville, au 13 de la rue du même nom. Dessin de Villot. [Bnf]

4. Sur la terrasse des Folies, 8, rue de Belleville.

« On eut dit une prison, au-dessus de la porte une lanterne rouge, sur la toiture à droite et à gauche deux canons. On ne sortait de cet établissement qu'à l'aide d'un carton vert ou jaune :

"Certificat de libération,
Le condamné a consommé
et s'est bien conduit.
Le directeur, M. Lisbonne"

À l'intérieur, minable à faire fuir mais dans lequel on s'empilait, le service était confié à des forçats ayant tous au pied une chaîne terminée par un boulet, seulement le boulet était creux, s'accrochait à la ceinture, s'ouvrait et contenait une serviette avec laquelle on essuyait les tables », rapporte un observateur de l'époque. On peut y consommer un « Nouméa » (absinthe), un « boulet » (bock) ou bien un « soda canaque ».

➨ Reposez-vous à la terrasse des Folies, au nº 8, en trinquant à la mémoire des guinguettes.

Plus on se rapprochait des remparts, plus les guinguettes se multipliaient. Il y en avait jusque sur les toits. Le café-brasserie où vous vous trouvez est le descendant de la plus célèbre d'entre elles, la Folie-Desnoyez. Dans les coins, des soldats et des laquais courtisaient des blanchisseuses et des fleuristes. Ouvriers, bourgeois, militaires, femmes en bonnet, en chapeau, marchands et artisans s'y pressaient, commandaient un petit vin à douze sous le litre, en arrosaient une gibelotte de lapin avant de danser, de taper la quille, le carton ou... le gars d'en face. C'est à la Courtille que se donnaient presque tous les repas de noce de la petite bourgeoisie, des petits marchands et des ouvriers des quartiers de la capitale qui avoisinent cette barrière.

Et la descente ! la fameuse descente de la Courtille ! Ce défilé populaire clôturant les trois jours gras du Carnaval s'amorçait au niveau du Bal Favié, au nº 13 de la rue de Belleville, pour s'achever en débandade sur les Grands Boulevards, après avoir descendu la rue du Faubourg-du-Temple. Figurez-vous une foule en délire, aussi disparate qu'un manteau d'arlequin, composée d'ouvriers des faubourgs, du petit peuple des barrières, de bourgeois des quartiers du centre, de provinciaux, d'étrangers... Une foule avinée qui marchait en se jetant des dragées, des œufs pleins de farine ou des œufs frais, des fruits ou de la boue du ruisseau, faute de munitions. Une foule qui prenait grand plaisir à s'apostropher, à s'injurier. Il était interdit d'en venir aux mains mais on avait le droit de se « horionner », dans un style plus ou moins fleuri. Ces conversations s'apprenaient d'ailleurs longtemps à l'avance et c'est à de véritables représentations théâtrales qu'assistaient les passants ravis. Des milliers d'exemplaires du *Catéchisme poissard ou art de s'engueuler proprement en société sans se fâcher* circulaient pendant toute la descente. Les gamins pariaient entre eux : « Chiche que t'es cap d'engueuler les passants pendant une heure ! » L'enjeu (six litres de vin) les motivait et l'un se lançait. Peu importe le pedigree – vieille femme, cavalier, procureur, concierge endimanchée, dandy, lorette, laquais, grande dame ou chiffonnier –, les badauds qui avaient le malheur de passer sous

1. Toutes les catégories sociales fréquentaient les guinguettes, comme en témoigne la diversité des costumes. (Bnf)

2. L'enseigne et la maison mère Bornibus sont toujours là.

3. Plaque ancienne au 13, rue de l'Atlas.

4. L'usine de produits alimentaires Bornibus, au XIXe siècle. (Bnf)

leur nez en prenaient pour leur grade ! Le Tout-Paris se pressait aussi pour assister à ce spectacle qu'il trouvait « ignoble » mais n'aurait manqué pour rien au monde. Les riches louaient parfois un mois à l'avance et pour un prix exorbitant d'inconfortables places aux fenêtres qui dominaient la fête. Ceux qui possédaient des terrains dans les faubourgs faisaient monter des tentes et des estrades spécialement pour ce jour-là. Les délires ne connaissaient aucune limite et se poursuivaient dans les tavernes. Sur les dames pleuvaient des dragées et des oranges, tandis qu'on noyait les hommes sous des flots de champagne et qu'on se défendait contre l'agresseur à coups de coquilles d'huîtres. Les tenanciers, prévoyants, n'utilisaient ce jour-là que des assiettes ébréchées car ils savaient qu'elles finiraient en miettes. Peu leur importait, ils en étaient largement dédommagés.

Une figure a marqué la Courtille, celle de Charles de La Battut, dit Milord l'Arsouille, fils naturel d'une Française émigrée et d'un pharmacien anglais. Après la ruine de l'excentrique dandy, la descente passa de mode et celle de 1838 fut la dernière.

➽ Tournez la page de la Courtille et reprenez la route sur le boulevard de La Villette, jusqu'au nº 58.

Impossible de la rater, l'enseigne de la maison Bornibus promet « La santé sur votre table » et affiche fièrement ses glorieuses distinctions. Maître-moutardier depuis 1855, Bornibus avait les honneurs du grand dictionnaire de Pierre Larousse au XIXe siècle et comptait parmi ses fidèles consommateurs Alexandre Dumas et Curnonsky, le prince des gastronomes. Aujourd'hui, la marque s'est spécialisée dans la diététique avec une ligne de condiments sans sel, bien connue des femmes qui cherchent à engendrer une fille.

Plus loin, le boulevard de La Villette butte sur la place du Colonel-Fabien, qui s'appelait avant 1945 la place du Combat. En guise de combat, point de haut fait d'armes mais une corrida. De 1778 à 1850 (avec une brève interruption durant la Révolution), on provoquait dans une arène en bois des animaux plus ou moins sauvages, notamment des chiens, des chevaux et des taureaux, pour qu'ils s'entre-déchirent. Ces jeux cruels attiraient un public nombreux et les taxes sur les recettes servaient à alimenter la caisse des pauvres de la municipalité de Belleville.

➽ Inutile de pousser jusque-là, il n'en reste rien. Revenez plutôt sur vos pas et tournez à gauche dans la rue de l'Atlas (qui a vu naître Georges Perec).

Au nº 2 se trouvaient les abattoirs de Belleville, en service entre 1841 et 1867, supplantés par l'ouverture des abattoirs généraux de La Villette. Vers le nº 10 on découvrit en 1852, surprise ! une source. L'eau qui en jaillissait s'avéra sulfureuse, douce, agréable à boire, digeste et semblait atténuer les affections des bronches. Qu'en faire ? Créer un établissement thermal ? Mmm… Difficile, avec l'abattoir communal et l'usine à gaz puante de Belleville comme plus proches voisins. La source fut transformée en fontaine publique. Après la fermeture des voisins encombrants, l'idée des thermes resurgit. La mairie

1. Panorama depuis la butte Bergeyre.

2. La rue Georges-Lardennois.

3. Panneau à l'entrée principale du parc des Buttes-Chaumont.

de l'arrondissement inaugura, en 1876, au nº 6, un casino agrémenté de piscines et salles de bains. Curieusement, le public bouda cet établissement qui fut démoli quatre ans plus tard. Des immeubles modernes se sont élevés sur ses fondations. Quant à la source, elle est aujourd'hui tarie.

➨ **Traversez l'avenue Simon-Bolivar, longez-la un peu sur la droite et empruntez les escaliers abrupts qui mènent à la rue Barrelet-de-Ricou.**

Vous voilà sur la butte Bergeyre, un « village » haut perché et plein de charme. Il s'est construit dans les années 1925-1930 sur les débris d'un parc d'attractions, les Folles Buttes, avec manèges et chalets de curiosités, qui amusa la galerie jusqu'en 1914. Certains des escaliers qui s'accrochent à ses flancs sont aussi escarpés que ceux de la butte Montmartre. L'angle des rues Georges-Lardennois et Rémy-de-Gourmont offre un panorama époustouflant sur Paris et le Sacré-Cœur. Les maisons de la rue Barrelet-de-Ricou sont soutenues par un très haut mur incliné qui forme le fond de cour des immeubles situés en contrebas. Une configuration unique à Paris.

➨ **L'extrémité de la rue Barrelet-de-Ricou vous mène au parc des Buttes-Chaumont. Arrêtez-vous un instant devant l'entrée, face à l'avenue Secrétan.**

La perspective porte votre regard vers le bas de l'avenue Secrétan. L'air y est agréable, ce qui était loin d'être le cas au XVIIIe siècle. Car à l'emplacement précis du métro Bolivar se dressait le terrible gibet de Montfaucon où les corps des suppliciés offerts aux corbeaux se balançaient des mois durant. La mise en service de la guillotine en 1792 fit disparaître ce gibet. Ce qui advint à sa place ne fut guère mieux. Il fut remplacé par la Grande Voirie, à la fois réceptacle des vidanges et clos d'équarrissage où l'on tuait les chevaux âgés, blessés ou malades. Chaque jour, les immondices de Paris, apportées par une file de charrettes, se déversaient là. Elles se décantaient lentement à l'air libre, dans des bassins aménagés sur une surface de plus de dix hectares. Elles alimentaient une fabrique de sel ammoniac et après dessiccation, fournissaient un engrais apprécié : la poudrette. Autour des cadavres de chevaux se développa toute une sordide industrie. Ils alimentaient d'innombrables boyauderies installées dans des baraquements alentour. Les crinières étaient vendues aux bourreliers et tapissiers, les peaux envoyées aux tanneurs et les dépouilles inutiles abandonnées aux rats qui transformaient en une nuit les carcasses des chevaux en squelettes. Ils creusèrent des galeries souterraines si nombreuses que des masures s'effondrèrent. On venait chercher ici les asticots pour la pêche, les vinaigriers venaient y brûler leurs cendres graveleuses (ou lies), les fabricants de couleurs faisaient cuire, torréfier et sécher au soleil du sang de bœuf dont ils tiraient leur bleu de Prusse. Les relents nauséabonds de ces activités couvraient de gaz méphitiques les quartiers environnants. Cette infection dura jusqu'en 1830, date à laquelle la Voirie partit plus loin, quai de Metz (voir balade de La Villette).

1. Le parc des Buttes-Chaumont. Gravure de Bertrand. (Bnf)

2 et 3. Le relief accidenté pimente la promenade.

4. Les travaux d'aménagement du parc des Buttes-Chaumont. (Coll. part.)

1

3

2

4

Un petit creux ?

*Vous pouvez vous restaurer au cœur du parc des Buttes-Chaumont, chez **Rosa Bonheur**, une adorable guinguette réputée pour ses apéros nocturnes du vendredi. Ceux qui n'ont pas trop d'heures de marche dans les jambes y dansent jusqu'à 2 heures du matin (2, avenue de la Cascade, tél. 01 42 00 00 45, entrée côté Botzaris).*

➨ Entrez dans le parc et escaladez le pic rocheux jusqu'au temple de la Sibylle. Sinon, posez-vous sur le premier banc venu.

Si l'on sortait un peu du village de Belleville en direction du nord, la vue que l'on avait était surprenante, quasi lunaire. Une butte, un mont Chauve (devenu Chaumont) truffé de carrières. Sa surface était hérissée de puits d'extraction et de moulins ; le moulin Maquereau, le Grand Moulin, celui des Bruyères, de la tour de Chaumont, de la Carobe... Entre ces tours et ces toits pointus, les cratères des fontis (entonnoirs provoqués dans le sol par l'effondrement d'un puits d'extraction). Il ne faisait pas bon traîner par là. Chiffonniers et vagabonds avaient fait des carrières leur refuge nocturne. Pis encore ! Le diable lui-même logeait, dit-on, dans la Chaudière d'Enfer (située vers l'actuel carrefour des rues Manin et de Crimée).

Des carriers extrayaient du sol depuis le XIIIe siècle du sable, de la pierre à bâtir, de l'argile ou du plâtre. D'abord à ciel ouvert, les carrières furent ensuite creusées en galeries, parfois sur plusieurs niveaux, jusqu'à une profondeur de cent mètres. Une légende raconte qu'une partie des pierres extraites était exportée vers l'Amérique, ce qui donna son nom au quartier Amérique. Ceci est pourtant peu probable car la carrière d'Amérique portait déjà ce nom en 1682 alors que le commerce extérieur de l'Amérique – colonie anglaise – était monopolisé par la Grande-Bretagne, maîtresse des mers. Ce lieu a dû être baptisé ainsi car à l'époque, il se trouvait loin de tout et difficile d'accès, aussi éloigné que l'Amérique.

L'exploitation des carrières, en fragilisant le sous-sol, devint dangereuse. Accidents et effondrements provoquèrent en 1779 l'interdit royal de poursuivre toute activité souterraine. Que faire de ce lieu déshérité, malfamé, malodorant (à cause de la Voirie) et au sous-sol fragile ? Un parc, forcément. Après l'annexion, la Ville de Paris acquit un site de vingt-cinq hectares et confia son aménagement à Alphand, ingénieur spécialiste des espaces verts. La consigne d'Haussmann était claire : il fallait du pittoresque ! Alphand s'en donna à cœur joie. Les accidents de terrain, au lieu d'être aplanis, furent au contraire accentués. L'entrée d'une ancienne carrière à gypse fut utilisée pour la grotte, au plafond de laquelle on greffa de fausses stalactites. Impossible en revanche de faire pousser quoi que ce soit sur cette terre glaise et ces marnes argileuses ; il fallut la recouvrir de terre végétale avant de procéder à l'ensemencement. Ce fut un chantier gigantesque qui mobilisa trois années durant plus d'un millier d'ouvriers, une centaine de chevaux et plusieurs machines à vapeur. L'architecte Gabriel Davioud mit ensuite son grain de sel en semant ici et là diverses « folies » : un temple néoclassique sur le promontoire, des chalets suisses, des cottages anglais, un kiosque orientaliste... Ces fabriques se dévoilent tour à tour au fil de la promenade par monts et par vaux dans ce parc si attachant.

➨ La promenade s'arrête à la mairie du 19e, non loin du métro Laumière.

Cimetière de Belleville
Télégraphe
19e
20e
11e
Place-des-Fêtes
Jourdain
Saint-Fargeau
Pelleport
Gambetta
Ménilmontant
Couronnes
Père-Lachaise
Hôpital Tenon
Mairie du 20e
Parc de Belleville
Maison de l'air
Cimetière du Père-Lachaise
Lycée Voltaire
Sq. de Ménilmontant
Pl. du Guignier
Cité de l'Ermitage
Place H.-Krazuki
Place M.-Chevalier
Rue Haxo
Avenue Gambetta
Bvd Mortier
Rue des Tourelles
Rue du Borrego
Pass. Gambetta
Rue Saint-Fargeau
Rue Darcy
Rue du Gr.-Manouchian
Rue du Surmelin
Rue E.-Lefèvre
R. H.-Poincaré
R. Dumien
Rue Pelleport
Rue du Télégraphe
R. Devéria
Rue de la Duée
Rue des Lilas
Rue du Pré-St-Gervais
Rue des Bois
Rue du Dr-Potain
Rue de Romainville
Rue de Belleville
R. J.-Carré
Rue du Soleil
Rue Pixérécourt
Rue Olivier-Métra
R. H. Jakubowicz
Rue Levert
Rue F.-Lemaître
Rue des Rigoles
Rue de l'Est
Rue de l'Ermitage
Rue de la Chine
Pass. des Soupirs
Rue Orfila
Rue des Gâtines
Rue des Pyrénées
Rue de Ménilmontant
Rue du Retrait
R. L. Savart
Rue d'Annam
Rue Villiers-de-l'Isle-Adam
Rue des Cascades
R. des Couronnes
Rue de la Mare
Rue des Envierges
Rue du Transvaal
Rue Boyer
Rue Juillet
Rue de la Bidassoa
Rue des Rondeaux
Rue H.-Chevreau
Rue Piat
Rue Sorbier
R. E.-Borey
R. Robineau
R. d'Eupatoria
Rue des Mûriers
Rue des Amandiers
Rue Julien-Lacroix
All. G.-Rouault
Rue des Maronites
Rue Étienne-Dolet
Rue des Panoyaux
R. M.-Ernst
Rue F.-Léger
Rue Duris
Rue de Tourtille
Rue Bisson
R. de Pali-Kao
Rue des Couronnes
Rue des Cendriers
Rue de Tlemcen
Rue Houdart
Boulevard de Belleville
Boulevard de Ménilmontant
Rue Oberkampf
Rue Crespin
Rue Moret
Av. J.-Aicard
Rue des Bluets
Rue des Nanettes
Av. de la République
Rue du Chemin-Vert
Rue de la Folie-Regnault
Rue Merlin
A
D
N
200 m

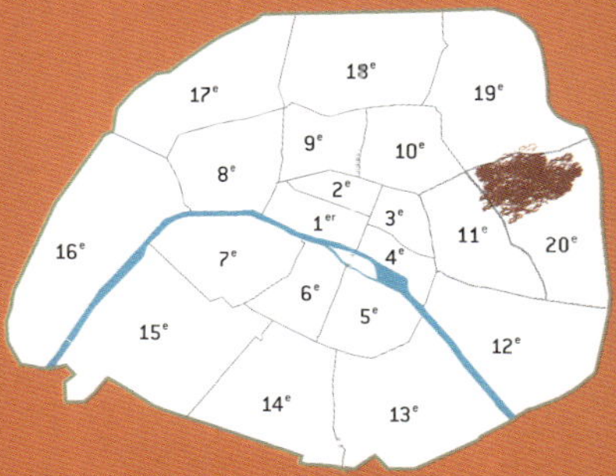

Ménilmontant

De Saint-Fargeau au métro Ménilmontant

Ménilmontant

Suivez mes regards…

À l'époque où Belleville n'était qu'un village, Ménilmontant, lui, n'était qu'un hameau. Un hameau formé à l'origine autour d'un « mesnil » [demeure rurale] dit du « mauvais temps ». Comme la météo ne devait pas y être plus maussade qu'ailleurs, après tout, et que le chemin pour s'y rendre montait sec, le « Mesnil Mautemps » est opportunément devenu au XVIe siècle « Ménilmontant ». Sur cette colline, les sources étaient nombreuses et c'était grand dommage de les laisser ruisseler en vain sur la glaise imperméable des coteaux, alors que Paris n'était approvisionné que par la Seine et par quelques puits privés peu salubres. Ainsi pensaient les religieux, propriétaires de nombreux domaines sur ces terres, qui décidèrent dès le XIIe siècle de canaliser les ruisseaux. Les moines de Saint-Martin-des-Champs, notamment, firent construire l'aqueduc de Savies destiné à alimenter leur prieuré, sis à l'emplacement de l'actuel Conservatoire des arts et métiers, dans le 3e arrondissement. Les ruisseaux étaient conduits jusqu'à des bassins collecteurs prolongés d'aqueducs. Ce réseau complexe était ponctué de « regards », édicules en pierre permettant la surveillance des canalisations. Non contente d'alimenter les prieurés, l'eau rejoignait aussi le goulot de fontaines privées [de couvents ou de demeures seigneuriales] et de fontaines publiques parisiennes. Belleville et Ménilmontant étaient hérissés de ces regards de formes et de dimensions variées que le prévôt des marchands devait inspecter un à un, une fois l'an, en compagnie des échevins [notables]. Ils pénétraient dans chaque regard, vérifiaient la propreté, goûtaient l'eau et s'assuraient qu'aucun riverain n'avait bricolé de dérivation personnelle clandestine. Sur les dix-huit regards subsistants, seuls huit sont visibles, les autres étant masqués ou recouverts par des bâtiments. Le plus imposant est le regard de la Lanterne [rue Compans], tête du grand aqueduc de Belleville qui alimentait une vingtaine de fontaines parisiennes. Circulaire, il est chapeauté d'un dôme de pierres plates et d'un lanternon. Excentré de cette balade, ce regard n'en fait pas partie, si remarquable soit-il.

La gare de la Petite Ceinture, aujourd'hui disparue.
[© Coll. Kharbine-Tapabor]

Les eaux de Belleville et de Ménilmontant ont alimenté les Parisiens de la rive droite cinq siècles durant. La toponymie rappelle sans cesse la mémoire de ces eaux vives : rues des Cascades, de la Mare, des Rigoles (canalisations d'eaux de ruissellement qui rejoignaient les regards d'aqueducs), de la Duée (source jaillissante), de la Cour-des-Noues (une noue est un ruisselet)...

1. La rue de Ménilmontant, quand le piéton était roi. (BHVP)

2. Cité de l'Ermitage.

3. Le pavillon de Nicolas Carré de Beaudoin, 119, rue de Ménilmontant.

4. Le regard de la Lanterne (hors parcours).

Ménilmontant

Durée : 2h

➨ À la sortie du métro Saint-Fargeau, hélez un bus nº 96 et descendez à l'arrêt Ménilmontant-Pelleport.

En tortillant un peu, la rue de Ménilmontant vous mène vers son square. Le tracé vaguement sinueux de ce segment évoque le vieux chemin de campagne qui conduisait aux terres de labour et aux bois de haute futaie, appelés forêt de Maudam, situés vers l'actuel métro Saint-Fargeau. Sitôt franchis les Pyrénées (la rue des), oublié le sentier tortueux ! La rue de Ménilmontant descend, droite comme un i, vers Paris. Appelée chaussée et même avenue entre 1672 et 1896, c'était déjà au milieu du XVIIIe siècle une voie rectiligne plantée de deux rangées d'arbres, où les Parisiens aimaient à se promener.

➨ Poursuivez la descente de la rue de Ménilmontant jusqu'au croisement de la rue Pixérécourt.

À l'angle de ces deux voies, quatre longues marches sur le trottoir trahissent un adoucissement de la forte pente naturelle de la rue.

➨ Descendez jusqu'au nº 119.

Les Parisiens du siècle des Lumières aimaient à flâner rue de Ménilmontant, et ceux qui en avaient les moyens appréciaient aussi de s'y reposer quelques jours. Ils se faisaient construire des maisons de campagne adossées aux coteaux. Une seule de ces folies demeure : le pavillon de Nicolas Carré de Beaudoin, qui se dresse devant vous. Entrez dans le jardin, vous le verrez mieux, de face, avec son fronton triangulaire et ses colonnes ioniques. Il a été édifié en 1770 par Louis Moreau Desproux, qui s'est copieusement inspiré des villas de l'architecte italien Palladio. À ce pavillon s'ajoutaient à l'époque une chapelle privée et de grands jardins avec serres, volières, remises et écuries pour vingt chevaux. Dans les années 1830, un pensionnat de jeunes filles occupa le lieu, puis ce fut le tour d'un orphelinat destiné aux enfants victimes du choléra avant de devenir une salle d'expositions.

➨ Un peu plus bas à droite s'ouvre la cité de l'Ermitage.

Une poignée de maisonnettes aux portails rouillés et trois réverbères... L'incursion est aussi sympathique que champêtre.

➨ La rue de Ménilmontant est de nouveau sous vos pas, elle dégouline, dégringole vers le cœur de Paris avec, en point de mire, les tubulures bariolées de Beaubourg. Tournez à droite dans la rue de l'Ermitage puis encore à droite dans la villa de l'Ermitage, face au nº 27.

Oui, c'est bien là... Ne vous laissez pas déstabiliser par les poubelles en déshérence ni par les tags qui bario-

●●●

1. Dans la cité de l'Ermitage…

2, 3 et 5. Dans la villa de l'Ermitage…

4. Regard Saint-Martin, 42, rue des Cascades.

6. Le passage Fernand-Raynaud.

lent les premières façades. Viennent ensuite de coquets volets mauves, des boîtes à lettres personnalisées, des lampions... L'anarchique vire au poétique. Au nº 4, une gouttière en zinc s'est recyclée en balconnière, des pensées profondes fleurissent sur des ardoises, sous le toupet bien portant d'un palmier. Créée en 1857, la villa de l'Ermitage comprenait des maisons d'habitation, des cours, des jardins, un puits, un corps de pompe, le tout compris dans un périmètre irrégulier et clos de murs. Des servitudes particulières furent imposées aux acquéreurs des terrains : aucun métier ou fabrique de nature susceptible de nuire par le bruit ou par l'odeur aux habitants et aucune machine à vapeur ni usine n'y étaient tolérés. Et la hauteur des maisons ne devait dépasser trois mètres. En résulte un ensemble riant, un peu bohême et toujours fleuri.

➨**Allez jusqu'au bout de l'allée qui, contrairement aux apparences, n'est pas une impasse. À gauche du cerisier, après un virage en baïonnette, elle télescope la cité Leroy, autre enclave de charme. Dirigez-vous vers la place du Guignier (créée à l'emplacement d'un verger de cette variété de cerises) puis bifurquez à gauche dans la rue de l'Ermitage, juste le temps d'attraper le passage Fernand-Raynaud.. À gauche toute.**

Une friche miraculeusement préservée à flanc de coteau vous accompagne un bout de chemin. De part et d'autre de cette rue, les bâtiments semblent s'accrocher au talus pour ne pas glisser. En contrebas des nos 39-41, dans une cour à l'accès cadenassé, veille le regard de la Roquette. Vous ne verrez que son dos. Celui des Messiers, au nº 17 (toujours en contrebas), est moins pudique. Coiffé de larges dalles de pierre moussue, il laisse voir, de face, ce qu'il a dans le ventre : un bassin, une rigole et un banc.

➨**Rebroussez chemin et revenez à la hauteur du nº 42 de la rue des Cascades.**

Impossible de le rater, il mange tout le trottoir ! Le regard Saint-Martin fut construit par le prieuré de Saint-Martin-des-Champs et restauré par les moines aux XVIIe et XVIIIe siècles – c'est ce que raconte l'inscription latine gravée sur le fronton. Elle était jadis accompagnée d'un bas-relief représentant saint Martin à cheval, partageant son manteau avec un mendiant.

Retournez-vous et plongez votre regard dans la vieille rue de Savies. Les bornes en pierre que vous voyez sur la gauche permettaient autrefois de se garer des voitures hippomobiles avant l'invention des trottoirs. L'initiative est louable mais, comme vous pouvez le constater, les piétons devaient cependant serrer les fesses au passage des équipages. L'une de ces bornes, différente des autres, avait un autre usage : placée là en pleine campagne, bien avant ses comparses, elle signalait le passage d'une conduite d'eau en sous-sol.

➨**Poursuivez la rue des Cascades.**

D'étranges graffitis sculptés dans la pierre vous y attendent. Inquiétants, curieux...

➨**Longez cette rue jusqu'à buter sur la place Henri-Krazuki, ronde, bistrotière, provinciale, attendrissante**

●●●

1. Les bornes de la rue de Savies.

2. L'église Notre-Dame-de-la-Croix.

3. Le vignoble du parc de Belleville.

4. Rue de la Mare, le long du quai de la gare disparue.

5. Enseigne des ***Trois Chapeaux*** avant sa disparition en 2011.

Un petit creux ?

Les Trois Marmites *(8, rue Julien-Lacroix, tél. 01 40 33 05 65) ou* ***Le Casque d'Or*** *(1, rue Eupatoria, tél. 01 43 58 37 09) mijotent sur la place Maurice-Chevalier quelques bons petits plats.*

avec son arbre planté au milieu comme une bougie sur un gâteau. Puis optez pour la rue des Envierges.

Elle s'achève en esplanade, en bol d'air. L'horizon est dégagé, le panorama époustouflant. À vos pieds, le parc de Belleville, ouvert en 1988 à la place d'une colonie de masures insalubres en équilibre sur d'anciennes carrières de gypse, devenues grottes. Un carré de vigne, à gauche de l'entrée, rappelle le passé viticole de Belleville et de Ménilmontant. La cascade de cent mètres de long (la plus longue de Paris) sur un dénivelé de vingt-cinq mètres allude les eaux ruisselantes de la colline, si importantes dans l'histoire du quartier.

➨ **Après une balade dans le parc, arrangez-vous pour vous trouver à l'intersection de la rue des Couronnes et de la rue Henri-Chevreau.**

Une voie de chemin de fer désaffectée s'engouffre dans un tunnel (long de 1 124 mètres). C'est la ligne de la Petite Ceinture qui desservait les faubourgs de Paris à la fin du XIXe siècle.

➨ **Au loin, une passerelle fait le dos rond. Dirigez-vous vers elle, par la rue Henri-Chevreau et la rue de la Mare.**

Celle-ci épouse le lit d'une ancienne rivière alimentée par une mare située près de l'église Saint-Jean-Baptiste de Belleville. Au pied de la passerelle, à droite, le portail d'accès à la gare de Ménilmontant est fermé et pour cause ! La gare a été détruite. Seule une demi-douzaine de marches descendant vers les rails témoigne de son existence passée.

➨ **De l'autre côté de la passerelle, une placette conduit au chevet d'une monumentale église.**

Ce n'est assurément pas l'église d'origine du hameau ! Jusqu'en 1860, les paroissiens ménilmontants suivaient les offices de l'église de Belleville ou se recueillaient dans une modeste chapelle consacrée à la Vierge, fondée au XVe siècle par les religieux de Sainte-Croix-de-la-Bretonnerie, mais détruite à la Révolution. Après l'annexion, Haussmann, sous la pression des habitants, fit construire une grande église car le hameau avait pris de l'ampleur. Notre-Dame-de-la-Croix sortit de terre en 1869, précédée d'un perron de 54 marches qui semble disproportionné mais qui se justifie, paraît-il, en raison d'un rattrapage de pente. Cette église, qui couve un orgue de Cavaillé-Coll, est la troisième de Paris par sa longueur, après Notre-Dame et Saint-Sulpice.

➨ **La charmante petite place Maurice-Chevalier sera votre terminus, non loin du métro Ménilmontant.**

N
200 m
Gambetta
Avenue Gambetta
Mairie du 20e
Square Vaillant
Rue de la Chine
Hôpital Tenon
Rue Pelleport
Rue du Cap.-Ferber
Bd Mortier
Rue Delaure
Square Séverine
R. G.-Chavez
Rue Belgrand
Porte-de-Bagnolet
Rue de la Py
D
Av. du P.-Lachaise
Rue de la Cour
des Noues
Rue des Rondeaux
Rue Landrin
Rue Ramus
Columbarium
Rue des Pyrénées
Rue des Prairies
Rue des Lyanes
Rue Pelleport
Rue de Bagnolet
Rue L. Gaune
Rue Louis-Lumière
Boulevard Davout
Jardin Debrousse
All. A.-Debrousse
Villa Stendhal
Rue Lisfranc
Rue C.-Renouvier
Rue Stendhal
Ch. du Parc-de-Charonne
Cimetière du Père-Lachaise
20e
R. Leuwen
V. Segalen
Rue des Balkans
Rue Riblette
Sq. des Grès
Rue Vitruve
Square Vitruve
Villa Gaudin
R. Galleron
P. des 2 Portes
Place des Grès
Rue Florian
Rue de Lesseps
Rue de Bagnolet
Cité Adrienne
Imp. Nicolas
Rue Saint Blaise
Rue F.-Terrier
Cité Aubry
Villa Riberolle
Rue Ligner
Rue de la Réunion
Rue de Fontarabie
P. Fréquel
Rue Vitruve
Rue Courat
Rue du Clos
Rue de Bagnolet
Rue des Orteaux
Imp. des Orteaux
Alexandre-Dumas
Rue Monte-Cristo
Place de la Réunion
I. Satan
I. Ranson
Pass. Dieu
Rue des Orteaux
R. Mouraud
Place M.-de-Mirbel
Rue Delaunay
Boulevard de Charonne
Rue Alexandre-Dumas
Rue de Terre-Neuve
Rue des Vignoles
P. Savart
P. Josseaume
I. des Vignoles
Pass. Dagorno
Rue des Maraîchers
Rue de la Croix-St-Simon
Boulevard Davout
I. St-Pierre
Jardin Casque d'Or
Imp. de la Loi
P. de la Providence
Rue de Buzenval
Hôpital de la Croix St-Simon
R. des Rasselins
Rue F.-Gambon
Imp. du Bureau
Pass. du Bureau
Rue Planchat
I. Confiance
I. de Bergame
I. de la Poule
Cité Champagne
Rue d'Avron
Porte-de-Montreuil
Rue des Haies
Maraîchers
Rue du Volga
Square de la Gare de Charonne
11e
A
Avron
Buzenval
Rue d'Avron
Avenue Philippe-Auguste
Rue de Montreuil
Rue Auger
Rue des Ormeaux
Rue des Grands-Champs
Rue des Pyrénées
Rue des Maraîchers
Rue de la Tour-du-Pin
Rue de la Plaine
Rue de Tunis
Av. de Bouvines
Av. de Taillebourg
All. M. Laurent
Sq. S.-Bernhardt
Rue Mounet-Sully
Sq. Patenne
Pass. de Lagny
Place de la Nation
Nation
Rue de Lagny
Rue de Lagny

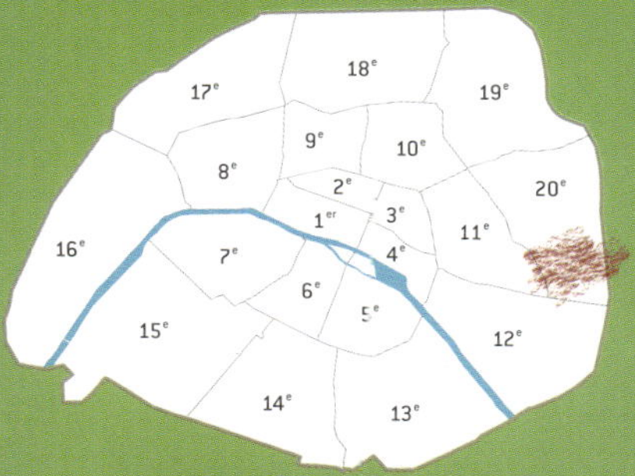

Charonne

De la porte de Bagnolet au métro Avron

Charonne
Di(vin) village

La rue Saint-Blaise et l'église Saint-Germain-de-Charonne. (BHVP)

Une église flanquée de son cimetière et de son presbytère, une place d'humeur provinciale, une rue sinueuse... L'îlot Saint-Blaise, cœur historique du village de Charonne, s'étire entre le cimetière du Père-Lachaise et la porte de Montreuil, à l'écart des grands axes de circulation. Sa position en retrait a retardé son urbanisation en soulignant son caractère discret.

Le nom de Charonne apparaît aux alentours de l'an mil mais le développement de ce village de vignerons et de maraîchers fut très lent. À peine 700 habitants au XVIIIe siècle, répartis entre quatre rues (actuelles rues Saint-Blaise, Riblette, Vitruve et Courat) – le reste de la paroisse se composant de champs et de vignes. Le lait et les ceps attirèrent ici les nobles et les moines. Le lait des nourrices, associé au bon air de Charonne, faisait rosir les joues des enfants bien nés. Les ceps des coteaux, copieusement ensoleillés, fournissaient un chouette petit vin de messe. La nature du sol était favorable à la viticulture. Les congrégations religieuses parisiennes s'empressèrent d'y acquérir des vignes et de construire des pressoirs. Le vin aigrelet, qui coulait à flot, sauta vite du calice à la pinte. Et les guinguettes se multiplièrent. Vers 1822, on en comptait 200 pour 800 habitants ! Elles se nomment À l'Entonnoir, Au Rat goutteux, À la Satisfaction, Aux Petits Cochons sans pareils... et la pinte de vin y est deux fois moins chère qu'à Paris. Qu'y fait-on ? Un opuscule intitulé *Le Nouveau Guide des Dîneurs* (1828) nous renseigne : « L'on y danse et l'on y dîne ; l'on y fait l'amour et l'on s'y balance ; l'on y file le sentiment et l'on y soupe, et tout cela le plus agréablement du monde. Mais quand ? le dimanche, le lundi et le jeudi. En entrant, on est d'abord frappé de l'énorme quantité de ragoûts et de rôtis qui garnissent un large comptoir, et de l'activité prodigieuse de plusieurs femmes de service et de deux ou trois cuisiniers. Sous une vaste cheminée, trois ou quatre broches, les unes sur les autres, chargées de dindons, de poulets, de longes de veau et de gigots de mouton tournent incessamment devant un grand feu. » Entre les guinguettes, des palissades rustiques frangées de lilas, des ruelles

étroites aux maisons basses, des terrains vagues, des fonds de cour louches, des hôtels meublés où les tables et les chaises sont solidement attachées de peur que les clients ne les emportent et toutes sortes de petites industries : fabriques de colle de pâte, d'allumettes, fondoir de graisses, poteries, usines à vérifier les alcools, atelier d'artificier, fabriques de bleu de Prusse, de chandelles, de carton, de feutres et cuirs vernis, distillerie d'eau-de-vie, atelier pour le travail de la corne, fabriques de chapeaux et la plus grande manufacture de bougies de la capitale installée rue Aumaire (actuelle rue Vitruve). Charonne se peuple d'ouvriers et d'artisans.

À la veille du rattachement à Paris, le village compte 17 000 habitants. Il s'étire alors bien au-delà des « fortifs » et englobe plusieurs terrains des communes de Montreuil et de Bagnolet, absorbant fermettes et terres maraîchères de quelques lieux-dits : les Mézières, les Quatre-Chemins, les Garennes et le parc du château de Bagnolet qui n'existe plus depuis longtemps.

1. Le pavillon de l'Ermitage, vu du jardin.

2. L'ancienne entrée de l'Hospice Debrousse avec, à droite, le pavillon de l'Ermitage, vu de la rue. (Coll. part.)

Charonne

Durée : 2h

➥ Départ au métro Porte-de-Bagnolet. Descendez la rue de Bagnolet jusqu'au jardin de l'Hospice-Debrousse, à la hauteur du nº 148.

Il se voit de loin, proéminence élégante sur le trottoir, silhouette incongrue dans cette rue passe-partout. Lui, c'est le pavillon de l'Ermitage, petit Trianon de la duchesse d'Orléans.

Il y avait au-dessus de Charonne, ancré sur le plateau de Bagnolet, un château prolongé d'un immense domaine. Le château était sur le territoire de Bagnolet mais son parc – quatre-vingts hectares de futaies, de taillis et de jardins – tapissait Charonne. C'est pourquoi il est appelé tantôt château de Charonne tantôt château de Bagnolet. Il constituait avec ses dépendances, son jardin, son parc, ses terrasses, ses écuries, ses vacherie, laiterie, orangerie et colombier, le tout clos de murs, un domaine considérable surplombant la vallée. Au long du XVIIe siècle, c'est un lieu de promenade réputé de la cour. La Fontaine le fréquente, dit-on, assidûment.

En 1719, il passe aux mains de la duchesse d'Orléans, fille naturelle et légitimée de Louis XIV et de Madame de Montespan, épouse du régent Philippe d'Orléans. Ennuyée de devoir supporter les encombrements de la rue de Bagnolet pour se rendre à son château, celle-ci fait ouvrir dans Charonne une belle avenue plantée d'ormes, dite avenue de Madame, devenue la rue des Orteaux. Elle fait aussi construire, en 1734, à l'extrémité occidentale de son parc, un petit pavillon d'agrément, dit de l'Ermitage. À la mort de la duchesse, sa propriété passe de main en main, à chaque fois amputée d'une parcelle, d'un bosquet. Sous Louis XVIII, elle appartient à un certain François Pomerel, confiseur de la duchesse de Berry, qui appose ses initiales au sommet de la grille en fer forgé, rue de Bagnolet. Après les terres, le château est à son tour avalé par la ville.

Il ne reste du domaine qu'un jardin – devenu celui de l'Hospice-Debrousse – et le pavillon de l'Ermitage, unique folie parisienne de style Régence. Ce pavillon fut le lieu de réunion de royalistes qui tentèrent, en vain, de sauver Louis XVI de la guillotine.

Il ne reçoit que les vendredi et samedi, de 14h à 17h. Ses visiteurs comprennent alors dès l'entrée pourquoi il se nomme ainsi. Des fresques dans un camaïeu de gris illustrent des vies d'ermites et de saints du désert et mettent en scène, dans la tentation de saint Antoine, le diable sous divers avatars, parfois indécents.

●●●

1. Perrons surélevés au 134-136, rue de Bagnolet.

2. L'église Saint-Germain-de-Charonne.

3. Le cimetière paroissial.

5. Le presbytère et l'entrée du cimetière.

4 et 6. En flânant dans la rue Florian...

➡ Saluez à l'angle de la rue des Balkans le café au superbe décor 1900 (comptoir, sol, mobilier…) puis poursuivez sur le trottoir de droite la descente de la rue de Bagnolet, limite de l'ancien village de Charonne, bordée autrefois de part et d'autre de guinguettes. Quand la rue se dédouble, gardez le cap sur le haut du pavé.

En hauteur, la vue sur les perrons surélevés des maisons des n°s 134 et 136 n'en est que plus belle. Pourquoi avoir construit ici des escaliers à double volée ? Car en 1847, la rue fut rabotée, adoucie pour faciliter le passage des charrois chargés de pierres allant au chantier des fortifications de Thiers. Car la pente était raide, auparavant, la rue affleurait le seuil des maisons ! La différence de niveau dut être compensée par un mur de soutènement à droite et par de gracieux escaliers à gauche.

➡ Bifurquez à droite dans la rue des Prairies puis à gauche dans le chemin du Parc-de-Charonne, qui rappelle le domaine évoqué plus haut. Entrez dans le cimetière à mi-rue.

Ce champ de repos a un point commun avec celui de l'église du Calvaire de Montmartre. Ce sont les deux seuls cimetières paroissiaux de Paris. Paroissial rime ici avec provincial. Mais il n'est pas désert pour autant ; c'est un lieu de passage en forme de raccourci connu des seuls riverains.

➡ Traversez-le pour rejoindre le parvis de l'église.

À votre droite, le presbytère. On dirait celui de Don Camillo avec sa glycine enlacée autour des barreaux de la grille comme un boa autour d'une liane. À gauche, Saint-Germain-de-Charonne, sans doute la plus campagnarde des églises parisiennes. Entrez un instant. Sur le mur du fond, une inscription narre la genèse de ce sanctuaire. Saint Germain, évêque d'Auxerre, se serait baladé par là en 429 et aurait rencontré et baptisé en ce lieu celle qui deviendra sainte Geneviève, patronne de Paris, alors âgée de six ans. Le conditionnel est de mise car on se demande ce que Germain venait faire par ici – le chemin d'Auxerre à Paris évitant alors, comme de nos jours, un plateau aussi escarpé. Quoi qu'il en soit, une chapelle fut construite au IXe siècle, complétée d'un clocher trapu au XIIIe siècle, puis l'édifice fut agrandi au XVe siècle.

Une statue en bois de saint Blaise, nichée dans la chapelle du même nom, rappelle que ce saint est le second patron de l'église. Une légende rapportée par l'abbé Lebœuf raconte « qu'un roi du nom de Charles, ayant gagné un grand enrouement et un mal de gorge pour avoir crié contre une cloche qui écartoit son gibier, et en avoit été guéri par l'intercession de saint Blaise, fit bâtir une chapelle en son honneur ». Ce pourquoi, jusqu'au milieu du XIXe siècle, on invoquait saint Blaise contre les maux de gorge.

➡ Sortez de l'église et postez-vous sur le parvis, face à la place, mentionnée dès 1420.

Devant vous, la rue Saint-Blaise, colonne vertébrale de l'ancien village de Charonne, que l'on dirait affligée d'une scoliose, tant elle zigzague et se gondole (comme le suggère d'ailleurs l'enseigne de la pizzeria du coin). C'est au pied des marches

1. Cour du 21, rue Saint-Blaise.
2 et 5. Rue Saint-Blaise.
3. Chapelle habitée du square des Grès.

1

2

3

4

5

6

4. Rue Galleron.
6. Porche du 46, rue Saint-Blaise.

en éventail du perron de l'église qu'explosa en 1963 la voiture des tontons flingueurs, dans le film éponyme.

➨ **Ne vous engagez pas immédiatement dans la rue Saint-Blaise, descendez encore un peu la rue de Bagnolet jusqu'au nº 102 bis.**

L'ancienne station Charonne-Voyageurs du chemin de fer de la Petite Ceinture (1867-1934) est devenue un café-concert (La Flèche d'or, ouvert de 20h à minuit). La salle surplombe les voies, mangées d'une sympathique friche tandis que des ballasts font office de piliers de comptoir. La ligne de chemin de fer était très attendue pour désenclaver Charonne, devenu quartier de Paris en 1860. Sa construction donna du fil à retordre car les ouvriers rencontrèrent une couche de glaise qui faillit glisser et entraîner toute la colline, avec les rues et les maisons qu'elle portait. Le bas de la rue de Bagnolet constituait jadis la rue principale du hameau de Fontarabie qui, vers 1750, comportait une douzaine de maisons avec jardins.

➨ **Au-delà de la gare, la voie de chemin de fer poursuit son chemin à l'air libre jusqu'à la Seine, en sautant par-dessus les rues. Suivez-la en longeant la rue Florian. Par la rue Galleron, autre axe historique de Charonne, revenez vers la rue Saint-Blaise, autrefois grand-rue Saint-Germain.**

Piétonnière, elle a conservé son aspect d'antan, villageois à souhait avec ses bâtisses d'un ou deux étages. Certaines sont d'origine, d'autres ont bénéficié d'une harmonieuse réhabilitation. Pour un peu, on s'attendrait à voir des papis qui potinent assis sur des chaises et des mamies qui tricotent. La porte du nº 21 (librement poussée) donne sur une cour cadrée de charmantes maisons basses, toutes blanches. Les ruelles alentour (Riblette, Segalen, Galleron...) sont étroites et biscornues, très paisibles.

➨ **La rue Saint-Blaise s'élargit soudain ; vous voilà sur la place(tte) des Grès, rafraîchie de deux magnolias et d'une fontaine moderne.**

Là, au cœur du village, se dressaient sous l'Ancien Régime le poteau de justice et le carcan d'infamie des seigneurs de Charonne où les coupables de vols, tromperies et délits mineurs étaient exposés aux quolibets de la foule.

➨ **À droite du restaurant Le Magnolia, un portail gris. Poussez la grille, engagez-vous dans la ruelle qui mène au square des Grès et engouffrez-vous sous le premier porche à main gauche. Au bout, sur la placette pavée, une surprise vous attend.**

La chapelle dont vous voyez l'abside, à gauche, vestige d'un couvent, est devenue habitat privé. Heureuse famille qui vit là, derrière ces fenêtres en ogive habillées de vitraux !

➨ **Revenez rue Saint-Blaise qui, à partir de là, change malheureusement d'allure et d'atmosphère.**

Plus rien ne rappelle notre vieux village de Charonne, excepté un porche du XVIIIe siècle veillé par une tête de Neptune, vestige d'une maison de plaisance (au nº 46), bizarrement encastré dans un immeuble moderne. À partir de là, la rue Saint-Blaise n'était jadis qu'un chemin serpentant à travers champs.

●●●

1. Façade du 84, rue des Vignoles.
2. Un bistrot de la rue des Vignoles.

Un petit creux ?

À mi-chemin, pause de charme sous les magnolias de la place des Grès, sur la terrasse du café-restaurant homonyme : ***Le Magnolia*** *(29, rue Saint-Blaise, tél. 01 40 09 19 79).*

➨ Continuez cependant jusqu'à la place Marie-de-Miribel et engagez-vous dans la rue de la Croix-Saint-Simon.

En 1731, il y avait à ce carrefour un calvaire planté en pleine campagne, au milieu des vignes, rappelant un triste fait-divers. Un garçon boucher prénommé Simon, passant à cet endroit avec la recette de son maître, fut agressé par trois bandits. Il se défendit et tua ses adversaires avant de succomber à ses blessures. Son maître, heureux d'avoir retrouvé intact l'argent qu'il avait confié à son apprenti, fit élever sur le lieu du drame une croix dédiée au saint patron de celui-ci.

➨ Au bout de cette rue, passez sous la voûte et prenez à gauche la rue Ferdinand-Gambon.

À la hauteur du nº 9, on aperçoit l'auvent à festons de bois qui protégeait le quai de la station Avron de la Petite Ceinture. La gare (au nº 4), elle, est habitée par un particulier dont le jardin n'est autre que... la voie de chemin de fer désaffectée.

➨ Suivez la rue d'Avron (à droite) puis celle des Pyrénées (à droite), jusqu'au passage Dagorno, dans lequel vous vous coulerez...

➨ Le passage Dieu vous mènera rue des Orteaux (ancienne allée du parc de Bagnolet). Amorcez ensuite la descente de la rue des Vignoles, à l'affût de toutes les impasses dont elle est truffée.

Le « b » de vignobles est tombé aux oubliettes au fil des ans, ce qui n'empêche pas la rue des Vignoles de perpétuer le souvenir des vignes qui la bordaient jadis, quand elle n'était que chemin. La présence de nombreuses impasses, sur un segment de 200 mètres de long, n'est pas le fruit du hasard, mais bel et bien celui de la vigne. Cette configuration est un exemple de la découpe dite parcellaire du sol urbain (voir explication p. 45, dans la balade de Belleville, où l'on retrouve aussi cette découpe).

Chacune a son caractère propre. L'impasse Satan, baptisée ainsi en 1907 par un habitant facétieux en raison de son voisinage avec l'impasse Dieu, mène à un jardin solidaire. L'impasse Rançon est bordée de maisons comme « aplaties ». Dans l'impasse des Souhaits, opportunément barbouillée de rouge et de noir, cohabitent la Confédération nationale du travail et l'association Flamenco en France.

L'urbanisation tardive de ce quartier, resté longtemps à l'écart de l'agitation marchande des grandes voies de passage, a permis la survivance de ces boyaux de charme. Ce n'est qu'après l'annexion de 1860 que cet espace fut loti. Il s'agissait alors de réunir les anciens villages de Charonne et d'Avron. Cette démarche donna son nom au quartier de la Réunion.

➨ La balade touche à sa fin. Encore quelques pas et vous voilà au terminus, métro Avron.

CHU Saint-Antoine
Reuilly-Diderot
Boulevard Diderot
Place de la Nation
Nation
Rue de Charenton
Rue Crozatier
Rue Chaligny
Cour St-Éloi
Rue P.-Bourdan
Rue Dorian
Sq. St-Charles
Av. du Bel-Air
Rue de Picpus
Av. de Saint-Mandé
Avenue Daumesnil
Rue Érard
Rue d'Artagnan
Imp. Mousset
Rue du Sergent-Bauchat
Hôpital des Diaconesses
Rue de Rambouillet
Promenade plantée
Cité Moynet
Rue Montgallet
Montgallet
Rue J.-Hillairet
Rue de Reuilly
12e
Hôpital Rothschild
Rue Santerre
Ministère de l'Économie et des Finances
Rue du Charolais
Jardin de Reuilly
Rue A.-J.-Renard
R. G.-et-M.-Politzer
Allée Vivaldi
Rue de la Gare-de-Reuilly
Promenade plantée
Rue de Bercy
Allée de Bercy
Mairie du 12e
Rue Lamblardie
Rue Goujon
Boulevard de Bercy
Bercy
R. Desgrange
R. Corbineau
Rue Dugommier
Place Félix-Éboué
Boulevard de Reuilly
Daumesnil
Av. Daumesnil
Dugommier
Gare de Bercy
Palais omnisports de Paris-Bercy
Parc de Bercy
Rue de la Durance
Rue de la Brèche-aux-Loups
Rue Proudhon
Rue J. Journeux
R. E.-Robert
Pl. L. Bernstein
Rue de Bercy
Rue des Fonds-Verts
Rue de la Lancette
Rue Claude-Decaen
Place Lachambeaudie
Rue Paul-Belmondo
Rue de Pommard
Rue Coriolis
Rue Nicolaï
Rue de Wattignies
Voie Express Georges-Pompidou
Jardin Yitzhak-Rabin
Rue de Dijon
Passerelle S.-de-Beauvoir
Rue de Charenton
Rue des Meuniers
Rue de Fécamp
Rue Gabriel
Rue Baron-Le-Roy
Rue J.-Kessel
Rue de l'Ambroisie
Rue des Jardiniers
Seine
Cour Saint-Émilion
A
Rue François-Truffaut
Cour Saint-Émilion
Rue des Pirogues-de-Bercy
R. Lheureux
Rue J.-Hamont
Av. du Gal Michel-Bizot
D
Porte-de-Charenton
Quai François-Mauriac
Pont de Tolbiac
Quai de Bercy
Place des Vins-de-France
Rue des Pirogues-de-Bercy
Bercy-Expo
Av. des Terroirs-de-France
Cour du Levant
Av. de la Porte-de-Charenton
Rue Primo-Levi
Rue R.-Goscinny
Quai Panhard-et-Levassor
Rue T.-Mann
Boulevard Poniatowski
Cimetière Valmy
Rue Olivier-Messiaen
Rue F.-Dolto
R. des Gds Moulins
Rue H.-Brion
Rue Watt
Seine
R. J.-A.-de-Baïf
Pont National
13e
Bd du Général-J.-Simon
N
200 m

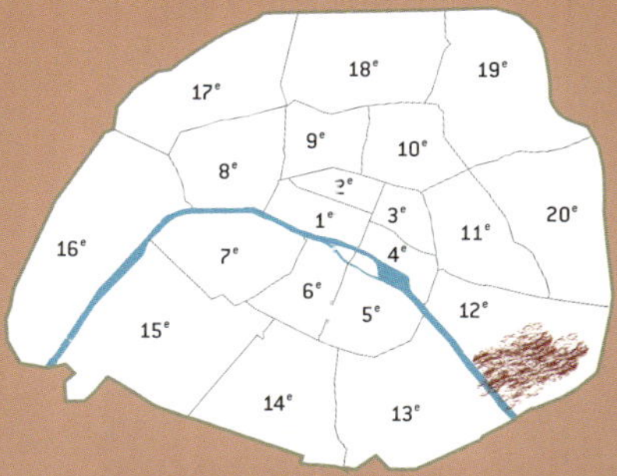

Bercy

De la porte de Charenton à la cour Saint-Émilion

Bercy
Pirogues, avarice et barriques

C'est sur le site de Bercy que furent mis au jour les plus anciens vestiges d'une occupation humaine sur le territoire de Paris. Aux âges préhistoriques, la Seine vagabondait de part et d'autre de son lit et s'échappait parfois pour former des bras (appelés paléochenaux) avant de retrouver son cours. C'était le cas ici, où le fleuve s'aventurait en un chenal large de 180 mètres qui enserrait une langue de terre : l'île de Bercy. Là, des hommes et des femmes vivaient dans une cité lacustre, du néolithique moyen (vers 4 500 avant J.-C.) jusqu'au début de l'âge du fer (700 avant J.-C.). Le chenal fut par la suite comblé et remplacé par une zone de marais et de ruisseaux. L'arrivée des bénédictins de Montmartre, en 1134, changea la physionomie du site. Les moines assainirent le rivage marécageux entourant leur couvent et le métamorphosèrent en pâturages, vignes, vergers et jardins. Les religieux avaient pour voisins les seigneurs de Bercy qui possédaient un immense domaine s'étendant de Charenton jusqu'à l'actuelle rue Nicolaï.
Ce n'est qu'au XVIIIe siècle que le village de Bercy acquit sa véritable identité. Une identité sous le signe de Bacchus, forgée du même fer que le cerclage des barriques, des fûts et des tonneaux empilés dans ses chais.
La majeure partie des vins et alcools destinés à la consommation des Parisiens arrivait par voie d'eau. Les navires en provenance de Bourgogne ou de Loire accostaient au port de la Rapée. Impossible d'aller plus loin ! Il leur fallait s'acquitter de l'octroi à la barrière de la Rapée, à l'intersection des quais de la Rapée et de Bercy. Des agents embarqués sur une patache s'assuraient qu'aucun bateau ne passait entre les mailles du filet fiscal.
Des grossistes en vin s'installèrent naturellement à proximité du port, dans le village de Bercy. Et les boissons libres de taxe coulèrent à flots dans des guinguettes, « bon plan » des Parisiens d'antan. Au XIXe siècle, les entrepôts se multiplièrent, faisant de la commune de Bercy le plus vaste marché de gros d'Europe en matière de vins et d'eaux-de-vie. Bercy comptait 10 600 habitants en 1860. Si la commune était prospère, elle devait néanmoins composer avec deux fléaux récurrents : les incendies et les inonda-

Quand Bercy était un immense entrepôt de vins. [© Albert Harlingue /Roger-Viollet]

tions. L'incendie du 31 juillet 1820 ravagea en quelques minutes les entrepôts aux toits de chaume remplis d'eaux-de-vie, spiritueux et huiles – combustibles de choix. D'autres incendies en 1823, 1853 [on en vit les lueurs jusqu'à Fontainebleau], 1859 et 1860 causèrent également de lourdes pertes. Les crues de 1817, 1833, 1836 et 1850 submergèrent chaque fois la moitié de la commune, entraînant ou détériorant jusqu'à 50 000 pièces de vin en 1836.

L'annonce de l'annexion grisa la mine des vino-négociants. Pour les consoler, un délai de dix ans leur fut accordé pour acquitter les droits d'octroi auxquels ils se trouvaient dès lors assujettis. 1860 fut décidément un bien mauvais cru pour les commerçants des chais qui virent leurs entrepôts de nouveau détruits par un incendie. La Ville de Paris prit en charge les travaux de reconstruction, menés par Viollet-le-Duc. Les chais, jadis disparates, repoussèrent de façon harmonieuse autour d'un réseau géométrique de rues pavées. Dans le même temps, le quai de Bercy fut surélevé pour éviter de nouvelles inondations. Ce qui n'empêcha pas la crue de 1910 de dévaster le site. Lors de la décrue, des flottilles de tonneaux voguaient à plus d'un kilomètre, on voyait des fûts éventrés perchés au sommet des arbres et des rues encombrées de fûts en pagaille, englués dans une fange boueuse.

Le déclin des entrepôts s'amorça à la fin des années 1950. Le bordelais inventa la « mise en bouteille au château » – gage de qualité –, et la concentration n'étant plus nécessaire, les vins furent désormais distribués à partir des régions de production. Les bâtiments de Bercy, devenus vétustes, se désertifièrent. Un autre incendie, en 1957, se chargea de vider complètement le site. Dans les années 1980 et 1990, le Palais omnisport de Paris-Bercy, le ministère de l'Économie et des finances, le parc de Bercy et Bercy Village sortirent de terre. Ce dernier est désormais une zone commerciale riante, avec boutiques et terrasses implantées sur les pavés des anciens chais.

1. À l'entrée du cimetière de Bercy.

2. Ancienne manufacture de Reuilly, 319, rue de Charenton.

3. Bornes de limites de Paris, 306, rue de Charenton.

4. Cimetière de Bercy : mausolée de Louis Gallois, maire de la commune de Bercy.

Bercy

Durée : 2h-2h30

Départ au métro Porte-de-Charenton. Par la rue des Meuniers, franchissez la ligne désaffectée de la Petite Ceinture, puis tournez à gauche dans l'avenue du Général-Michel-Bizot.

À la veille de la Révolution, le village de Bercy comptait 1 400 âmes réparties dans une poignée de rues : rues de Charenton, de la Lancette, des Fonds-Verts, de Bercy, de la Rapée… Alentour, des jardins maraîchers, des vignobles, des cultures florales et des pâturages. Le ru de Fécamp coulait le long de la rue du même nom avant de se jeter dans la Seine. Autour de ce ruisseau s'étendait la vallée de Fécamp, éventrée de trous de carrières. Là, comme à Montmartre, aux Buttes-Chaumont ou à la Butte-aux-Cailles, on extrayait des pierres destinées à la construction des immeubles parisiens. Pour les hisser, les ouvriers s'aidaient de grandes roues de bois qui faisaient office de treuils. Elles permettaient à un seul homme de soulever des blocs de plus d'une tonne. Sur le plan de Rochefort (1672), six grandes roues jalonnaient la vallée de Fécamp.

Un haut mur marque l'angle que forme l'avenue du Général-Michel-Bizot avec la rue de Charenton. Engagez-vous dans celle-ci, à droite.

Ce mur est celui du cimetière de Bercy, ouvert en 1810, dont l'entrée est au n° 329 de la rue de Charenton. Au centre se dresse la tombe de Louis Gallois, maire de Bercy de 1815 à 1821 et propriétaire d'un entrepôt de vins.

Plus loin, au n° 319 se trouve l'ancienne manufacture de tabac, dite de Reuilly, qui fonctionna de 1857 à 1873. Elle produisait des cigares en pur tabac de La Havane et a employé jusqu'à 1 002 personnes, dont 939 femmes. Les meilleures ouvrières pouvaient rouler 90 à 150 cigares de luxe dans une journée de dix heures. Sa cour est aujourd'hui celle d'une école primaire.

Entre les n°s 306 et 308, une plaque rectangulaire, dont la moitié droite a été reconstituée, prête à sourire : « 1726. Bornes de limites. Du règne de Louis XV. De par le Roy. Défenses expresses sont faites de bâtir depuis les présentes bornes et limites jusqu'au plus prochain village aux peines portées par les déclarations de Sa Majesté des années 1724 et 1726. »

Mmm… Vu la densité des bâtiments alentour, il faut croire que les ordres royaux n'ont pas toujours été respectés à la lettre. Des générations de souverains se sont en effet arraché les poils de la barbe sur l'épineux problème des limites de Paris.

À maintes reprises, ils ont défendu

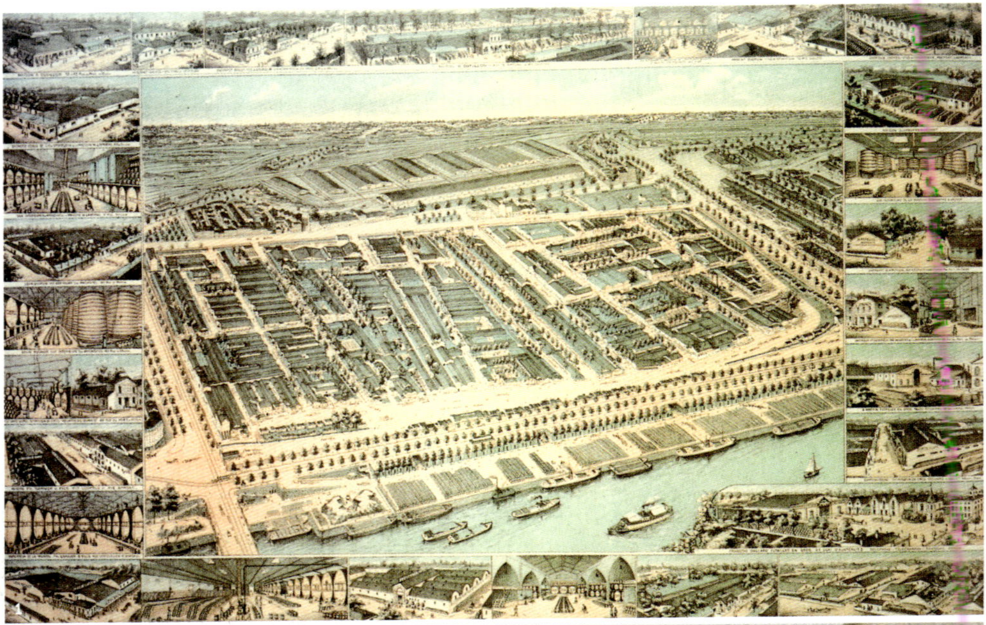

1

2

3

1. Vue générale de cette « ville des vins ». En bordure de Seine, le port de Bercy. [Bnf]

2 et 3. Dans la cour du 302, rue de Charenton.

à leurs sujets de construire des habitations en dehors de l'enceinte de la capitale. La première interdiction fut promulguée en 1548, renouvelée en 1627, 1633 et 1642. Cette année-là, les maisons construites au-delà des bornes furent démolies, à moins que leur propriétaire ne s'acquitte d'une taxe spécialement créée, dont le roi comptait tirer sept à huit millions de livres.

Mais la loi n'était jamais respectée, les faubourgs s'allongeaient et les bornes devaient être déplacées chaque fois un peu plus loin. Rebelote en 1674. Louis XIV fit jalonner le périmètre de la ville par trente-cinq nouvelles bornes. Tout aussi inefficaces. Louis XV y alla de ses opérations de bornage en 1724, 1726, 1728 et 1765. Nicolas Delamare, commissaire au Châtelet, explique dans son *Traité de la police* (1722) leur importance fondamentale. « Ces arrêts avaient pour motifs qui regardaient la santé, la subsistance et la sûreté des citoyens. Le premier que la ville portée à une grandeur excessive serait susceptible de mauvais air... L'on avait depuis couvert de bâtiments les terres qui avaient autrefois servi d'agriculture pour les légumes et les menus fruits nécessaires aux provisions de la ville : ce qui en causerait immanquablement la disette si l'on continuait d'y bâtir... La difficulté de gouverner un aussi grand peuple donnerait lieu au dérèglement de la police, aux meurtres, vols et larcins qui se commettent fréquemment et impunément de jour et de nuit en cette ville et les faubourgs. »

Cette borne demeure l'une des rares conservées parmi les 294 apposées, qui se répartissaient en cinq catégories, dont celle-ci destinée aux maisons des faubourgs du côté de la campagne. Elle signalait qu'il était interdit de construire des immeubles importants dans les faubourgs. Seules étaient tolérées les maisons modestes d'un étage, dépourvues de portes cochères. Cette borne-ci était à l'origine apposée à l'angle des rues de Picpus et Lamblardie. En 1910, l'historien Lucien Lambeau la retrouva, brisée en deux, dans l'arrière-boutique d'un marchand de couleur, à cette adresse-ci.

Et la plaque, lasse de tant de dérangements, fut hissée sur la façade. Poussez la porte du nº 302. Vous rencontrerez une étroite courette pavée, un pan de mur en forme de voûte, une vieille fontaine en fonte, un platane qui semble surgir d'une terrasse... Là se trouvait la célèbre guinguette de la Grande Pinte, si célèbre qu'elle faillit donner son nom en 1790 à l'ensemble de la commune de Bercy. Le bandit Cartouche était un habitué. Pas par hasard ! Il y avait dans la cour un puits percé à l'intérieur, à un mètre en dessous de la surface du sol, d'une ouverture, entrée d'une voie souterraine qui se perdait assez loin dans la campagne. Cartouche, traqué par la police, lui échappa plus d'une fois, sans laisser derrière lui aucune trace, en empruntant ce chemin.

➨ Arrêtez-vous à l'intersection de la rue Nicolaï.

Retournez-vous et regardez le chemin que vous venez de parcourir. Si vous le refaisiez en sens inverse, tout en remontant le temps, vous longeriez un parc, immense, qui

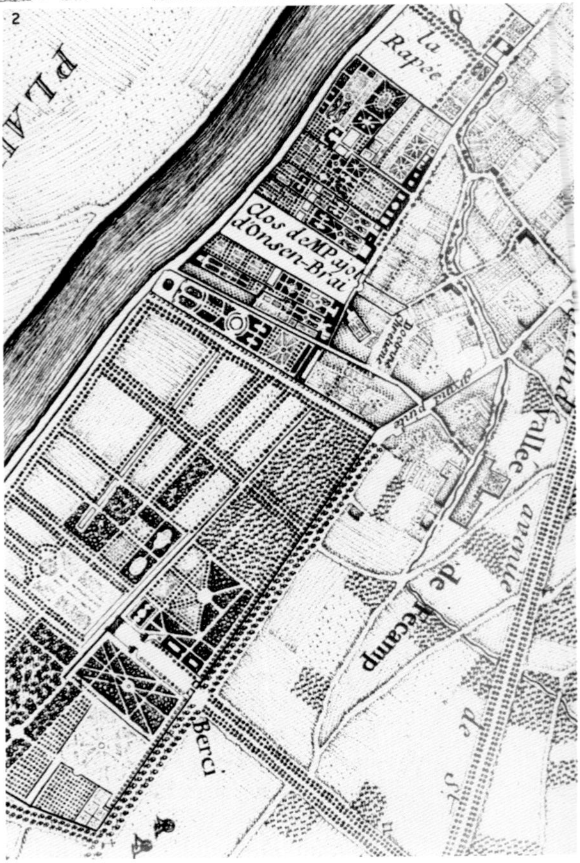

1. Le château de Bercy. Gravure de Veyssine.
(© Musée Carnavalet/Roger-Viollet)

2. Les résidences et le château de Bercy au XVIIIe siècle. D'après le plan de Delagrive (1730). (BHVP)

vous mènerait jusqu'au perron d'un château presque aussi fastueux que Versailles, ancré à Charenton. Ce domaine, dont la superficie représentait un tiers de la commune de Bercy, est resté dans le giron de la famille de Malon de 1522 à 1809. Seigneurs de Bercy de père en fils, les de Malon étaient réputés pour leur avarice. L'anecdote est amusante à l'heure où Bercy est synonyme de Trésor public...

En 1636, Charles de Malon se pique d'agrandir l'ancestral manoir fortifié pour en faire une demeure plus confortable. Le Vau en fait une petite merveille architecturale. L'intérieur n'est que boiseries, dorures et glaces dans de vastes salles en enfilade (répétition générale de Versailles ?). Charles-Henri Ier de Malon y ajoute un jardin à la française, attribué à Le Nôtre, qui descend en pente douce vers la Seine.

Le château passe entre les gouttes de la Révolution grâce à Tallien. Ce révolutionnaire était le fils du sommelier du seigneur de Malon. Reconnaissant de l'éducation que le châtelain lui avait donnée, il protégea, à la mort de ce dernier, ses petits-enfants ainsi que le domaine familial. Sauvé mais pas pour longtemps... Le domaine vit ses dernières heures. Le dernier des Malon, Charles-Jean-François, s'éteint en 1809, léguant ses biens à sa fille, épouse Nicolaï.

Les Nicolaï, en proie à quelques difficultés financières, cèdent ici et là des parcelles du vaste parc. À des négociants en vin en 1809, à la Ville de Paris pour la construction de l'enceinte de Thiers (qui coupe le parc en deux en 1841), à la compagnie du chemin de fer de Paris à Lyon (les voies ferrées effleurent en 1847 le château jusqu'au ras du perron). Puis vient la construction d'une gare de marchandises et d'ateliers en 1852, et voilà le parc rogné sans façon. Reste le château, sans aucun bassin pour se mirer, donc sans raison d'être. Mobilier et boiseries sont mis aux enchères. Ils ornent aujourd'hui divers hôtels particuliers (celui de La Rochefoucauld-Doudeauville, 47, rue de Varenne et la Maison de la Pensée française, 2, rue de l'Élysée). Le château à la splendeur déchue est finalement détruit en 1861, pleuré par des chroniqueurs de l'époque : « Qui que vous soyez, entrez à cette heure et contemplez pour la première... et dernière fois ces longues années entassées dans ces trente salons qui forment un labyrinthe où le ciseau du sculpteur, la navette du tisserand, la palette du peintre et le goût exquis d'un grand architecte avaient accompli, par une dépense, un art, un génie inépuisables, quantité de merveilles dont vous ne trouverez que des vestiges, les traces, les lambeaux, les débris, la poussière errante au milieu de ces débris anéantis, de ces ornements brisés, de ces meubles dégradés... » Seules subsistent les écuries aux 109 et 114, rue du Petit-Château à Charenton.

➡ Poursuivez le long de la rue de Charenton.

À droite, la rue de la Brèche-aux-Loups rappelle que du XVe siècle jusqu'au début du XVIIIe siècle, les loups infestaient les environs de Paris.

1, 2, 4, 5 et 6. Dans le parc de Bercy.

3. Fronton de l'église Notre-Dame-de-Bercy.

➨ **Continuez de longer la rue de Charenton jusqu'à la rue des Fonds-Verts pour rejoindre par la rue Proudhon la place Lachambeaudie.**
Les Fonds-Verts évoquent la zone marécageuse qui baignait cette place et les rues environnantes. Le ru de Montreuil qui coulait de la vallée de Fécamp vers la Seine s'épanchait ici. Puis le terrain fut assaini et l'église communale construite dessus, en compagnie de la mairie. La mairie n'est plus. Demeure l'église Notre-Dame-de-Bercy, qui remplace celle détruite dans un incendie de la Commune en 1871.

➨ **Par la rue de Dijon qui devient rue Joseph-Kessel, gagnez à droite le parc de Bercy.**
Les allées de ce parc, créé en 1994, sont calquées sur la trame orthogonale des anciennes chaussées pavées ; par endroits s'incrustent encore les rails sur lesquels circulaient les wagons-citernes menant le vin aux chais. La Maison du Jardinage que vous rencontrerez au centre, près du lopin de vigne, était jadis le bureau de perception des taxes sur les vins. Le labyrinthe de buis, la roseraie, le canal sous la tonnelle et le jardin de senteurs évoquent les jardins aristocratiques de Bercy, romantiques à souhait.

➨ **Au fond à gauche, escaladez la butte et sa cascade pour vous hisser sur la terrasse surplombant la Seine. La passerelle Simone-de-Beauvoir vous tend son arche. Répondez à son invitation pour contempler le fleuve.**
Si l'on descendait aux XVIIe et XVIIIe siècles son cours depuis Charenton jusqu'à la barrière de la Rapée (à l'emplacement de l'actuel ministère des Finances), on voyait défiler une succession de demeures de plaisance plus somptueuses les unes que les autres, chacune assortie d'un jardin descendant en pente douce vers la Seine. Les nobles y goûtaient l'air de la campagne à deux roues de carrosse de Paris. Les nobles, mais aussi le peuple, car entre les petits châteaux, des guinguettes avaient poussé, à fleur d'eau. Bercy était un lieu à la mode, où l'on venait les dimanches et jours de fête croquer friture et matelote, où l'on applaudissait les courses de rouleurs de tonneaux, les joutes et les feux d'artifice sur le fleuve et où l'on attrapait surtout la « fièvre de Bercy », à force de lever le coude. Aujourd'hui, péniches et vedettes pour touristes ont remplacé les pataches des percepteurs de l'octroi et les barques des jouteurs de Bercy.

➨ **Rebroussez chemin en longeant le fleuve sur la terrasse pour vous diriger vers Bercy Village.**
Dans cette partie-ci du parc se dresse la Maison du Lac, anciennement poste de garde.

➨ **À la lisière du parc, bifurquez à gauche dans la rue François-Truffaut et au bout à droite dans la rue Baron-Le Roy. Elle vous conduira aux deux seuls pavillons sauvegardés des anciens entrepôts : les pavillons Saint-Émilion et Lheureux.**
Remettons encore ensemble les fils du temps... Le siècle porte le numéro XIX. Les Parisiens aiment boire du vin ; du gros rouge en semaine, une purée de septembre un peu plus recherchée le week-end. Mais les vignobles proches de Paris, rongés par le phylloxera, se font rares. Il faut faire venir le vin

1

2

3

4

5

6

7

8
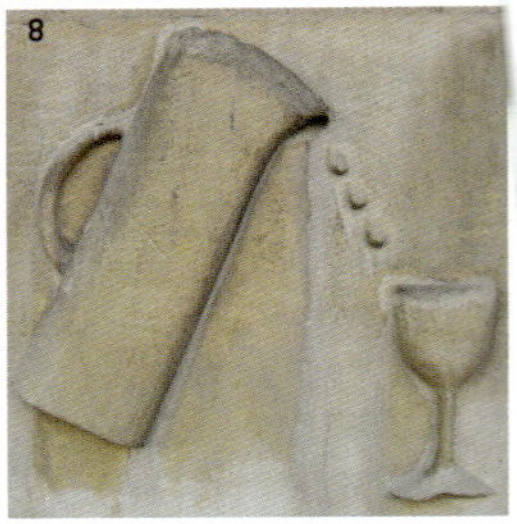

1, 2, 3 et 7. Rue de Thorins.

4, 5 et 8. Détails des façades le long de la cour Saint-Émilion.

6. Entrée du musée des Arts forains, avenue des Terroirs-de-France.

Un petit creux ?

Bercy Village offre l'embarras du choix en matière de restauration. Une préférence cependant pour le ***Chai 33*** *(33, cour Saint-Émilion, tél. 01 53 44 01 01), qui propose au client de descendre dans la cave pour choisir son vin.*

d'ailleurs. De Bourgogne, du Beaujolais, de la Loire, des côtes du Rhône voire du Midi. Les fûts de vin « brut » sont déchargés au port de la Rapée et roulés par des commis jusqu'aux entrepôts de Bercy. À partir de 1859, ils arrivent aussi par le chemin de fer PLM. Des wagons-foudres (adaptés au transport du vin) chargent l'or rouge et l'acheminent par une voie ferrée de dérivation jusqu'aux entrepôts. De larges ouvertures, sur la façade des chais, facilitent l'emmagasinage. Les négociants transforment ensuite le vin par une série d'opérations qui demandent un savoir-faire que la plupart des vignerons ne maîtrisent pas encore, et pratiquent des assemblages de vins de différentes provenances. Puis ils vendent le vin en fûts, soit au minimum 100-110 litres, à des particuliers et des professionnels (restaurateurs, cavistes) qui les mettent eux-mêmes en bouteilles. Les Parisiens moins aisés, eux, viennent avec leurs pichets chez leur caviste de quartier. Car à l'époque, on n'achète pas le vin en bouteilles. Dans la « petite ville pinardière », les arbres, dans les allées, assurent l'ombre et la fraîcheur nécessaires aux entrepôts (où la température oscille entre 9 °C et 13 °C toute l'année). Le long de la rue Baron-Le Roy, derrière des grilles, à droite, trois platanes au tronc bubonneux continuent à faire leur office. Autour des négociants sont installés des centaines d'artisans : tonneliers, chaudronniers, fabricants de tissus à filtrer, imprimeurs et… jaunes d'œufs ! Ainsi surnommait-on les hommes chargés de revendre les jaunes d'œufs dont les blancs étaient utilisés pour la clarification du vin.

➨ Au bout de la rue Baron-Le Roy, tournez à droite dans l'avenue des Terroirs-de-France. Une visite au musée des Arts forains (sur rendez-vous au 01 43 40 16 22) donne l'opportunité de pénétrer à l'intérieur des pavillons.

Dans l'avenue des Terroirs-de-France, les anciens chais font face à Bercy-Expo, un bâtiment en verre long de 360 mètres dont le creusement des fondations, entre 1991 et 1993, a donné lieu à une extraordinaire découverte archéologique : cinq pirogues, un arc en bois d'if d'1,50 mètre de haut, des céramiques ainsi que des outils de pierre, d'os et de bois de cerf datant du néolithique, enfouis à dix mètres de profondeur à la hauteur du n° 80 (et désormais visibles au musée Carnavalet). Une centaine d'hommes vivaient là, dans une cité lacustre plantée sur cette zone marécageuse. Ils cultivaient le blé et l'orge, élevaient des bœufs, des moutons et des chèvres. Ils chassaient le cerf, le sanglier, le chevreuil et pêchaient à l'hameçon. Ils se déplaçaient en pirogue sur le fleuve, sur des embarcations soigneusement imperméabilisées. C'est un miracle qu'elles soient parvenues jusqu'à nous…

➨ Tournez à droite dans la rue Lheureux.

En écartant discrètement les tissus rouges qui masquent les grilles, à droite, vous pourrez jeter un coup d'œil ravi sur un bric-à-brac d'objets échappés du musée des Arts forains.

➨ Votre balade s'achève dans Bercy Village, ses allées et ses boutiques.

Hôpital La Pitié-Salpêtrière
12e
13e
Seine
Bibliothèque François-Mitterrand
École Nationale Supérieure des Arts et Métiers
Campo-Formio
Chevaleret
Nationale
Bibliothèque-François-Mitterrand
Maison-Blanche
Porte-d'Ivry
Porte-de-Choisy
Porte-d'Italie
Place Pinel
Place Nationale
Place Jeanne-d'Arc
Square Dunois
Sq. G.-Mesureur
Parc de Choisy
Jardin Juan Miro
Centre sportif Georges-Carpentier
Stade Boutroux
Rue Jenner
Rue Bruant
Rue Esquirol
Rue Jeanne-d'Arc
Rue de Campo-Formio
Pass. Vallet
Av. S.-Pichon
Boulevard Vincent-Auriol
Rue Louise-Weiss
Rue du Chevaleret
Rue Dunois
Rue Clisson
Rue Zadkine
Villa A.-Blanqui
Rue P.-Gourdault
Rue Charcot
Cour du Liégat
Rue de Domrémy
Rue de Reims
Rue de Tolbiac
Rue Lereda
Rue du Dessous-des-Berges
Rue Cantagrel
Rue E.-Oudiné
Rue Regnault
Boulevard Masséna
Avenue de France
Rue G.-Balanchine
Rue A.-Gance
Rue R.-Aron
Quai F.-Mauriac
Rue E.-Durkheim
Rue P.-Levi
Rue R.-Goscinny
R. Richer
R. Y.-Thomas
Rue Nationale
Rue du Château-des-Rentiers
Rue A.-Bayet
Rue G.-Eastman
Avenue Edison
Rue Charles-Moureu
Rue Baudricourt
Rue J. Colly
Rue de Patay
Avenue de Choisy
R. du Dr-Magnan
R. Aumont
Rue du Javelot
Rue du Lavoir
Rue Ponscarme
R. Fautrier
R. Duchamp
Rue Albert
R. des Terres-au-Curé
Pass. Bourgoin
Pass. National
Rue du Disque
Avenue d'Ivry
Rue A.-Perret
Avenue d'Italie
Rue de la Vistule
Rue Caillaux
R. Lucot
R. de la Pointe-d'Ivry
Villa d'Este
R. des Malmaisons
Rue Gandon
R. Lachelier
Av. de la Porte-de-Vitry
Avenue Boutroux
Av. C.-Regaud
Avenue de la Porte-d'Ivry
Rue Mirabeau
Avenue Léon-Bollé
Av. de la Porte-d'Italie
Avenue de la Porte-de-Choisy
Boulevard Hippolyte Marquès
Rue P.-Bert
Rue Baudin
Rue Barbès
200 m
N
D
A
M
R
T

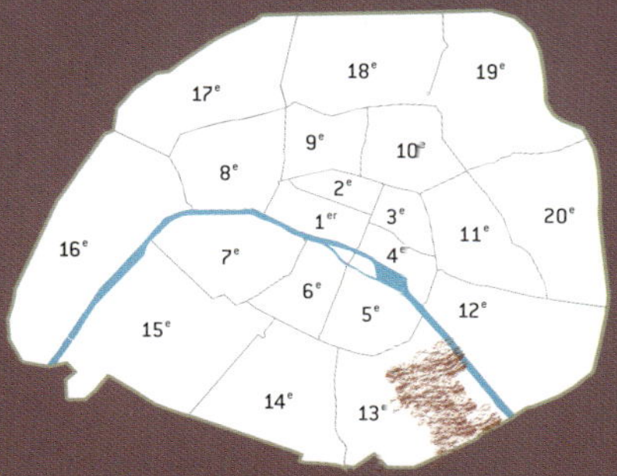

Ivry

Du métro Nationale à la porte d'Ivry

Ivry

Plaine, coteau, plateau

L'histoire du village d'Ivry est intimement liée aux reliefs du sol sur lequel il s'est enraciné. Une plaine, un coteau, un plateau...
La plaine, appelée Ivry-Port, s'étendait de la Seine à l'actuelle rue du Chevaleret. Sur ses riches alluvions poussaient légumes et céréales et les troupeaux pâturaient l'herbe grasse à s'en rebondir la panse.
Ensuite venait le coteau, correspondant à la falaise de l'ancien lit de la Seine. La vigne s'y dorait au soleil en parcelles allongées d'est en ouest. Son jus était renommé.
Au-delà de la rue du Château-des-Rentiers, axe principal du village, était le plateau, nommé Petit-Ivry. Ce plateau, qui s'étend jusqu'à Grenelle, a aujourd'hui le ventre creux après des décennies d'exploitation de carrières d'où l'on extrayait la pierre à bâtir et l'argile employée pour la fabrication des briques et poteries.
En 1762, une idée de Louis XV changea la face de la plaine, en bordure du fleuve. Il lança là un projet de construction pharaonique. Une très grande bibliothèque ? Non, pas encore. Une très grande gare d'eau, un large bassin en forme de demi-lune, alimenté par la Seine, capable d'accueillir une flotte de 500 navires. Des ouvriers y travaillèrent de 1764 à 1768. Ils creusèrent un chenal d'entrée (sous l'actuelle passerelle Simone-de-Beauvoir), un chenal de sortie (vers la rue Fulton), grignotèrent la rive gauche en profondeur jusqu'aux abords de la rue Louise-Weiss et... ce fut tout, car le projet, faute de liquidités, tomba à l'eau.
Il ne reste de cet épisode que le nom du quartier de la Gare (que l'on croit à tort associé à la gare de chemin de fer d'Orléans) et un décaissement du quai François-Mauriac, pile entre les tours de la BNF.
Durant le chantier de la gare d'eau, un hameau se forma, où logeaient ouvriers et bateliers. Une nouvelle opportunité d'embauche se présenta pour eux en 1792. Une verrerie à bouteilles et verres à vitre s'installa sur le rivage. Pourquoi ici précisément ? Parce que le vin pétillant d'Ivry était réputé et qu'il fallait l'embouteiller. Pendant longtemps, le bois était le principal combustible utilisé pour la fabrication du verre et le cours de la Seine était utilisé pour le flottage des grumes provenant de la haute Yonne.

Vieilles maisons de la porte d'Ivry, vers 1900. (© Roger-Viollet)

Après quelques décennies de prospérité, la verrerie Saget périclita et la ligne Paris-Orléans s'empressa, en 1843, de poser des rails sur ses décombres.
Le village d'Ivry s'industrialisa alors à grande vitesse. Des cheminots s'y installèrent en masse, décuplant la démographie communale (1 041 habitants en 1806, 13 239 habitants en 1856). D'immenses entreprises publiques ou privées (l'usine à gaz de Choisy, la sucrerie Say, la chocolaterie Meunier-Lombart, les constructeurs automobiles Panhard-et-Levassor...) drainèrent des dizaines de milliers d'ouvriers, ce qui forgea le caractère laborieux du quartier. Mais le travail n'empêchait pas la misère. Victor Hugo s'inspira souvent des petites gens d'ici et des sordides baraques d'Ivry pour camper ses personnages les plus misérables et ses décors les plus sombres.
Que reste-t-il aujourd'hui de ce faubourg souffrant ? Rien dans la plaine et son quartier de la Gare qui ont fait table rase du passé. Juste quelques traces fugitives, éparpillées sur le coteau et le plateau, entre les socles des hautes tours élevées dans les années 1970.

1

2

3

1. Cité Doré, « villa » Bernard, 4, place Pinel, 1912. Photographie d'Eugène Atget. (© Musée Carnavalet/Roger-Viollet)

2. La raffinerie de sucre qui donnait sur l'actuel boulevard Vincent-Auriol était surnommée le « bagne Say ». (Coll. part.)

3. La place Nationale, avant la rénovation urbaine. (Coll. part.)

Ivry

Durée : 1h30-2h

Départ au métro Nationale. Dirigez-vous vers la place Pinel.

Un peu à l'écart du cœur du village d'Ivry – mais toujours sous la coupe de sa paroisse –, un hameau s'était formé, blotti sous le mur des Fermiers généraux qui longeait le boulevard de l'Hôpital. L'air était brassé par les ailes de deux moulins à vent (situés rue Jenner) qui fournissaient en farine les boulangers de l'asile de la Salpêtrière. Des maraîchers, des aubergistes, des tenanciers de maisons closes et des chiffonniers vivaient dans ce hameau dit des Deux-Moulins qui fut rebaptisé « d'Austerlitz » après la victoire napoléonienne de 1805. La place ronde où vous vous trouvez en était le cœur, la rue Esquirol son épine dorsale.

Le mur des Fermiers généraux, à cet endroit, formait un angle rentrant assez curieux car il semblerait n'avoir fait qu'un avec le mur de clôture de l'hôpital de la Salpêtrière, le long des rues Bruant et Jenner.

En 1819, la Ville de Paris annexa cette saillie pour s'approprier un abattoir sis à l'emplacement de l'actuelle École nationale supérieure des arts et métiers. Mais cela coupa en deux le hameau d'Austerlitz dont la partie hors Paris fut surnommée « le Nouveau Monde ».

Entrez dans le square Gustave-Mesureur.

Calme et riant, il ne l'a pas toujours été. Sur cette parcelle se dressait entre 1850 et 1925 la cité Doré – « Doré » sans e final car elle n'était franchement pas reluisante. Un certain monsieur Doré, préparateur en chimie à l'École polytechnique, propriétaire d'une maison avec un parc, en loua des bouts de terrain à des ouvriers des Ateliers nationaux qui y construisirent des petites bicoques. Pour eux, c'était une aubaine car les loyers à Paris étaient déjà très chers ! Doré, soucieux de l'édification du peuple, ouvrit sa bibliothèque à ses locataires, aux mécaniciens et chefs d'atelier du chemin de fer d'Orléans, aux ouvriers du quartier. Il leur donna même des cours de chimie. Mais cela ne supprima pas la misère. L'endroit devint un taudis surpeuplé, un repaire de chiffonniers, un cloaque nauséabond. Ses habitants allaient s'approvisionner au marché des Arlequins qui se tenait sur le trottoir de l'actuel boulevard Vincent-Auriol, où l'on trouvait à bas prix les surplus des restaurants et charcuteries : blancs de poulet, entames de pâté, restes de ragoûts et autres reliefs susceptibles de parfumer la soupe. La cité Doré fut rayée de la carte en 1925, emportant avec elle son arlequinade.

Empruntez la rue Nationale, artère principale de l'ancien village d'Ivry.

« Ceux du Nouveau Monde » suivaient

1. 97, rue de Patay.

2. Escalier à deux volées du 25, rue du Dessous-des-Berges.

3 et 4. Dans l'impasse Bourgoin.

pour rejoindre le cœur d'Ivry ce chemin progressivement loti entre 1840 et 1860. Après avoir dépassé la rue Harvey (devenue Yeo-Thomas) aux dix bordels, ils croisaient des guinguettes (La Belle Moissonneuse, Le Grand Saint-Nicolas...), des maisons modestes et des établissements de santé propres à revigorer les Parisiens anémiés à grandes lampées de lait frais.
Puis une forte odeur de mélasse leur saisissait les narines. Ils approchaient de la raffinerie Say (peu avant l'actuelle place Nationale), une monstrueuse usine qui écrasait toutes les petites maisons du boulevard de la Gare, avec de hauts murs sinistres et un porche monumental derrière lequel se laissait apercevoir un enchevêtrement de bâtiments et de cours. Un bagne pour ceux et celles qui y travaillaient. Surnommée « raffinerie de la Jamaïque », elle produisit entre 1832 et 1968 deux tonnes de sucre par jour.

➨ Par la rue du Château-des-Rentiers puis par la rue Jean-Colly, rejoignez le carrefour Tolbiac-Patay, puis engagez-vous dans la rue Cantagrel.

Dans ce secteur, les maisons basses anciennes du village d'Ivry ont un peu mieux résisté à l'urbanisation galopante. Après un salut à celle du n° 58, tournez-vous vers le côté impair pour essayer d'imaginer à quoi pouvait ressembler la ferme jadis située entre les n°s 51 et 55, dont il ne reste qu'un fragment d'entrée, amas curieusement bétonné de quelques pierres ocres.

➨ Remontez la rue Cantagrel pour amorcer la descente de la rue de Patay.

Malgré son apparente modernité, cette rue est celle qui possède le plus de vestiges de l'ancien village. Sa pente douce est parsemée de quelques bâtisses à deux ou trois étages, prises en sandwich entre des immeubles récents. Celle du n° 97, rouge, blanche et pimpante, réjouit l'œil. D'intraitables digicodes protègent l'accès à des allées bordées de maisonnettes, construites sur les parcelles longitudinales des vignes disparues. Tiens ! une folie au n° 76... Ivry était aussi un lieu de villégiature. Mais rares sont les pavillons rescapés.

➨ Voici la rue du Dessous-des-Berges. Suivez-la à droite.

Elle vous accueille au niveau du n° 25 par un pittoresque escalier extérieur à deux volées, soutenu par des pierres de taille et rendu indispensable par l'accentuation de la pente.
Au n° 20, une bicoque aux persiennes bleues grignotée de lierre et de vigne vierge semble défier le temps.

➨ Au bout de la rue, tournez à droite et longez la Petite Ceinture (rue Regnault) pour rejoindre la rue du Château-des-Rentiers. Remontez celle-ci jusqu'au passage Bourgoin, à gauche.

En guise de rentiers, il s'agit plutôt d'une rentière, une riche dame Vieillard, qui a donné son nom à cette rue. Sa propriété se trouvait sur l'actuelle commune d'Ivry (à l'emplacement du 90, avenue Maurice-Thorez) et était reliée aux faubourgs de la capitale par cet axe.
Le passage Bourgoin, tel un accroche-cœur, surprend par son charme et l'abondance de sa végétation. Glycines, vignes, rosiers et volubilis rivalisent de volutes tarabiscotées

1. Passage Bourgoin.

2, 3 et 4. Joyeuse friche au fond du 36, rue Nationale.

5. Façade du 52, rue Regnault.

sur les tonnelles des maisonnettes, à peine plus grandes que des abris de jardin, édifiées pour la plupart par des ouvriers de l'usine Panhard.

➨ Poussez vos pas au-delà de la rue Nationale pour flâner dans l'impasse Bourgoin.

Et laissez-vous saisir par le contraste qui oppose les tours du quartier Masséna aux abris décrépits de l'impasse.

➨ Revenez rue Nationale et engagez-vous sous le porche du nº 36.

Au bout du couloir, une allée mène à une délicieuse friche, enclave sauvage miraculeusement préservée. Sommes-nous dans le jardin d'un vieux de la vieille, au cœur d'une campagne de province ? Plutôt dans ce qui reste d'une poignée de jardins ouvriers, dont la plupart semblent abandonnés.

➨ De retour dans la rue Nationale, faites halte au nº 23, presque en face du passage National.

Une route contourne un buisson pour s'enfoncer dans une sorte de parking souterrain. C'était jadis l'entrée de la gare des Gobelins qui acheminait au début du XXe siècle toutes sortes de matériaux de construction et du charbon dans le 13e arrondissement. Aujourd'hui, des inscriptions en idéogrammes chinois annoncent que des sociétés d'import-export asiatiques ont investi le site.

➨ Rejoignez l'avenue d'Ivry *via* la rue Regnault.

L'inscription « Panhard » au niveau du nº 6 rappelle la vocation première des bâtiments. De là sortirent dès 1891 des dizaines de milliers d'automobiles, aussi luxueuses que robustes, assemblées par quelque 6 000 ouvriers. L'usine Panhard ferma en 1969 et autour d'elle poussèrent de hautes tours. Trop hautes, trop bétonnées, elles effrayèrent les Parisiens, qui les boudèrent. Mais les réfugiés indochinois qui fuyaient les guerres civiles au Vietnam, au Cambodge et au Laos les trouvèrent à leur goût. Ils s'y installèrent en nombre entre 1975 et 1982, donnant à ce quartier sa pigmentation exotique.

➨ Le métro Porte-d'Ivry, point final de cette balade, est au bout de l'avenue.

Un petit creux ?

À l'orée du passage Bourgoin, le ***Boru's Café*** *(43, rue du Château-des-Rentiers, tél. 01 45 84 01 01 ; fermé le dimanche) dispose d'une terrasse agréablement ombragée.*

Prison de la Santé
Square René-Le-Gall
Mairie du 13e
Place d'Italie
14e
13e
Glacière
Corvisart
Place-d'Italie
Tolbiac
Hôpital Sainte-Anne
Place Paul-Verlaine
Sq. des Peupliers
Hôpital des Peupliers
Place de l'Abbé-G.-Hénocque
Place de Rungis
Parc Montsouris
Cité-Universitaire
Cité internationale universitaire
Porte-de-Gentilly
Poterne-des-Peupliers
Maison-Blanche
Stade Charléty
Cimetière de Gentilly
Parc Kellermann
Gentilly
Rue Jean-Dolent
Rue L.-M.-Nordmann
Bvd Saint-Jacques
Boulevard Auguste-Blanqui
Rue Cabanis
Rue de la Santé
Rue de la Glacière
Rue Vergniaud
Rue Corvisart
Rue Pascal
Rue des Cordelières
Rue Croulebarbe
Rue des Reculettes
Rue Abel-Hovelacque
Av. des Gobelins
Rue Coypel
Rue Rubens
Bvd de l'Hôpital
R. E.-Manet
Rue Fagon
Avenue d'Italie
Avenue de Choisy
Rue Bobillot
Rue Daviel
Rue Barrault
Pass. Barrault
Rue Alphand
Rue de la Butte-aux-Cailles
Rue des Cinq-Diamants
R. Samson
R. Gérard
Rue Simonet
Rue Vandrezanne
Pass. Vandrezanne
Rue du Moulinet
Pass. du Moulinet
Rue du Moulin-des-Prés
Rue de Tolbiac
Rue d'Alésia
Impasse Reille
Avenue Reille
Rue de l'Amiral-Mouchez
Rue Boussingault
Villa Daviel
Rue de l'Espérance
Rue Buot
Rue Michal
Rue M. Bernard
Rue de la Providence
Rue G. de Morveau
Rue de la Colonie
Rue Lançon
Rue Brillat-Savarin
R. Charbonnel
R. Liard
Rue Gazan
Rue Charles-Fourier
Pass. Foubert
R. Rousselle
R. du Dr-Laurent
Rue H. Pape
R. Dieulafoy
Rue du Dr-Leray
Rue Damesme
Rue du Moulin-de-la-Pointe
R. Bourgon
Rue Küss
Rue du Dr-Tuffier
Rue du Tage
Rue du Dr-L.-Championnière
Rue des Longues-Raies
Rue des Peupliers
Rue Cacheux
Boulevard Kellermann
Boulevard Jourdan
Rue Gouthière
Rue Ste-Hélène
Rue M.-Jacob
R. Keufer
R. Thomire
Avenue Caffieri
Rue de la Cité-universitaire
Av. Paul-Vaillant-Couturier
Rue du Val-de-Marne
200 m
N

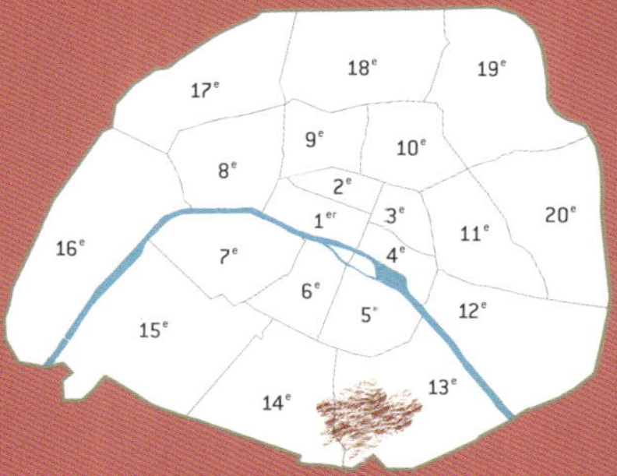

Gentilly

Du métro Corvisart au parc Montsouris

Gentilly

Une butte, un fantôme et un pschitt d'eau sulfureuse

Le destin du village de Gentilly, l'un des plus anciens des environs de Paris, est étroitement lié à celui de la Bièvre, cette rivière qui dessinait jadis un immense « S renversé » au pied de la Butte-aux-Cailles avant de se jeter dans la Seine. Les prairies environnantes étaient propriété royale. Au VIIe siècle, Dagobert en fit don à saint Éloi, tout à la fois son orfèvre, ministre et conseiller, qui y établit une colonie de joailliers étrangers. Ces derniers étaient des païens, des « gentils » comme on disait alors. Dûment convertis à la foi chrétienne par saint Éloi, ils posèrent leur baluchon au bord de la Bièvre, rejoignant là quelques fermes de cultivateurs. Et le bourg des Gentils devint Gentilly. Le cœur du village battait autour de l'église Saint-Saturnin, sise juste derrière le périphérique, dans l'actuelle commune de Gentilly. Étirée le long de la rivière, la paroisse possédait au nord trois écarts : Bel-Air (vers l'actuelle place de l'Abbé-Hénocque), Maison-Blanche et le Petit-Gentilly (dont de nombreux habitants travaillaient à l'hospice Sainte-Anne voisin). Ce sont ces trois écarts qui sont devenus après l'annexion de 1860 des quartiers parisiens.

Que voyait le promeneur du XVIIIe ou du XIXe siècle à qui il prenait la fantaisie de suivre le cours de la Bièvre ? De belles propriétés aristocratiques, des fermes, des tavernes et des puits de carrière. Il croisait aussi quantité de tanneries, de mégisseries, de teintureries et de blanchisseries – industries friandes d'eau vive. Au-delà des berges s'étendaient de vastes prairies sur lesquelles séchait le linge étrillé par les blanchisseuses. Il n'était pas rare d'y voir aussi, à croupetons entre les pâquerettes, des botanistes ou des entomologistes venus y chercher quelque trésor d'herbe ou d'insecte. Car la faune et la flore de Gentilly étaient à la fin du XVIIIe siècle réputées pour leur richesse et leur diversité. Le savant naturaliste Joseph Pitton de Tournefort, entre autres, y fit d'intéressantes découvertes (comme l'alsine haute et celle à petites feuilles). L'hiver, les rives de la Bièvre offraient une autre vision : celle d'un archipel de petites mares gelées où les patineurs du dimanche défiaient les lois de l'équilibre et d'où l'on extrayait de la glace. Les réfrigérateurs n'étant pas encore nés, c'est dans des sortes de tumulus que l'on conservait les denrées périssables, entre

Bras gauche de la Bièvre à l'île des Singes. Au fond, la tannerie des Singes, quartier des Gobelins. (Coll. Parigramme)

de gros blocs de glace soigneusement entourés de paille (d'où le nom de la rue de la Glacière).
L'annexion de 1860 coïncida avec un événement qui bouleversa totalement le visage de Gentilly : le comblement de la Bièvre. Sous l'action des teinturiers, mégissiers, fabricants d'écarlate, tanneurs et blanchisseuses, la rivière s'était peu à peu transformée en égout à ciel ouvert. Empuantis à la limite de l'asphyxie, les riverains demandèrent grâce. Haussmann prononça en 1858 la condamnation à mort de la rivière qui fut canalisée et couverte entre 1860 et 1912. Elle coule désormais souterraine jusqu'au parc Kellermann avant de se perdre dans le grand collecteur d'égout de la capitale, à la hauteur de la Poterne des Peupliers.
Invisible, la Bièvre n'en est pas moins présente, en creux, dans le paysage urbain. Partout, son fantôme se coule, discret et malicieux. Ici, un pan de mur abscons ; là, deux numéros de rue qui ne suivent pas ; plus loin une pente anormale ou une courbe suggestive... Sur un plan, sa silhouette se dessine en filigrane : les rues incurvées correspondent à son lit ou à ses berges (rues de la Fontaine-à-Mulard, rue Brillat-Savarin, rue Wurtz...) tandis que les voies rectilignes, majoritaires, sont postérieures au comblement de la vallée.
Retrouver le fil du val de Bièvre est une promenade parmi les plus attachantes qui soient, dans un dédale de villas et d'étroits passages.

1. Mur publicitaire du 7, rue Barrault.

2. Ancienne mégisserie au 3, rue Barrault.

Gentilly

Durée : 2h30-3h

Balade

Départ au métro Corvisart. Au niveau du 55, boulevard Auguste-Blanqui, passez sous l'immeuble et engagez-vous dans le chemin en escalier baptisé rue Atget. Longeant le jardin Brassaï, il vous mènera rue des Cinq-Diamants. Suivez celle-ci jusqu'au passage Barrault. Vous voilà sur la Butte-aux-Cailles.

Une butte, ce monticule ? Certes, avec ses 63 mètres de haut, il fait pâle figure en regard de Montmartre ou de Belleville (respectivement 128 et 129 mètres) mais il faut replacer sa physionomie dans un ancien contexte. Quand la Bièvre coulait à ses pieds dans une vallée profonde, elle faisait paraître ce tertre beaucoup plus imposant. On y accédait par le même chemin tortueux que vous venez d'emprunter. Et que viennent faire les cailles là-dedans ? Nul doute que les cultures locales aient nourri de belles nichées de volatiles mais ce n'est pourtant pas là l'origine de son nom. Un certain Pierre Caille a acheté ici un lopin de terre en 1543, y a fondé une famille et le site est devenu Butte-aux-Cailles. L'endroit était séduisant. De son belvédère, la vue portait loin sur la vallée sillonnée par les deux bras de la Bièvre – le mort et le vif. À flanc de coteau s'accrochaient des puits de carrière, arrachant à la terre de la pierre à bâtir et une fine argile dont on faisait des tuiles et des briques.

Les pavés du passage Barrault vous mèneront dans la rue homonyme.

Les carrières, une fois leur suc vidé, servirent de champignonnières avant d'être remblayées. Mais leur présence souterraine empêcha que l'on construise par-dessus de trop lourds immeubles. C'est pourquoi ce passage, comme beaucoup d'autres du quartier, est bordé de modestes maisons individuelles, édifiées vers 1910. Au bout, un panneau suranné confirme la fragilité du sous-sol et interdit l'accès « aux voitures pesant plus de 3 000 kilos ».

Tournez à droite dans la rue Barrault, nommée en 1720 « chemin des trous à terre », et postez-vous face au n° 3.

Une crèche collective... Et alors ? Vous voici devant l'unique mégisserie du Petit Gentilly qui ait échappé à la démolition lors du remblaiement de la vallée de la Bièvre. Ce bâtiment aussi haut qu'étroit, au toit saillant, aux colombages et solives de chêne était en activité dans la seconde moitié du XIXe siècle. Les mégissiers y blanchissaient les peaux, autrement dit ils en ôtaient les poils et les préparaient pour l'opération suivante, le tannage. Les peaux séchaient sur des lattes de bois mobiles, remplacées aujourd'hui par de banales persiennes fixes.

1. Folie du 8, rue Michal.

2. Maison basse du 27, rue Michal.

3. 17, rue Buot.

4. La Petite Alsace, 10, rue Daviel.

5. Un locataire du 11, rue Buot.

6. Au fond de la rue Michal, le dôme de l'église Sainte-Anne-de-la-Butte-aux-Cailles.

7. Rue Buot.

➨ Revenez sur vos pas et escaladez la rue Barrault jusqu'au croisement de la rue Daviel, qui descend de façon abrupte.

Cet à-pic (environ 40 %) évoque mieux qu'un long discours ce qu'était le ravin au fond duquel s'enchâssait la Bièvre. Elle coulait là-bas, au pied de la rue, de la gauche vers la droite. Son flanc droit (où vous êtes), très escarpé, présentait une dénivellation d'une vingtaine de mètres sur seulement quelques mètres à vol d'oiseau. Le remblaiement de cette vallée assez ouverte (deux kilomètres environ entre les crêtes) et relativement profonde a nécessité des déplacements de terre colossaux pour parvenir aux faibles pentes qui caractérisent aujourd'hui les rues alentour.

➨ Descendez le long du « ravin » en relevant les numéros des pavillons.

Nos 37, 38, 39, 40 puis no... 10 ! Non, il n'y a pas d'erreur. Les numéros consécutifs correspondent aux pavillons de la Petite Alsace, dont l'entrée est au 10 rue Daviel. Des maisons blanches à toits pentus et à colombages, des fumets appétissants s'échappant des cuisines ouvertes sur cour... Ne manquent que les cigognes sur les cheminées pour couronner l'atmosphère strasbourgeoise. Levez la tête vers cette curieuse toiture en chevrons qui domine le pan nord de la Petite Alsace. Il s'agit de la Petite Russie. Le raccourci géotoponymique est amusant... Dans les années 1920, une entreprise de taxis fit construire un garage pour remiser ses autos et sur le toit du garage, des maisonnettes pour loger ses chauffeurs – russes pour la plupart. L'accès est protégé par un digicode au 22, rue Barrault (entre l'hôtel et le garage).

➨ Vous pouvez vous imprégner du charme de la villa Daviel (en face) avant de retrouver la rue Barrault que vous prendrez sur la droite. Première à gauche, c'est la rue Michal. Longez-la sur son trottoir gauche ou carrément au milieu de la rue, car les voitures sont anecdotiques.

Frangée de maisons villageoises, cette rue respire la province profonde. Au no 8, une folle demeure et en toile de fond se découpe le dôme de la paroisse Sainte-Anne-de-la-Butte-aux-Cailles. Vieux de la vieille, le no 27 affiche une disposition très rare, typiquement rurale : un corps de logis allongé coiffé d'un toit descendant très bas, comme pour une révérence.

➨ Gauche, gauche, revenez sur vos pas par la rue Buot, dont la bordure de plots accentue la perspective. Elle vous conduit place de la Commune-de-Paris, traversée par la rue de la Butte-aux-Cailles. Suivez celle-ci à droite jusqu'à la place Paul-Verlaine.

Aux moulins à eau ancrés sur la Bièvre sont venus s'ajouter vers 1750 sur la ligne de crête de la butte (soit la route de la Butte-aux-Cailles) une dizaine de moulins à vent ; chacun produisait jusqu'à deux ou trois quintaux de farine par jour. Ils moudront un siècle durant. Mais sous les ailes des moulins, le spectacle n'était guère folichon : un amas de baraques en planches aussi stables que des châteaux de cartes, peuplées de chiffonniers, de musi-

1

2

1. Seuil du restaurant du 24, rue de la Butte-aux-Cailles.

2. Rue de la Butte-aux-Cailles.

3

4

5

3 et 5. Pourquoi tant de chaussures ici (rue de la Butte-aux-Cailles) ? Et là... (2, place Paul-Verlaine) ?

4. Façade de l'établissement balnéaire.

ciens ambulants, de blanchisseuses et de « bouifs » (ouvriers de la chaussure). La façade restaurée du 2, place Paul-Verlaine révèle l'enseigne « H. Lefevre – Fabrique de chaussures et galoches ». Encore un clin d'œil de la Bièvre... Le nombre élevé de manufactures de souliers dans le secteur s'explique par la proximité de tanneries et de mégisseries fournissant le cuir, eux-mêmes dépendants de l'eau vive de la rivière.

➤ Dirigez-vous vers le bâtiment en briques rouges pompeusement intitulé « Établissement balnéaire de la Butte-aux-Cailles ».

L'annexion de 1860 « civilisa » quelque peu la zone déshéritée de la Butte-aux-Cailles. Des pavés et des réverbères habillèrent les rues, des maisons de rapport à trois ou quatre étages sortirent de terre. Pour alimenter en eau ce quartier situé en hauteur (62 mètres), Haussmann fit entreprendre le forage d'un puits artésien. Le trop-plein d'eau devait servir à regonfler le flux de la Bièvre, souvent à sec durant les chaleurs d'été. Amorcé en 1866, le forage piétina, en proie à maintes difficultés. Interrompu vingt ans durant, le chantier reprit à la fin du siècle. On atteignit enfin la nappe phréatique, en 1903. Mais entre-temps, les maisons du quartier s'étaient, heureusement ! dotées de l'eau courante. Et la Bièvre, la pauvre, était partiellement enterrée. Que faire de ces 6 000 mètres cubes quotidiens ? Un établissement balnéaire ! Unique en son genre, avec douches obligatoires à l'entrée et leçons de natation ; le tout à la faveur d'une eau tiède (28 °C) et sulfureuse. Moderne, hygiénique, révolutionnaire, il fut inauguré le 4 mai 1924. Libre à vous d'y faire un plongeon... À défaut, aspergez-vous à la fontaine Verlaine, au centre de la placette, de cette eau puisée à 697 mètres de profondeur. À un jet d'eau de cette fontaine se trouve une stèle commémorant le premier vol en montgolfière. Le 21 novembre 1783, Jean-François Pilâtre de Rozier et le marquis d'Arlandes embrassèrent leurs proches, se signèrent et embarquèrent dans la nacelle de leur ballon en papier huilé or et azur, posé dans le jardin de La Muette. Dans le ballon, 200 mètres cubes d'air chauffé par un feu de paille. Cela suffit à les propulser à travers les airs, à travers la capitale, en dehors de la capitale, en pleine campagne. Vingt-cinq minutes plus tard, ils frôlèrent de justes se les ailes du moulin des Merveilles avant d'atterrir, un peu rudement, à deux pas de là, à l'endroit où la rue Vandrezanne forme un coude. La foule, déjà fétichiste, s'arracha la redingote que Pilâtre avait oubliée dans la nacelle ! Le ballon aurait subi le même sort sans l'intervention de la maréchaussée.

➤ Justement, faufilez-vous dans le passage Vandrezanne puis dans le passage du Moulinet. Traversez la rue de Tolbiac et allez fureter pour le plaisir dans le square des Peupliers, îlot de maisonnettes en Y, dotées de jardinets privatifs.

Charme des glycines qui s'enroulent amoureusement autour des réverbères, assorti d'une pointe de jalousie pour les bienheureux qui vivent ici !

➤ Rattrapez la rue Ernest-et-Henri-Rousselle et longez-la sur le trottoir de gauche.

1. Rue Ernest-et-Henri-Rousselle.

2. Rue Dieulafoy.

3 et 4. Square des Peupliers.

5. À l'angle de la rue du Docteur-Leray et de la rue du Docteur-Lucas-Championnière.

Cette rue, comme ses voisines que vous verrez plus loin, possède un sol fragile, sous-miné d'anciennes carrières. C'est pourquoi elle est plantée de maisons individuelles édifiées entre 1910 et 1930. La mode de ces années folles étant à l'Art déco, elles en ont les lignes caractéristiques. Cependant, chaque propriétaire a enjolivé sa façade à son goût. Là une frise en céramique, ici des volets verts, un crépi bleu, beige, ocre ou rose.

➨ Cheminez ensuite rue Damesme jusqu'au croisement de la rue Bourgon.

Des toits gris et pentus caractéristiques vous accompagnent. Face au nº 37 se situait sous l'Ancien Régime le cabaret du Bel Air, dont le jardin s'étendait en pente douce jusqu'à la Bièvre (actuelle place de l'Abbé-Georges-Hénocque). Celle-ci actionnait en bordure du jardin la roue du moulin des Prés. Mais cet éden bucolique n'était pas si idyllique que ça, car le Bel Air du lieu-dit devait être sévèrement empuanti par un voisinage inopportun. D'anciens plans signalent en effet au carrefour des rues Bourgon et du Moulin-de-la-Pointe la présence d'une fosse aux chevaux – immense excavation où l'on jetait les carcasses d'animaux. De quoi gâter l'appétit des fêtards attablés à la terrasse de la guinguette… N'y allez pas, mais sachez que tout au bout de cette même rue Bourgon, au niveau du 107 avenue d'Italie, les voyageurs faisant route le long de la « grande route de Fontainebleau » (ou plus exactement d'Antibes à la Seine selon l'appellation officielle) pouvaient au XVIIIe siècle se restaurer à l'auberge de la Maison-Blanche, premier relais après Paris. Autour, quelques maisons isolées, éparpillées, assez mal fréquentées. Les vagabonds et repris de justice y avaient leur repaire. Après avoir battu le pavé durant la journée, ils s'y rassemblaient à la nuit tombée, mettaient leurs ressources en commun et ripaillaient jusqu'à l'aube. Au loin dansaient les lumières des charrettes conduites par les maraîchers de Villejuif se rendant aux Halles.

➨ Poursuivez votre périple jusqu'à l'angle de la rue du Docteur-Tuffier – ancienne portion du ravin bordant la Bièvre qui coulait là-bas, sur la place de Rungis. Puis bifurquez dans la rue du Docteur-Lucas-Championnière.

Elle vous mènera vers la rue du Docteur-Leray, dont les coquets pavillons prennent racine sur le lit de la Bièvre vive remblayée.

➨ Par la rue du Docteur-Leray ou par la rue Dieulafoy (plus calme), rejoignez la place de l'Abbé-Georges-Hénocque.

Sur la façade du nº 2-4, une locomotive à vapeur taillée dans la pierre semble crever une couronne de fleurs pour jaillir sous la marquise. Le fronton annonce « Mutuelle des Cheminots », point de ralliement social des ouvriers du rail. Il faut dire que dans la deuxième partie du XIXe siècle, les gares ont poussé comme des champignons sur ce terreau du 13e arrondissement, entre les stations de la Petite Ceinture (Orléans-Ceinture, La Maison-Blanche, Glacière-Gentilly, Gobelins, Parc-de-Montsouris) et la gare d'Orléans-Austerlitz. Victor Hugo fut,

6

1, 2, 4, 5 et 6. Dans la si bien nommée Cité florale.

3. Anomalie au 29, rue Guyton-de-Morveau.

Un petit creux ?

À mi-parcours, la Société coopérative ouvrière ***Le Temps des cerises*** *(18-20, rue de la Butte-aux-Cailles, tél. 01 45 89 69 48) offre une halte alternative et solidaire, un brin décalée, avec terrasse ensoleillée. Si elle est fermée (samedi midi et dimanche), rabattez-vous sur ses voisins.*

en 1883, le premier président de cette Mutuelle.

➨ Optez pour la rue de la Colonie. Cette voie n'a pas été nommée ainsi en souvenir d'une lointaine et exotique possession française. Elle évoque la présence d'une colonie de chiffonniers qui avaient investi cette sente croisant la Bièvre (celle-ci coulait sous le nº 49). Battant le pavé parisien toute la journée, ils rentraient le soir dans leurs pénates bâties en carreaux de plâtre ou en planches couvertes de lambeaux de papier goudronné, et rinçaient leur butin (des tissus, souvent) dans la rivière. La rue de la Fontaine-à-Mulard, à gauche, était au XVIIIe siècle un chemin où coulait une source limpide et pure.

➨ Une fois franchie la rue Bobillot, bifurquez légèrement à droite pour attraper la rue Guyton-de-Morveau. Surveillez les numéros apposés sur les façades et guettez l'anomalie… Du temps de la Bièvre à ciel ouvert, cette rue lui était perpendiculaire et débutait sur sa rive. Une fois la Bièvre remblayée, la rue gagna du terrain, et grandit sur son lit de dix numéros. On voit encore aux nos 25 et 29 l'ancienne numérotation (15 et 19). L'actuel nº 11 correspond donc au nº 1 primitif.

➨ Par la rue de l'Espérance et la rue Auguste-Lançon (joli jardin d'immeuble entre le nº 8 et le nº 10), dirigez-vous vers la Cité florale. Vous la reconnaîtrez facilement à ses noms de rues parfumés, sinon évocateurs.

C'est un minuscule lotissement en triangle construit entre 1925 et 1930, sur l'emplacement du dernier des étangs alimentés par la Bièvre, compris entre ses deux bras. Des étangs, ou plutôt des marécages sillonnés de sentiers boueux et défoncés, bordés de roseaux dans lesquels nichaient des bandes de canards sauvages. Les femmes et les enfants venaient y pêcher des sangsues et des mollusques d'eau douce. Les jeunes gens patinaient dessus en se tenant la main. Les riverains tirèrent habilement partie de ces prairies inondables en creusant des dizaines de petits canaux peu profonds où l'eau stagnait et gelait dès les premiers frimas. Ils s'empressaient alors de détailler des blocs de glace qu'ils entortillaient de paille pour en ralentir la fonte. La glace était conservée dans des glacières (sorte de silos en maçonnerie recouverts de terre) et au printemps, elle était vendue aux riches particuliers, aux restaurants et aux cafés.

Après l'annexion, patineurs et briseurs de glace délaissèrent les étangs gelés, livrant le site aux promoteurs qui en firent cette ravissante Cité florale. Ses rues aux noms fleuris (rues des Glycines, des Volubilis, des Orchidées, des Iris, des Liserons…) enserrent des maisons de poupée croulant sous la verdure. Joli bouquet final…

➨ La rue Auguste-Lançon et la rue Liard vous mèneront à la lisière du parc Montsouris. Quelques pas encore dans ses allées et le RER Cité-Universitaire vous rapatriera.

Edgar-Quinet
Boulevard Edgar-Quinet
Allée Georges-Besse
R. Huyghens
Boulevard Montparnasse
Avenue de l'Observatoire
Rue Henri-Barbusse
Rue Pierre-Nicole
Rue St-Jacques
Boulevard de Port-Royal
Port-Royal
Avenue du Maine
Rue de la Gaîté
Gaîté
Cimetière du Montparnasse
Raspail
R. Campagne-Première
Rue Boissonade
Boulevard Raspail
Rue Emile-Richard
Hôpital Saint-Vincent-de-Paul
Rue Cassini
Hôpital Cochin
Rue du Fbg-Saint-Jacques
Bd Denfert-Rochereau
Observatoire de Paris
Rue Méchain
Rue de la Santé
Rue Froidevaux
Rue Cels
Rue R.-Losserand
Rue Deparcieux
Rue V.-Schoelcher
14e
Rue Gassendi
Rue Lalande
Place Denfert-Rochereau
Boulevard Arago
Prison de la Santé
Rue du Château
Rue Liancourt
Rue Daguerre
R. Leclerc
Rue Jean-Dolent
Rue M.-Ripoche
R. C.-Divry
Rue Boulard
Denfert-Rochereau
Boulevard Saint-Jacques
Saint-Jacques
Mairie du 14e
R. E. Cresson
Hôpital La Rochefoucauld
13e
Rue Severo
Rue Mouton-Duvernet
Rue de la Sablière
R. Bénard
R. Adrienne
V. Hallé
Rue É.-Dubois
Rue H.-Maindron
Rue des Plantes
Rue Brézin
Mouton-Duvernet
Rue Hallé
Rue Dareau
Rue Ferrus
Glacière
R. S.-Germain
Rue Cabanis
Rue O.-Noyer
Rue du Moulin-Vert
Av. du Général-Leclerc
Rue du Couédic
Rue d'Alembert
R. Thibaud
P. Rimbaud
Rue R.-Dumoncel
Avenue René-Coty
Rue du St-Gothard
Rue Broussais
Rue d'Alésia
Rue Montbrun
Rue Hallé
Rue Bezout
Hôpital Sainte-Anne
Villa d'Alésia
Alésia
Place V.-et-H.-Basch
Rue de Châtillon
Rue A.-Chantin
R. du Lunain
R. du Loing
Rue de l'Aude
Rue des Artistes
Avenue Jean-Moulin
R. A.-Daudet
Rue du Père-Corentin
Imp. Reille
Av. de la Sibelle
Rue Friant
Rue Sarrette
Rue Saint-Yves
Rue de Coulmiers
R. Lacaze
Avenue Reille
Rue Morère
R. P.-de-Narçay
R. H.-Régnault
Rue Beaunier
Rue de la Tombe Issoire
Rue Nansouty
Rue Gazan
Rue de l'Amiral-Mouchez
Boulevard Brune
Avenue du Général-Leclerc
Rue Paul-Fort
Sq. Montsouris
R. Braque
Porte-d'Orléans
Rue du Parc-Montsouris
Parc Montsouris
Place du 25-août-1944
Boulevard Jourdan
V. du P.-Montsouris
Rue É.-D.-de-la-Meurthe
Avenue Ernest-Reyer
Square du Serment-de-Koufra
Avenue Paul-Appell
Porte-d'Arcueil
Cité-universitaire
R. de la Cité-universitaire
Cité internationale universitaire
N
200 m

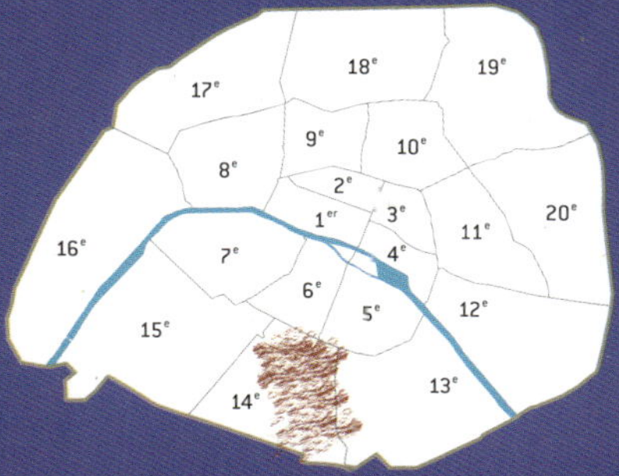

Petit-Montrouge

Du métro Gaîté au parc Montsouris

Petit-Montrouge
Fleurs, farine et falbalas

Au XIIe siècle, ce plateau dénudé, sans eau et sans arbre, aussi hospitalier qu'une lande aride, commença à voir passer de curieuses silhouettes. Un chapeau à larges bords sur la tête, une besace en bandoulière et un bourdon à la main, c'étaient des jacquets, des pèlerins en route vers Saint-Jacques-de-Compostelle. Venus du nord de l'Europe, ils empruntaient immanquablement une ancienne voie romaine nommée pavé d'Orléans. Au fil des siècles, ce pavé se peupla de plus en plus et les pèlerins à la coquille croisèrent des soldats, des commerçants, des voyageurs et des charrettes remplies de tonneaux de vins de Loire ou de sacs de blé. Car cette route était aussi celle de la Beauce, véritable grenier à blé de Paris. Le blé devenait farine avant d'atteindre les barrières de la capitale, réduit en fine mouture dans les moulins du plateau de Montrouge battu par les vents. Cette terre devait son nom au limon rougeâtre qui s'était déposé là quand le lit de la Seine s'est rétracté, en de lointains temps préhistoriques. De part et d'autre de cette grande route, un hameau se forma, constitué de deux longues rangées de maisons. Appelé Petit-Montrouge, il était rattaché au village du Grand-Montrouge, tout comme les hameaux voisins de Montparnasse et Montsouris. Quand ils ne travaillaient pas dans l'une des nombreuses carrières, ses habitants étaient soit meuniers soit jardiniers, spécialisés dans le maraîchage ou l'horticulture. Car les fleurs, c'était la fierté des Petits-Montrougiens : des plantes bulbeuses, des chrysanthèmes à gros bouquets et même des camélias, des azalées, des palmiers, des cactées et des rhododendrons qui s'épanouissaient sous serre.
Les fleurs poussaient aussi à la boutonnière des galants et des gandins qui se pressaient aux cabarets de la barrière d'Enfer. En semaine, la vie au village était plutôt paisible. Mais le dimanche et les jours fériés, quel chahut ! Les cabarets étaient pris d'assaut, littéralement inondés « d'une affluence de gens de la classe la plus remuante et la plus portée à tous les excès », comme le signalait en 1828 Debeylleme, préfet de police de Paris. Des loteries et des jeux de hasard établis sur tous les chemins faisaient le bonheur des militaires.

Impasse Cœur-de-Vey. (Coll. part.)

Entre les ailes des moulins, les treuils de carrières et les châssis des pépinières vinrent peu à peu se glisser quelques industries : fabriques de blanc de baleine et de bougie diaphane, de noir animal (charbon d'os, utilisé comme engrais ou pigment noir) ou de cuir verni, raffineries de sucre, distillerie, usine de gaz de résine...

L'annexion fut accueillie avec enthousiasme par les Petits-Montrougiens qui virent là l'occasion de se doter d'équipements nouveaux. Leur commune, comme la majorité de celles qui environnaient Paris, était très en retard sur la capitale. Pas de pavés dans les rues, encore moins de trottoirs. Pas d'égout, pas d'eau ni de gaz dans la plupart des quartiers. Pas de balayage ni d'arrosage, peu de moyens de transport, peu d'écoles... Le grain à moudre, on le voit, ici, ne manquait pas...

1

2

3

1. La rue de la Gaîté au XIXe siècle. (Coll. part.)

2. Le marché du boulevard Edgar-Quinet existe toujours. (Coll. part.)

3. 1, rue de la Gaîté.

Petit-Montrouge

Durée : 3h

➨ Départ au métro Gaîté. Descendez la rue de la Gaîté sur le trottoir de gauche.

L'herbe poussait encore drue ici à la fin du XVIIIe siècle, de part et d'autre du chemin de terre conduisant les Parisiens à la campagne. Mais une fois que le mur des Fermiers généraux fut édifié, des guinguettes jaillirent de son ombre, débitant à bas prix un petit vin blanc récolté sur les coteaux de Suresnes. Des tavernes puis des bals et des théâtres, deux, cinq, dix, vingt ! Ce fut bientôt une rue toute entière consacrée aux plaisirs, que l'on baptisa rue de la Joie. En 1910, le terme Gaîté fut jugé plus approprié. Sans doute pour masquer pudiquement le commerce des filles qui en arpentaient le pavé.

Au nº 31, dans le théâtre Montparnasse, les spectateurs faisaient mijoter leur ragoût sur les poêles qui chauffaient la salle. Au nº 20, à l'emplacement du music-hall Bobino, le bal des Gigolettes était réputé en 1800 pour sa piste de danse puis, vers les années 1850-1860, pour ses championnats de billard, sous l'enseigne des Mille-Colonnes. La danse et le sport donnant soif, l'étanchement (abusif) de celle-ci provoquait d'inévitables débordements – sous forme d'étreintes ou de bousculades. Les conséquences des premières se réglaient avec la famille et monsieur le curé, celles des secondes avec la maréchaussée. Pour plus d'efficacité, un poste de police était justement installé au milieu de la rue, à la place du restaurant Aux Îles-Marquises (nº 17). Un écriteau charitable précisait à côté de son lumignon : « Secours aux blessés ».

Au nº 1, à l'emplacement de la brasserie La Liberté, s'élevait sous l'Empire un restaurant au concept original. Vous étiez un bourgeois bien nanti ? Messieurs Richefeu père ou fils vous installaient au rez-de-chaussée, sous la tonnelle en été, dépliaient une serviette sur vos genoux et ne vous réclamaient l'addition qu'après le dessert. Vous faisiez partie des classes laborieuses ? Vous étiez conduit au premier étage où les serviettes faisaient défaut, où la cuisine était moins bonne, où vous deviez vous servir vous-même de charcuteries et payer d'avance.

Si d'aventure vous étiez un chiffonnier ou un croquemort du cimetière du Montparnasse, alors on vous montrait du doigt le troisième étage où l'on ne mâchait que des arlequins « à l'hazard de la fourchette », c'est-à-dire un panachage énigmatique de divers restes. Prendre de l'altitude n'était alors guère recommandé pour la santé de son estomac.

Les loqueteux et guenilleux trouvaient

•••

1. À l'entrée du cimetière...

2. Qui saura déchiffrer la plaque cachée dans ces feuillages ?

3. Le moulin de la Charité.

4. Le pavillon des gardiens du cimetière.

1

2

3

4

pitance en face, à La Californie, un restaurant populaire fondé par le père Cadet. Sous un vaste hangar, ils s'installaient autour de tables en bois massif auxquelles les couverts, l'assiette et le gobelet d'étain étaient attachés par une chaînette de fer, puis la femme du père Cadet (surnommée « la mère Cinq-et-trois-font-huit » parce qu'elle avait une jambe plus courte que l'autre et que cette expression désignait à l'époque une personne boiteuse) leur servait de copieuses portions de viande à trois sous.

➡ Rejoignez l'entrée du cimetière de Montparnasse par l'allée Georges-Besse.

L'annonce de la création d'un cimetière à proximité immédiate de la rue de la Joie, en 1819, déclencha un tollé des Petits-Montrougiens en général et des tenanciers de guinguettes en particulier – ces derniers craignant que leur commerce ne souffre de cet insalubre voisinage. La Ville de Paris fit taire ces protestations en accordant à la commune une redevance sur chaque inhumation. L'écot ne fit pas long feu car l'annexion de 1860 déchargea l'administration parisienne de cette servitude.

Avant de pénétrer dans le champ de sépultures, cherchez, à droite de l'entrée, enfoui dans les feuillages, un mystérieux panneau rouge et blanc : « Défense de faire circuler des brouettes et des voitures sur la contre-allée ». La fin est incertaine, devinée d'après quelques lettres à peine visibles, et le gardien du cimetière, ignorant jusqu'à l'existence de cette plaque, incapable de nous éclairer sur sa raison d'être... L'évocation des brouettes est néanmoins pittoresque.

➡ Repérez sur le plan apposé près de l'allée centrale la position de la tour du Moulin (en bordure de l'allée Raffet) et dirigez-vous vers elle.

Cette tour au toit en poivrière portait naguère à son flanc deux paires d'ailes. C'était un moulin qui, au XVIIe siècle, alimentait en farine le couvent de la Charité, où vivaient les frères de Saint-Jean-de-Dieu. On l'appelait le moulin de la Charité. Il était coiffé d'un toit mobile portant les ailes, tournant sur un axe pivotant, ce qui permettait d'orienter la voilure face au vent. Moudre du blé au milieu d'un champ de repos, ce n'était guère convenable. Le moulin fut donc réformé. On lui trouva une autre affectation : loge de gardien. Perché dans la tour, le préposé pouvait superviser toutes les allées du cimetière à la fois. Mais, curieusement, ce logement de fonction ne recueillit pas les suffrages des gardiens successifs. La tour abrita un temps les outils des fossoyeurs avant de sombrer dans l'oubli, dissimulée sous une cape de lierre. Une restauration récente a mis au jour ses pierres blondes.

➡ Faufilez-vous entre les tombes en direction de la sortie qui donne sur la rue Émile-Richard.

Est-ce dans cette division-ci ou bien dans cette autre que sévit en 1848-1849 le vampire du Montparnasse ? Pendant plusieurs mois, on constata d'horribles profanations, des cadavres de femmes fraîchement inhumés étaient arrachés à leur sépulture, mutilés, éviscérés puis abandonnés sur les dalles, dans des allées peu fréquentées. Ces faits étaient si atroces qu'un homme

1. Parcours fléché sur la place Denfert-Rochereau.

2. Le vampire Bertrand sévissait au cimetière de Montparnasse.

3. La carriole du fleuriste de la rue Froidevaux.

4. Le pavillon ouest de la Barrière d'Enfer. (BHVP)

ne pouvait en être capable. Seul un vampire devait en être l'auteur ! Un piège fut tendu, un homme confondu : un militaire à gueule d'ange, le sergent Bertrand, recrue exemplaire le jour, monomane nécrophile la nuit. Il fut traduit le 10 juillet 1849 devant le 2e Conseil de guerre de la 1re division militaire pour violation de sépulture et mutilation de près de 500 cadavres. Son procès se déroula dans la prison du Cherche-Midi devant un parterre choisi de notables et d'élégantes en mal de sensations fortes. Il fut condamné à un an de prison, qu'il accomplit au bagne de Belle-Île.

➨ Quittez le cimetière par la rue Émile-Richard et longez la rue Froidevaux jusqu'à la place Denfert-Rochereau.

Le caractère traditionnellement bohême de Montparnasse est étroitement lié à la présence du cimetière. Les sculpteurs sont venus les premiers s'installer là parce qu'il y avait pour eux du travail. Ils étaient embauchés par les marbriers funéraires pour travailler la pierre, fabriquer des urnes, des colonnettes et autres motifs ornementaux. Au XIXe siècle, les bourgeois attachaient une grande importance à l'allure de leur caveau de famille, qui devait être aussi soigneusement décoré que leur foyer, voire personnalisé. Dans le sillage des sculpteurs, des peintres, des dessinateurs, des graveurs et des littérateurs vinrent s'abreuver à la source de l'art funéraire, en fréquentant les brasseries du coin. Ainsi naquit la légende du Montparnasse bohême.

➨ Traversez la place Denfert-Rochereau pour accéder au bâtiment qui abrite l'entrée des Catacombes.

Le trafic ici est dense et l'a toujours été car l'avenue du Général-Leclerc (anciennement route d'Orléans) est un axe historique. Dans les années 1850 déjà, postillons et cochers pestaient contre les embouteillages de charrettes, chariots, diligences et autres attelages caractéristiques de la barrière d'Enfer. Les deux pavillons jumeaux abritaient les bureaux de l'octroi et servaient à loger les guichetiers et la soldatesque. Avec ceux de la Nation, les rotondes de La Villette et de Monceau, ces barrières sont les seules rescapées parmi les 54 qui ponctuaient le mur des Fermiers généraux.

Dans le hall de l'inspection générale des carrières, attardez-vous pour étudier deux maquettes représentant au 1/50e une région du sous-sol parisien. Vous y verrez différentes couches géologiques minées par d'anciennes carrières de calcaire grossier et des procédés de consolidation. Les carriers petits-montrougiens n'ont pas chômé : ce quartier est l'un des plus creux qui soit ! On dénombre à Paris quelque 300 kilomètres de galeries souterraines, dont 65 dans le 14e arrondissement.

Le lieutenant de police Thiroux de Crosne s'en souvint opportunément quand, en 1785, il fallut trouver un endroit pour accueillir les ossements du charnier des Innocents, devenu insalubre. Il chargea l'architecte Guillaumot, inspecteur général des carrières, de chercher et de préparer dans celles-ci un endroit convenable pour recevoir ces ossements ainsi que ceux d'une trentaine d'autres

1

2

3

4

5

6

1, 2, 3, 4 et 5. Dans l'ossuaire…

6. L'embarcadère devenu gare RER.

cimetières parisiens. Son choix s'arrêta sur ce site. Des ouvriers consolidèrent les galeries et les piliers puis le transfert eut lieu. Défilé ininterrompu, à la nuit venue jusqu'au petit matin, deux années durant, de charrettes remplies d'ossements et recouvertes d'un drap mortuaire le long des rues de Paris vers la plaine Montsouris. En guise d'escorte, des porte-flambeaux et des prêtres chantant des requiems.

➨ **Si la visite des Catacombes vous tente, fermez ce livre pour goûter l'effet de surprise. Sinon, poursuivez-en la lecture...**

(Attention, la visite des catacombes vous fera sortir rue Rémy-Dumoncel. Revenez alors sur vos pas par l'avenue René Coty.)

D'abord déversés pêle-mêle, les ossements furent ensuite ordonnés avec une certaine recherche esthétique : ici un mur de fémurs alignés au cordeau, là des tibias en croix et par-dessus une frise de crânes... Derrière, fémurs et menues phalanges s'entassent jusqu'à trente mètres de profondeur. Quelques maximes bien choisies assurent l'ambiance (« Arrête ! C'est ici l'empire de la mort ») et invitent à l'humilité. Sur une distance d'1,7 kilomètre (mais, sous terre et dans d'étroits boyaux, le trajet semble beaucoup plus long...), les visiteurs croisent en outre un panel de curiosités aux noms aussi lugubres que pittoresques : source de l'Oubli, lampe sépulcrale, sarcophage du Lacrymatoire, crypte de la Passion, grand pilier des Nuits clémentines, Grand Sacellum des obélisques... L'accès aux Catacombes n'a pas toujours été si facile. Au début du XXe siècle, c'était une petite expédition pour les visiter. Il fallait demander une autorisation à la direction des Catacombes, s'y rendre au jour fixé du premier lundi du mois et se munir d'une bougie souvent vendue sur place. Pour éviter de s'égarer dans les galeries, mieux valait ne pas perdre de vue le trait noir matérialisé au ciel des boyaux à emprunter. Et comme deux précautions valent mieux qu'une, un guide (remplacé ensuite par un tourniquet) comptait le groupe à l'entrée et à la sortie. La visite se terminait par une salle dans laquelle, à la lueur de flambeaux, on observait deux collections réunies par Héricart de Thury – le grand ordonnateur des Catacombes. La première, intitulée « Cabinet minéralogique » (dans la veine des cabinets de curiosités en vogue au XVIIe siècle) exposait un échantillonnage de toutes les espèces de terres, sables et cailloux composant la voûte épaisse suspendue au-dessus de la tête des visiteurs : spécimens de concrétion calcaire, stalactites et stalagmites, fossiles... La seconde, baptisée « Cabinet d'ostéologie », présentait des bizarreries ostéologiques recueillies dans la répartition des ossements et classées méthodiquement : ossements déformés par les maladies ou d'une proportion extraordinaire, momies naturelles... En 1908, un affaissement du ciel ruina ce cabinet.

➨ **Postez-vous maintenant sur l'esplanade de la gare RER Denfert-Rochereau.**

Pour varier les plaisirs et changer un peu des guinguettes de la barrière d'Enfer, les promeneurs du dimanche

1. Regard jadis relié à l'aqueduc Médicis, avenue René-Coty.
2. Maisons basses jumelles au 9-11, rue Hallé.
3. L'hospice La Rochefoucault.
4 et 5. Enchantement de la villa Hallé.

pouvaient grimper dans le petit train de la ligne de Sceaux, en direction des guinguettes de Robinson, perchées dans des châtaigniers. Ils montaient dans des wagonnets à rideaux et sans vitres et regardaient la campagne défiler sous leurs yeux. L'embarcadère (on ne disait pas encore gare) fut construit en demi-cercle pour abriter la boucle permettant au train de repartir sans dételer la machine motrice. Deux pavillons symétriques encadraient le bâtiment central. L'un était destiné à la direction et aux bureaux ; l'autre à l'octroi et aux marchandises et bagages que l'on élevait jusqu'aux wagons par un treuil. Celui de gauche est devenu un restaurant dont la terrasse donne sur les voies. Celui de droite a été détruit en 1895, lors du prolongement de la ligne vers la station Luxembourg.

➼ Suivez les voies le long de l'avenue René-Coty.

À droite, au milieu d'une pelouse protégée par une grille, trône au sommet d'un monticule une sorte de niche chapeautée d'un fronton d'inspiration grecque. Il s'agit d'un regard autrefois relié à l'aqueduc Médicis (acheminant les eaux de Rungis vers Paris), qui alimentait en eau l'hospice de La Rochefoucauld. Celui-ci accueillit son premier patient en 1783, sous le nom de Maison royale de santé. Les pensionnaires étaient des ecclésiastiques âgés ou malades, des magistrats et des officiers sans fortune. En 1803, il devint maison de retraite de Montrouge. L'établissement devait avoir des soucis de trésorerie car la direction décida, par arrêté, que les pensionnaires les moins grabataires « soient engagés par tous les moyens possibles à se rendre utiles à l'hospice et à se livrer au travail ; en conséquence, l'agent de surveillance est autorisé à accorder au-delà de la ration ordinaire de 3 décilitres de vin par jour, 2 décilitres de vin aux femmes qui, d'après ses ordres, se rendront utiles à la cuisine, à la lingerie et auprès des personnes impotentes et incurables. Il est également autorisé à payer aux hommes ainsi qu'aux femmes le prix des travaux qui tourneront au profit de l'hospice ». Pas question pour les retraités de se la couler douce… Ceux qui vivent là aujourd'hui semblent mieux lotis.

Au nº 21, on devine la trace du puits de service dans lequel étaient précipités les ossements dans les nouvelles catacombes.

➼ Prenez la rue Hallé, à droite.

Deux maisons basses jumelles vous accueillent, aux nºs 9 et 11, joliment provinciales. La suite est à l'avenant, quelques surprises en prime. Entre les nºs 12 et 32, la rue se déguise, forme une placette en demi-lune bordée de maisonnettes toutes différentes. L'une donne dans la brique, l'autre dans l'œil-de-bœuf, une troisième dans le bas-relief ou la balustrade. À la hauteur du nº 38, halte-là ! des pavés décadents cheminent vers la villa Hallé. Cette belle allitération désigne une étroite impasse coudée aussi verdoyante que convoitée. Troquez la rue Hallé contre la rue Sophie-Germain pour retrouver l'avenue du Général-Leclerc, que vous remonterez vers Denfert-Rochereau, sur le trottoir de droite. Vous allez rencontrer à droite la villa Adrienne, une propriété privée et bien

●●●

1. Porte ancienne au 21, rue Boulard.

2. La fromagerie du 5, rue Daguerre annonce la couleur.

3. Une poissonnerie rue Daguerre.

4. Plaque au 18, rue Mouton-Duvernet

1

2

3

4

gardée. Autour d'un jardin se déroule un ensemble harmonieux construit à la fin du XIXe siècle. Chaque entrée est baptisée du nom d'un artiste ou d'un savant : Racine, Molière, La Fontaine, Pascal, Lavoisier…

➨ Postez-vous ensuite face au 26-28, avenue du Général-Leclerc (adresse d'un club de sport).

Le vétéran des moulins de Montrouge, le dernier à avoir été démoli, se trouvait là. Il s'appelait le moulin d'Amour et servait encore à la Belle Époque d'atelier à un photographe de noces et banquets. Dès le XIIe siècle, des moulins se sont mis à pousser sur le plateau de Montrouge, le long de la voie menant à la Beauce. Le moulin de la Vierge et le moulin Vert (qui ont laissé leur nom à des rues du 14e arrondissement), le moulin Sans-Soucy, le moulin de Moque-Souris, le moulin de la Citadelle, celui de la Marjolaine… Il y en eut jusqu'à trente qui faisaient aussi guinguettes, car les meuniers étaient également débitants de galettes au beurre et de vin clairet.

➨ Traversez l'avenue et remontez-la jusqu'à la rue Daguerre, où vous vous engagerez.

Là battait le cœur du Petit-Montrouge, au pied de la barrière d'Enfer, dans cette rue dite de la Pépinière en raison de la présence aux alentours de nombreuses exploitations horticoles. C'était la rue du marché mais aussi une sorte d'embarcadère et de débarcadère des denrées franchissant le mur, dans un sens ou dans l'autre. À la place des commerces de bouche que vous voyez aujourd'hui, il y avait des auberges, des relais, des écuries, des maréchaux-ferrants… Le marché était à la hauteur du no 19. Dans la cour, au-delà du porche, les commérages allaient bon train autour du lavoir communal. C'était l'un des plus importants du sud de Paris, il fonctionnait notamment pour les hôpitaux mais aussi pour la prison de la Santé. Une crêperie tente de le remplacer, tristement.

➨ Tournez dans la rue Boulard en remarquant la porte du no 21 (sans doute la plus ancienne du quartier) puis dans la rue Charles-Divry et dans la rue Saillard pour saluer la mairie, qui fut brièvement celle de Montrouge (entre 1852 et 1860) avant de devenir celle du 14e arrondissement.

De vénérables papis du quartier se souviennent d'avoir ri d'un écriteau qui s'est balancé longtemps devant le guichet du bureau des décès : « Décès ; on est prié d'attendre son tour ».
La rue Mouton-Duvernet (clin d'œil discret au no 18…) vous rapatriera sur l'avenue du Général-Leclerc, que vous descendrez cette fois, jusqu'aux nos 59-61.
Cette longue bâtisse grise est typique des maisons bordant la grand-rue d'un village des faubourgs. Un puits à large margelle existe encore dans la cour du 61, à gauche, enseveli sous des lianes de lierre. Faites preuve de la plus grande discrétion, la cour est privée et ses habitants n'aiment guère les curieux. En face, dans la cour du no 74, il y en avait un autre, dont la particularité était de contenir de l'eau… salée ! Tari, il a été comblé.

➨ Vous voilà sur la place Victor-et-Hélène-Basch, face à l'église Saint-Pierre-de-Montrouge, édifiée en 1870 et dont vous pouvez lire

1. Fleuriste du 21, de l'avenue du Général-Leclerc.

2. Plus loin encore, au nº 69, la poissonnerie.

3. Appétissante enseigne au 51 de l'avenue du Général-Leclerc.

4. La gare désaffectée de la Petite Ceinture (côté invisible de la rue).

5. Réservoir d'eau potable de Montsouris.

l'histoire sur un panonceau.
Cet endroit que l'on s'obstine tous à nommer place d'Alésia s'est successivement appelé carrefour de la Croix-des-Sages (1731), carrefour des Quatre-Chemins puis place du Puits-Rouge.
Le long de l'avenue du Général-Leclerc circulait au XIXe siècle le tramway Montrouge-Gare de-l'Est, traîné sur des rails par deux robustes percherons. Il offrait pour quelques sous à ses voyageurs assis sur la banquette de l'impériale le spectacle de la traversée de Paris.
Les tramways de Châtillon et de Montrouge se croisaient à ce carrefour. Il y avait un refuge sur le terre-plein central où l'on venait s'asseoir au pied d'un magnifique lampadaire pour attendre le tram qui passait toutes les vingt minutes environ et il fallait parfois demeurer ce temps sous le soleil ardent. Car les palmiers que vous voyez aujourd'hui n'y étaient pas encore, ni les capteurs chargés de mesurer la pollution provoquée par les gaz d'échappement automobiles (entre le kiosque et la BNP).
À l'emplacement de cette banque se trouvait l'auberge du Puits Rouge, oasis des percherons et des cochers assoiffés. Un puits de 35 mètres de profondeur alimentait un abreuvoir et un vivier recouvert d'une plaque d'acier peinte en rouge, qui contenait une réserve de poissons. Pendant que leurs chevaux prenaient du repos, le postillon de Longjumeau ou le courrier de Chevreuse sablait un p'tit verre de vin de Bagneux en dégustant une friture de gardons. Le puits fut comblé en 1824.

➥ **Poursuivez le long de l'avenue du Général-Leclerc jusqu'au nº 124, en prenant éventuellement un bus qui va vers la porte d'Orléans.**
Au-dessus d'un bazar se devine la silhouette d'un bâtiment ancien : il s'agit de l'ancienne gare de Montrouge, qui a accueilli des centaines de milliers de voyageurs de 1867 à 1934 avant d'être désaffectée. Après-guerre, la façade a été détruite, un magasin s'est construit dans ce qui était le hall mais derrière demeure un balcon surmonté d'une verrière donnant sur les voies de la Petite Ceinture. L'accès est malheureusement réservé aux gérants du bazar.

➥ **Traversez l'avenue et empruntez la rue Beaunier, en demeurant sur le trottoir de droite.**
Tranquille, elle est bordée de petits immeubles coquets. Les hôtels y sont relativement nombreux et pour cause ! ils possèdent sur leur façade arrière une vue plongeante sur la verdure sauvage de la voie désaffectée de la Petite Ceinture. Un argument de poids pour attirer les touristes en quête de calme. Une plaque sur le nº 24 rappelle que Lénine a vécu là en 1908-1909.
Arrivé sur la place Jules-Hénaffe, vous verrez se dresser le réservoir d'eau potable de Montsouris, recouvert d'un monticule de terre gazonnée et couronné de verrières à fines armatures métalliques de style Guimard. Construit sous la direction de l'ingénieur Belgrand, il fut mis en service en 1874. C'était à l'époque le plus vaste réservoir d'eau construit du monde car, avec ses dépendances, il occupe un terrain de plus de cinq hectares. Belgrand a tiré parti de l'existence d'anciennes carrières

1

1. Le bassin du parc Montsouris.
2, 3, 4 et 5. Square de Montsouris.

2

3

Un petit creux ?
Comblez-le en bordure du parc, au ***Chalet Montsouris*** *(28, boulevard Jourdan, tél. 01 53 62 96 33).*

pour limiter l'excavation. Il a fallu cependant engager de très importants travaux de consolidation du sous-sol. Ici sont rassemblées les eaux de la Vanne, du Loing, de la Voulzie, du Dutreint, du Dragon et de la Seine, et stockées en attente d'être consommées.

➨ Par l'avenue Reille, dirigez-vous vers le parc Montsouris, en ne manquant pas à gauche l'entrée discrète du square Montsouris, dont vous entamerez l'ascension.

Ce quartier fut longtemps mal famé. Surnommé « plateau de Misère », il ne comptait que quelques piteuses masures et un moulin qui n'avait pas grand-chose à moudre. Le blé s'y faisait si rare que les souris s'en moquaient et ne daignaient pas y mettre une patte (d'où le nom de Moc-souris, devenu Montsouris). Les habitants du lieu, désormais, suscitent plus l'envie que la pitié – envie d'habiter cette sente serpentine bordée de maisons de styles éclectiques. Le nº 40 ressemble à un manoir hanté, son voisin à un cottage anglais... Sur la grille du nº 40, justement, une affichette expose l'histoire de cette ruelle et de ses demeures remarquables.

➨ Ce square de rêve vous mènera rue Nansouty, où une nouvelle escapade vous attend, à droite, dans la rue du Parc-Montsouris.

Votre balade sur les traces de l'ancien village de Montrouge s'achève ici, à la lisière du hameau de Montsouris devenu en 1865 un parc à l'anglaise sous la plume de l'ingénieur paysagiste Jean-Charles Alphand. Le RER Cité-Universitaire est à cent mètres.

200 m
Rue du Dr-Finlay
Place Dupleix
Rue Dupleix
Boulevard de Grenelle
Dupleix
Rue de Pondichéry
Avenue La Motte-Piquet
École militaire
Avenue de Lowendal
Av. Duquesne
Rue d'Estrées
Avenue de Suffren
UNESCO
Avenue de Ségur
Avenue de Saxe
7e
Avenue de Breteuil
Rue Saint-Charles
Rue Viala
Rue Juge
Rue Rouelle
Rue Fallempin
Rue Tiphaine
Rue de Lourmel
Rue Letellier
La Motte-Piquet-Grenelle
Cambronne
Place Cambronne
Rue M.-Nikis
Avenue
Rue Fondary
Rue Ginoux
Avenue-Émile-Zola
Rue Frémicourt
Boulevard Garibaldi
Rue Pérignon
Ségur
Avenue Émile-Zola
Rue du Commerce
Rue Violet
Rue du Théâtre
Rue de la Croix-Nivert
Rue Miollis
Rue Cambronne
Rue F.-Bonvin
Rue J.-Daudin
Sèvres-Lecourbe
Place H.-Queuille
Rue des Entrepreneurs
Rue Gramme
Rue Lakanal
Commerce
Rue de l'Amiral-Roussin
15e
Rue de Staël
Rue E.-Renan
Rue de l'Église
Rue Mademoiselle
Rue L.-Lhermitte
Rue Blomet
Rue Borromée
Rue Copreaux
Rue des Volontaires
Rue E.-Duclaux
Rue de Javel
Rue D.-Roty
Félix-Faure
Rue de l'Abbé-Groult
Square Saint-Lambert
Rue Péclet
Rue Lecourbe
Mairie du 15e
Volontaires
Hôpital Pasteur
Rue du Dr-Roux
Institut Pasteur
Rue Félix-Faure
Av. de la Convention
Boucicaut
Rue Duranton
Rue de Javel
Rue Blomet
R. Fenoux
R. Carcel
Rue Bausset
Vaugirard
Rue de Vaugirard
Rue Tessier
Rue M.-Régnier
Rue Bargue
Rue Ste-Félicité
Rue de la Quintinie
Rue des Favorites
Rue P.-Barruel
Rue Dutot
Rue de la Procession
Rue Falguière
Rue Lecourbe
R. F.-Fabre
R. A.-Chartier
R. V.-Duruy
Rue d'Alleray
Rue de l'Abbé-Groult
Rue d'Alleray
Convention
Rue de la Convention
Rue Dombasle
Rue de la Croix-Nivert
Rue Desnouettes
Rue Lorbon
R. Thiboumery
Rue Brancion
Rue St-Amand
Rue Castagnary
Rue G.-Pitard
Rue A.-Bertillon
Rue Leriche
Hôpital Vaugirard
Rue Olivier-de-Serres
Rue Jobbé-Duval
Rue de Dantzig
Rue de Cronstadt
Rue Vouillé
Rue du Hameau
Rue de Vaugirard
R. Lacretelle
Rue Malassis
Rue R.-Lindet
Rue des Morillons
Rue G.-Dumont
Rue Rosenwald
Rue Labrouste
Rue Castagnary
Rue Vercingétorix
Porte-de-Versailles
Rue Firmin-Gillot
Avenue
Rue de la Saïda
Pass. de Dantzig
Parc Georges-Brassens
Rue Brancion
Rue de Chambéry
Rue Fizeau
Rue J.-Baudry
Rue Raymond-Losserand
14e
Boulevard Lefèbvre
Dantzig
Paris Expo
Av. de la Porte-de-la-Plaine
Avenue A.-Bartholomé
Porte-de-Brancion
Boulevard Brune
Porte-de-Vanves
N
A
D
M
T

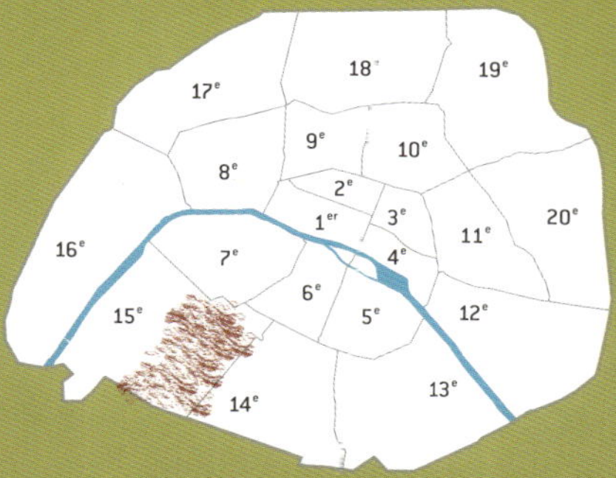

Vaugirard

De la porte de Brancion au métro Sèvres-Lecourbe

Vaugirard

Navets sous la bêche et quolibets à la pelle

Au XIIIe siècle, Gérard de Moret, abbé de Saint-Germain, cherchait une terre afin d'y construire une maison de repos pour les moines de son abbaye. Sa prospection le mena ici, dans cette vallée fertile dont l'herbe grasse parfumait le lait des vaches et la viande des bœufs. Le hameau du coin s'appelait Valboistron, littéralement « la vallée des étables bovines ». L'abbé de Saint-Germain installa ses bénédictins convalescents dans une confortable demeure et se prit d'affection pour Valboistron. Pendant vingt ans, il mit tous ses soins à l'embellir, comblant de bienfaits ses habitants. Le hameau (situé vers l'actuel métro Convention) grandit et devint un petit village doté d'un moulin et d'une chapelle sous le patronage de saint Lambert. Par reconnaissance pour le bon abbé, les villageois rebaptisèrent leur paroisse Val Gérard, devenu Vaulgérard puis Vaugirard.

Le village fut sévèrement secoué par la guerre de Cent Ans (1337-1453). Aux combats et aux pillages vint s'ajouter la peste noire. Ses habitants ne logeaient plus que dans des étables ou des caves obscures, ce qui donna lieu à une plaisanterie assez répandue. On disait d'une personne embarrassée pour écrire devant une compagnie qu'elle ressemblait au greffier de Vaugirard. Il ne pouvait en effet écrire en présence de témoins car, vu l'exiguïté de son local, ceux-ci se seraient forcément placés devant l'unique porte diffusant la lumière.

Mais la paix revint et ne quitta plus la vallée de Vaugirard. Les champs se couvrirent de nouveau de cultures – de navets notamment, qui avaient leur petite réputation. Emportés sur des ânes vers les marchés parisiens, ils s'y vendaient comme des petits pains. En revanche, le vin local, acide, était moins digne d'éloges.

Les prairies étaient un Graal pour les botanistes, tel le naturaliste Tournefort, qui y récoltaient d'innombrables variétés de simples.

Un tel paradis attira forcément les serviteurs de Dieu. Noviciat, séminaire, maison de cure et autres congrégations religieuses s'installèrent vers le milieu du XVIIe siècle tout au long de la grand-rue de Vaugirard. La multiplication des robes de bure coïncida avec l'installation de la cour de Louis XIV à Versailles, en 1672. Ce fut pour Vaugirard un événement

Le village de Vaugirard était réputé pour ses navets fameux. (© M.-J. Jarry)

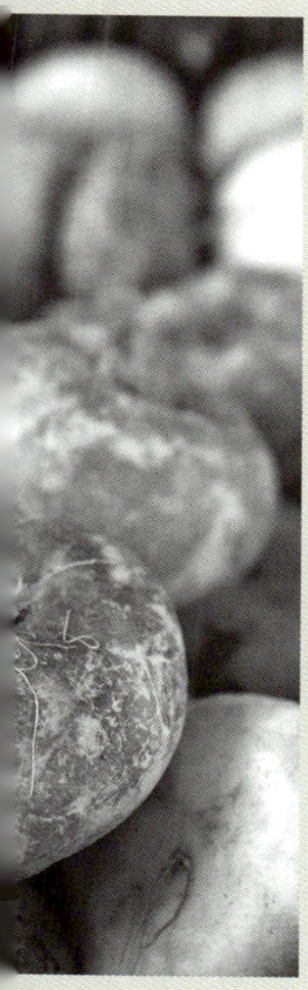

et un tournant car sa rue principale devint le lieu de passage obligé des carrosses, cavaliers et piétons en route vers la Cour. Pour les seigneurs et les Parisiens, qui ne connaissaient de la campagne que ce village-là, c'était un « bled » crotté et sans intérêt, un objet de railleries et de quolibets, sans doute à cause de ses habitants un peu rustres. « Tu viens de Vaugirard, ta gibecière sent le lard ! » On disait aussi pour désigner une bouteille de vin : « Voilà la burette du curé de Vaugirard ! » Même La Fontaine y alla de sa pique désobligeante :

«… De telles gens, il en est beaucoup
Qui prennent Vaugirard pour Rome
Et qui, caquetant au plus dru
Parlent de tout et n'ont rien vu. »

(Extrait de la fable *Le Singe et le dauphin*.)

Tout au long du XIXe siècle, Vaugirard se distingua par sa tranquillité. En 1840, un abbé vantait ainsi les vertus de sa cure :

« À une lieue de Notre-Dame, l'air est plus pur et plus sain que celui qui règne de l'autre côté de Paris, où les vents du Midi repoussent habituellement les miasmes fétides et les exhalaisons mauvaises de la capitale. Un sol très propre à la culture, au jardinage, aux prairies artificielles à cause du voisinage de la Seine, une grande facilité pour les constructions, motivées par l'exploitation des carrières : toutes ces causes offrent des éléments de prospérité pour Vaugirard. [...] Le calme le plus parfait y règne par suite de l'esprit d'ordre et de travail qui distingue ses habitants. L'industrie seule y fait retentir le bruit de ses utiles travaux. »

La population afflua, attirée par le taux modéré des loyers, la moindre cherté du vin, de la viande et du bois, le charme de la campagne et la perspective d'avoir une maisonnette avec un jardin potager. L'installation d'une kyrielle d'industries modéra les charmes champêtres de Vaugirard : fabriques de carton-pâte, de colle forte, de chandelles, de bougies, de noir animal (charbon d'os, utilisé comme engrais ou pigment noir), de blanc de céruse, de cuir verni et de toiles cirées, de briques, de produits pharmaceutiques et chimiques, de grillages en fil de fer, de machines à imprimer les tissus et les papiers de tenture, taillerie de diamants… L'explosion démographique fut spectaculaire : 6 500 habitants en 1825, 37 500 en 1860.

L'annexion, qui avala intégralement Vaugirard, fut vécue comme un désastre et une injustice par les Valgirardins qui avaient réalisé un grand nombre d'équipements dans leur commune. On y dénombrait déjà en 1842 trois boîtes aux lettres, quatre établissements de bain, une caserne de trente-huit pompiers, sept bornes-fontaines et quelques becs de gaz, ce qui était un grand luxe en regard des communes voisines, le tout échelonné le long d'un axe principal, colonne vertébrale de ce village-rue.

1. La ligne désaffectée de la Petite Ceinture, vue de la rue Brancion.

2. Là se tenait le marché aux chevaux.

3. Un des bœufs d'Auguste Caïn, à l'entrée du parc Georges-Brassens.

4. Le beffroi.

5. À l'angle des rues Brancion et Fizeau.

6. 7 bis, rue Fizeau.

7. La vigne de pinot noir.

Vaugirard

Durée : 2h-2h30

➤ Départ au tram Porte-de-Brancion (ou au métro Porte-de-Vanves). Remontez la rue Brancion jusqu'à la hauteur de la rue Fizeau.

Au nº 7 bis de la rue Fizeau, une mosaïque chevaline annonce l'ambiance. Les boucheries en gros et demi-gros et les charcuteries pullulaient dans le quartier, preuve en est cette façade. Et pour cause, elles s'approvisionnaient juste à côté, à l'abattoir de Vaugirard, inauguré en 1898. Sous la halle métallique que vous voyez à droite, à la lisière du parc Georges-Brassens, se tenait le marché aux chevaux. La porte massive surmontée d'une tête de cheval qui se trouvait à l'entrée a migré un peu plus loin, à l'intersection de la rue des Morillons.

➤ Allez la voir puis longez la rue des Morillons en direction de l'entrée principale du parc, qui était déjà celle des abattoirs, à la hauteur du nº 36 bis.

Deux massifs pavillons rectangulaires en bornent l'accès. Ils abritaient le concierge, le surveillant et les services d'octroi au rez-de-chaussée ; les syndicats de la Boucherie et de la Charcuterie ainsi que des logements d'employés dans les étages. Deux puissants bovidés de bronze, sculptés par Auguste Caïn, montent la garde, perchés sur leurs piliers.

➤ Entrez dans le parc.

Autour de la vaste cour, on trouvait six groupes de bâtiments, une cour de travail, une cour d'étables, des bouveries et des bergeries avec greniers à fourrage. Le beffroi (qui abrite le poste de surveillance et les toilettes) était le point central du marché à la criée.

➤ Passez sous le beffroi, escaladez-le éventuellement, puis dirigez-vous vers le rucher (fléché).

À l'adret de la colline, au-delà du rucher, s'épanouit une vigne de pinot noir. Vaugirard produisait jusqu'à la fin du XVIIIe siècle des raisins noirs dont deux cépages, Morillon et Périchot, ont laissé leur nom aux rues voisines. En contrebas se languissent les rails de la Petite Ceinture, par où arrivaient les bestiaux. Les abattoirs ont cessé toute activité en 1978. Sept ans plus tard, la Ville de Paris transforma le site en ce parc vallonné.

➤ Par un chemin sinueux bordé de bruyères et de rhododendrons, gagnez la sortie et après quelques pas dans la rue de la Saïda, bifurquez dans le passage Dantzig.

Au nº 2, un chalet polygonal se distingue derrière la végétation : il s'agit de l'ancienne rotonde des Vins de l'Exposition universelle de 1900 qui fut rachetée en 1902, démontée et réimplantée là, sur un terrain vague

1. La Ruche, passage Dantzig.

2, 3 et 4. Autres curiosités du passage Dantzig.

5. La chapelle de l'ancien collège de l'Immaculée-Conception, 391, rue de Vaugirard.

de Vaugirard, par le sculpteur Alfred Boucher pour accueillir de jeunes artistes étrangers débarqués à Paris. À l'intérieur, Léger, Zadkine, Chagall, Matisse, Modigliani et bien d'autres travaillaient dans des ateliers en alvéoles organisés autour d'un escalier central. Soutine y peignit *L'Écorché* d'après une pièce achetée aux abattoirs tout proches. Classée monument historique, elle continue d'abriter une petite colonie d'artistes. En face, au nº 5 une charmante maison se distingue par sa poésie.

➨ Reprenez le fil de la rue de la Saïda. Poursuivez ensuite par la rue Malassis et encore tout droit, par les jardins de l'hôpital Vaugirard. Arrêtez-vous sur un banc quelques instants.

Devant vous, l'animation de la rue de Vaugirard. L'une des spécialités de ce village était l'extraction de l'argile – une argile bleuâtre qui entrait dans la fabrication de briques, de tuiles, de poteries dites « de Vaugirard », célèbres pour leur dureté. Plusieurs glaisières étaient exploitées à l'emplacement du Parc des Expositions. Leurs puits descendaient parfois jusqu'à 35 mètres. Il y eut dans le secteur jusqu'à douze briqueteries (en 1875). Une rue de la Briqueterie (vers le métro Porte-de-Vanves) demeure pour mémoire.

Au nº 391, c'est-à-dire devant vous, se dresse la chapelle de l'ancien collège de l'Immaculée-Conception, affiliée à la communauté des prêtres de Saint-Sulpice.

➨ Dirigez-vous à droite dans la rue de Vaugirard, la grand-rue du village.

Sa largeur actuelle est le double de l'ancienne. En 1831, c'est un boyau étroit dans lequel deux charrettes peuvent à peine se croiser. La rue était bordée de maisonnettes au toit de tuiles pentu, comme celles, oubliées et défraîchies des nºs 385, 383 et 381 bis.

➨ Remontez-la jusqu'au métro Convention.

Le carrefour est bruyant, peu hospitalier. Marquez cependant un arrêt car c'est ici même, entre les actuelles rues Fourcade et Dombasle, que s'est développé le hameau initial.

➨ Poursuivez jusqu'à la rue de l'Abbé-Groult, où vous bifurquerez à gauche, puis à droite, rue Fenoux. Installez-vous un instant dans le square, derrière le chevet de l'église.

À la place du pâté de maisons qui frange la placette se dressait le Château Frileux ou Maison Fondue. D'où vient le nom curieux de cet établissement hospitalier datant de 1417 ? Nul ne le sait. Ce qui est sûr, c'est qu'il a été détruit et reconstruit à plusieurs reprises (au XVIIIe siècle et en 1950) et qu'il n'en reste rien, à part une porte chapeautée d'un masque de lion, remontée au 25 de la rue Charlemagne (4e).

L'église qui est derrière vous a remplacé en 1853 la vieille chapelle d'origine, consacrée Saint-Lambert en 1453. Elle abritait des reliques de ce saint martyr, évêque de Maastricht, auquel on faisait appel pour être guéri des maladies de la pierre et des hernies. Il faut croire que ce saint était efficace : les ex-voto se multiplièrent, tout comme les pèlerinages, ce qui fut une source de revenus pour les habitants de Vaugirard. Les pèlerins en avaient pour leur

1. Graffiti informatif dans l'église Saint-Lambert.

2. Le kiosque du square Adolphe-Chérioux.

3. Courette miraculée du 283, rue de Vaugirard.

4. Un bistro de la rue Copreaux l'affirme…

argent car les reliquaires refermaient également des fragments de saint Calcédoine, sainte Félicité, saint Maximin, sainte Bénigne, saint Pacifique et sainte Lucide. Toutes les reliques sacrées s'évaporèrent à la Révolution mais un os de saint Lambert réapparut miraculeusement en 1828 (retrouvé à Maastricht par un curé fouineur).

➨ Entrez dans l'église par la rue Gerber, visitez la crypte si elle est ouverte, puis montez l'escalier et traversez l'église pour sortir par le porche principal qui débouche sur une placette provinciale. La rue Bausset vous mènera au square Adolphe-Chérioux.

La mairie du village de Vaugirard, à votre gauche, était à la même place que l'actuelle mairie du 15e arrondissement. Devant, le parvis était aussi spacieux qu'aujourd'hui. Il pouvait accueillir des réunions de bataillons et des bals musette, sous les lampions.

➨ Dirigez-vous vers le kiosque et remontez le square en pente douce vers le métro Vaugirard. Poussez la porte du nº 283.

Enfin ! les maisons préservées de l'ancien village se font si rares que l'on applaudit quand se présente un tel vestige. Un boyau un peu bancal bordé de modestes bâtisses ; au fond, une courette hors d'âge. Voilà le Vaugirard d'antan.

➨ Remontez la rue de Vaugirard jusqu'au croisement de la rue des Favorites.

Le nom de cette rue n'évoque pas quelque courtisane favorite du roi mais le nom d'une compagnie d'omnibus, créée en 1838, qui avait ici son dépôt. La compagnie exploitait quatre lignes, dont l'une conduisait de la mairie de Vaugirard à la rue Saint-Lazare. Vingt-cinq centimes la course, un départ tous les quarts d'heure pour vous emmener au cœur de Paris. Des centaines de chevaux se retrouvaient là le soir, leurs étables couvrant tout un pâté de maisons. Ils avaient comme voisine la plus ancienne et la plus importante fabrique parisienne de ballons dirigeables (sise aux nos 22 à 28). Elle proposait des ballons de grand volume pour les professionnels comme Santos-Dumont, mais aussi des « grotesques » en baudruche, aux formes de personnages ou d'animaux, des petites montgolfières en papier et des ballons publicitaires pour les grands magasins. Ses hangars furent détruits en 1959.

➨ Poursuivez le long de la rue de Vaugirard, où les maisons anciennes jouent à cache-cache avec les immeubles haussmanniens et les constructions modernes, jusqu'à la rue Copreaux.

Avant de bifurquer dans cette rue, écoutez l'histoire de l'auberge du Soleil d'Or, qui se trouvait au 226 de la rue de Vaugirard et dont il ne reste aujourd'hui plus rien. Entre ses murs fut fomenté en 1791 un complot par le Valgirardien Thévenot pour le compte d'un club royaliste et des princes de Condé et de Lambesc, dans le but d'affermir Louis XVI sur son trône en exterminant d'abord tous les membres du club des Jacobins. Un des conjurés vendit la mèche au maire de Vaugirard qui fit arrêter Thévenot. Mais il faut croire cette auberge prédestinée à accueillir des conspirateurs car cinq ans plus

1. 50, rue Blomet.

2 et 3. Cour du 91, rue Lecourbe.

Un petit creux ?

*En fin de parcours, le **Café Chastel** (77, rue Lecourbe, tél. 01 47 83 28 96) saura vous sustenter de robustes spécialités auvergnates.*

tard, en 1796, une autre conjuration y fut mijotée : celle dite du Camp de Grenelle. Une soixantaine de « patriotes » envisageaient de renverser le gouvernement du Directoire. L'auberge leur servait de dépôt d'armes : sabres, poignards, pistolets, cannes à dard... Cette fois encore, le secret filtra et la police déjoua le complot.

➨ Prenez la rue Copreaux.

Optez pour le trottoir de gauche pour mieux distinguer les cartouches sculptés au-dessus des étroites portes cochères des bâtisses anciennes (nos 3, 9, 15, 17, 19 et 21). Aucun ne ressemble à l'autre. La rue se rétrécit comme un goulet pour se jeter dans la rue Blomet, sans doute la mieux conservée de toutes les rues du village de Vaugirard. Elle épouse le tracé d'un vieux sentier vicinal (appelé chemin Blaumet) menant à travers champs à la paroisse d'Issy.

Levez le nez sur les façades numérotées de 29 à 35 côté impair et de 48 à 62 côté pair, typiques des demeures de la fin du XIXe siècle. Autour du no 64 s'alignent des commerces à l'ancienne : cordonnerie, menuiserie...

➨ La rue Blomet aboutit à la place du Général-Beuret, un carrefour très animé, bordé d'excellents commerces de bouche. Par la rue Cambronne, rejoignez la rue Lecourbe.

Celle-ci emprunte le tracé d'une voie romaine reliant Lutèce à Sèvres et Meudon. Nommée d'abord Grand Chemin de Bretagne, elle fut pavée dès 1835.

Poussez la porte du no 91. Une cour puis une autre, en baïonnette, et là, une maison qui ressemble à une auberge d'autrefois, voluptueusement enlacée de glycine. Derrière le portail, une autre curiosité : la chapelle orthodoxe Saint-Séraphin-de-Sarov. Au-dessus des herbes folles se détache un bulbe bleu. À l'intérieur de ce mignon chalet (visible pendant les offices, samedi à 18h et dimanche à 10h), les surprises continuent : deux arbres sont enracinés dans le sol, au cœur de l'édifice. L'un des troncs, près de l'autel, a perdu ses feuilles et semble mort ; l'autre coule de belles années dans une allée et traverse le toit pour s'élancer dans le ciel (clins d'œil à saint Séraphin qui vécut en ermite dans la forêt...).

➨ Regagnez la rue Lecourbe.

Entre les nos 82 et 96, à la place de l'actuelle villa Foirier, se dressait une riche maison de campagne dite la Folie, dont les jardins s'étendaient jusqu'à la rue Mollis. C'était la dernière bâtisse du village et on n'en trouvait plus jusqu'à la barrière de Sèvres. On disait alors pour indiquer un amour de courte durée : « Je t'aimerai jusqu'à la Folie, mais te quitterai à Vaugirard ».

Vaugirard est désormais derrière vous. Il ne vous reste plus qu'à remonter vers la barrière de Sèvres (matérialisée aujourd'hui par le viaduc aérien du métro), où se blottissaient une douzaine de cabarets tapageurs fréquentés par les gardes suisses de l'Ecole militaire.

➨ Fin du parcours au métro Sèvres-Lecourbe.

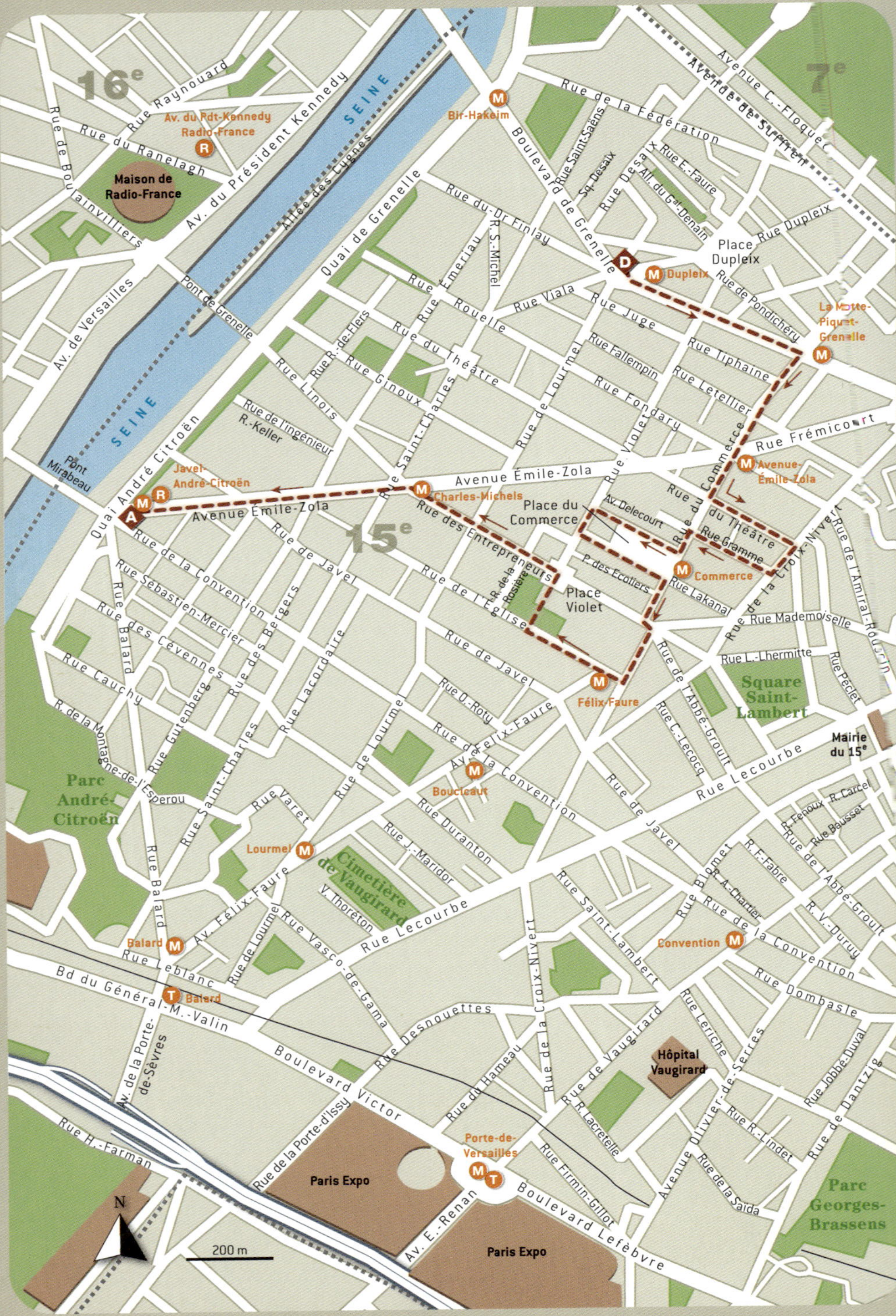
16e
7e
15e
SEINE
Maison de Radio-France
Av. du Pdt-Kennedy Radio-France
Bir-Hakeim
Dupleix
La Motte-Picquet-Grenelle
Avenue Émile-Zola
Charles-Michels
Javel-André-Citroën
Commerce
Félix-Faure
Boucicaut
Lourmel
Balard
Convention
Porte-de-Versailles
Place Dupleix
Place du Commerce
Place Violet
Square Saint-Lambert
Mairie du 15e
Parc André-Citroën
Cimetière de Vaugirard
Hôpital Vaugirard
Parc Georges-Brassens
Paris Expo
Paris Expo
Pont Mirabeau
Pont de Grenelle
Allée des Cygnes
Quai André Citroën
Quai de Grenelle
Rue Raynouard
Rue du Ranelagh
Rue de Boulainvilliers
Av. du Président Kennedy
Av. de Versailles
Boulevard de Grenelle
Rue de la Fédération
Avenue de Suffren
Avenue C.-Floquet
Rue Desaix
Rue Dupleix
Rue de Pondichéry
Rue Frémicourt
Rue du Commerce
Rue du Théâtre
Rue Violet
Rue de Lourmel
Rue Saint-Charles
Rue des Entrepreneurs
Rue de l'Église
Rue de Javel
Rue de la Convention
Rue Lecourbe
Rue de Vaugirard
Rue de la Croix-Nivert
Rue Blomet
Rue Dombasle
Rue Balard
Rue Leblanc
Bd du Général-M.-Valin
Boulevard Victor
Boulevard Lefèbvre
Av. E.-Renan
Rue de la Porte-d'Issy
Rue Desnouettes
Rue Vasco-de-Gama
Av. Félix-Faure
Rue Saint-Lambert
Avenue Olivier-de-Serres
Rue de Dantzig
Rue H.-Farman
200 m
N
A
D

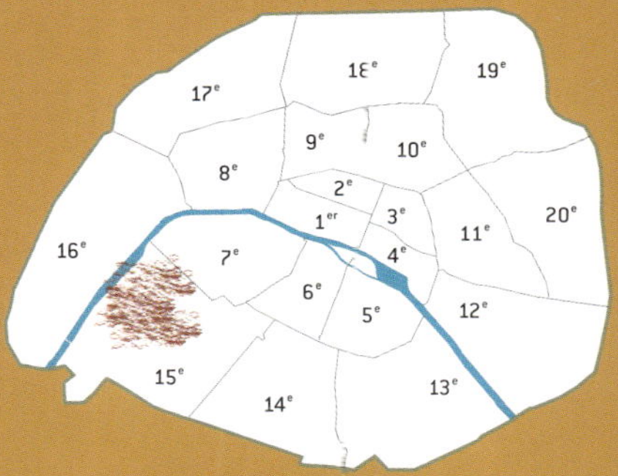

Grenelle

Du métro Dupleix au métro Javel

Grenelle
Le rêve de Léonard

Si la plaine de Grenelle se résumait à un bruit, ce serait, jusqu'à la Révolution, celui de l'hallali. Les chasses royales et princières la labouraient, à la poursuite d'un gibier de choix. Puis, sous le Directoire, le Consulat et l'Empire, de sourdes détonations se firent entendre : des exécutions toujours, militaires cette fois. Ces deux activités entraînaient de sérieux dégâts dans les cultures. Les paysans du coin s'en plaignaient, mais à quoi bon...
Le hameau de Grenelle était à l'origine un écart du village de Vaugirard. Ses habitants étaient essentiellement cultivateurs, vignerons, artisans, tenanciers de guinguettes et ouvriers piochant les carrières de pierres situées à la limite des territoires de Vaugirard et de Montrouge. Mais tout changea très vite ; en moins de dix ans, la plaine fertile se transforma en une véritable petite ville. La main « armée » de cette métamorphose se nommait Léonard Violet – conseiller municipal de Vaugirard, entrepreneur ambitieux et promoteur avant l'heure. Avec Alphonse Letellier, son associé, il acheta en 1824 un vaste quadrilatère dans la plaine de Grenelle, allant de la Seine à (l'actuelle) rue de la Croix-Nivert. Il fonda une société (la Compagnie des Entrepreneurs) dont les nombreux associés appartenaient à différents corps du bâtiment (maçons, plombiers, charpentiers, couvreurs...). Puis il quadrilla le terrain et le découpa en lots. Dessus, il fit bâtir des maisons cossues pour les bourgeois, des habitations plus simples pour les ouvriers et les artisans, une église, une mairie et un théâtre et même une gare d'eau.
C'est à peu près à la même époque que sortirent de terre les quartiers Poissonnière, François-Ier et de l'Europe. Mais Violet a préféré investir *extra-muros*. Son choix était mûrement réfléchi : en dehors de Paris, les terrains étaient peu coûteux à l'achat, il n'y avait pas ou peu d'impôts fonciers ni d'octroi sur les matériaux de construction, et surtout pas de règles d'urbanisme contraignantes.
Le 27 juin 1824, on procéda en grande pompe au lancement des travaux du nouveau quartier de Beaugrenelle. Il y eut une joute nautique, une course en sac, une distribution aux pauvres, un discours, un buffet et, clou de la fête, le couronnement d'une rosière qui reçut en récompense de sa vertu une dot de 1 500 francs (une somme considérable à l'époque, surtout en regard du prix que Violet et Letellier avaient acheté les terrains : un franc le mètre carré). La rue de la Rosière rappelle cet événement.
Le 13 mai 1829, une brouille éclata au sein du conseil municipal de Vaugirard à cause d'une banale histoire de réverbères. Ce n'était pas

La demeure de Violet entre 1824 et 1830. Dessin de Gendre. (Bnf)

la première fois que Beaugrenellois et Valgirardiens se querellaient. Ceux de Beaugrenelle en avaient assez de devoir toujours rendre des comptes. Ceux du vieux bourg de Vaugirard voyaient avec jalousie et inquiétude se développer à leurs portes un quartier tentaculaire. Les Beaugrenellois demandèrent leur autonomie, contre l'avis des Valgirardiens. Louis-Philippe trancha, le 22 octobre 1830, ménageant la chèvre et le chou : oui à l'indépendance du nouveau quartier, à condition qu'il se nomme plus modestement Grenelle tout court. Des manufactures se fixèrent dans la jeune bourgade : fabrique de fer, taillanderie, batteur d'or, fabrique de platine, de poudre de chasse, d'encre, de cirage, de bitume, de tonneaux et de cordes pour instruments de musique... Cependant, le développement de la cité-champignon ne fut pas à la hauteur des espoirs de Léonard. Trois raisons à cela. Une crise économique d'abord, qui secoua le pays tout entier à la fin du règne de Charles X (1830). Ensuite l'ouverture des canaux Saint-Martin et Saint-Denis (percés en 1825 et 1826) permit aux bateaux de couper une boucle de la Seine mais désertifia le port de Grenelle, sur lequel Violet avait beaucoup misé. Enfin, tout n'était pas rose dans la ville nouvelle. Malgré l'installation de trois bornes-fontaines à partir de 1832, la commune avait en 1856 la réputation d'être fort insalubre. Le *Guide du promeneur et des environs de Paris* affirmait « que les eaux croupissantes de savon et de toutes les influences délétères donnaient la malaria aux touristes qui s'y aventuraient ».

L'annexion, vécue comme un désastre par la jeune commune, lui apporta pourtant le tout-à-l'égout. Le véritable essor du quartier s'amorça en 1865. Il reste aujourd'hui bien peu de témoignages du Grenelle d'antan car une nouvelle vague spéculative l'a totalement transfiguré au XXe siècle. Son passé se révèle cependant à la lecture d'un plan du quartier : les rues forment ici le plus vaste canevas orthonormé de Paris. Elles se croisent et se coupent avec une rare régularité et parlent en filigrane de cette opération spéculative d'une ampleur exceptionnelle, de cette petite ville suburbaine née d'une initiative privée.

1

2

3

4

1. 27, rue du Commerce.

2 et 4. 32, rue du Commerce.

3. Bel immeuble, rue du Théâtre.

Grenelle

Durée : environ 1h30

➨ Départ au métro Dupleix. Longez le viaduc du métro jusqu'à la rue Violet.

Jusqu'au XIXe siècle, des champs, plus exactement des garennes, s'étendaient ici à perte de vue. Car les lièvres adoraient creuser leurs terriers dans le sable alluvionnaire jaune et fin qui recouvrait la plaine. Le nom de Grenelle dérive de Garanella, signifiant « petite garenne ». Mais les lièvres ne furent pas les seuls à fouailler en profondeur le sable de Grenelle ! À l'emplacement du no 1 de la rue Violet, des petits malins construisirent un tunnel menant au 8, place Dupleix, juste de l'autre côté du mur des Fermiers généraux (matérialisé aujourd'hui par le viaduc du métro) afin d'échapper à l'octroi. Ce ne fut ni le premier, ni le plus long des souterrains (le record en la matière reliait le 29 de la rue Duméril au 103 du boulevard de l'Hôpital, 13e, et mesurait 208 mètres. On ne le découvrit que lors de la démolition de l'immeuble dans lequel il débouchait).

➨ Longez encore le métro jusqu'à la rue du Commerce, dans laquelle vous vous engagerez.

Son nom parle pour elle. Dès la création de Grenelle, cette artère était LA grande rue commerçante du village, à peine concurrencée par la rue de la Croix-Nivert. Les maisons qui la bordaient initialement possédaient déjà presque toutes une boutique au rez-de-chaussée. Leur architecture est simple, juste relevée de temps à autre par quelque mascaron discret ou par une moulure ovale façon « médaillon ». L'enseigne du no 27 (« Grde Crèmerie de Grenelle ») évoque l'époque lointaine où les Parisiens venaient s'approvisionner en lait, beurre et crème fraîche auprès des « laitiers nourrisseurs » des communes suburbaines. La rue du Commerce retentissait jadis des cris racoleurs des marchands en longue blouse. Les garçons bouchers tapaient dans leurs mains sur le pas de leur porte, vantant leurs entrecôtes et leurs chapelets de saucisses. Bazars, quincailliers, tailleurs, herboristes, épiciers, boulangers, tripiers, bijoutiers... Tout cela produisait une animation autrement plus pittoresque qu'aujourd'hui, où seules les périodes de soldes font mollement frétiller les devantures des magasins de vêtements.

➨ En descendant la rue du Commerce, vous croiserez sur la gauche la rue Letellier (son nom vous dit quelque chose, si vous avez lu l'introduction...) et sur la droite la rue Frémicourt.

C'était le nom du dernier cultivateur de la plaine de Grenelle, avant qu'elle

1. 18, rue Gramme.

2. La mairie de Grenelle.

3. Le kiosque de la place du Commerce.

4. Impasse de l'Église.

5. L'église Saint-Jean-Baptiste.

ne soit achetée par Violet. M. de Frémicourt y avait implanté la culture du soja.

➨ Tournez à gauche dans la rue du Théâtre.

Au bout, à l'intersection de la rue de la Croix-Nivert et de la rue Meillac, se dresse un bâtiment à l'affectation assez mystérieuse. C'est ce qui reste du théâtre de Grenelle, après maintes transformations. Sa façade a bien changé. Envolés les pilastres doriques et les niches ornées de héros mythologiques ! Ouvert en 1828, il était la fierté de Léonard Violet qui le considérait comme « son » théâtre. Il offrait 800 places alors que la population du quartier n'excédait pas 8 000 âmes. On y donnait trois fois par semaine des spectacles variés, dans des conditions très réglementées : « Aucun spectacle ne doit commencer avant que le réservoir ne soit rempli d'eau. Il est défendu de fumer dans la salle et d'avoir le chapeau sur la tête pendant que la toile est levée. Nul ne doit occasionner de troubles ni se livrer à des huées ou des clameurs. » Un projet d'éclairage de ses abords provoqua la brouille irréconciliable qui conduisit à la séparation en 1830 des communes de Vaugirard et de Grenelle.

➨ Tournez à droite dans la rue Gramme...

... En admirant les doubles portes côté pair, quasiment toutes identiques, qui témoignent d'une construction homogène de la rue.

➨ Revenez dans la rue du Commerce puis aventurez-vous dans la place homonyme. Contournez le pavillon du fond pour lui faire face, dans la rue Violet.

Cette coquette bâtisse fut, entre 1841 et 1860, le siège de la mairie de Grenelle. N'est-elle pas attachante, avec son jardinet et son platane planté au milieu ? Elle est devenue maison des Associations du 15e arrondissement.

La rue Violet, la voie résidentielle de la commune, était bordée de demeures cossues avec jardin, propres à attirer les familles bourgeoises.

➨ Revenez sous l'ombre des marronniers de la place du Commerce vers la place Étienne-Pernet.

À l'angle de la rue du Commerce et de celle des Entrepreneurs subsiste un toit en tuiles anciennes sur lequel dorment deux chiens assis. L'église du nouveau quartier fut consacrée à saint Jean-Baptiste, l'un des prénoms de Violet. La première pierre fut posée en 1828, lors d'une solennelle cérémonie, par la duchesse d'Angoulême et Mademoiselle, fille du duc de Berry. (En son honneur, une des voies menant à l'église reçut le nom de Mademoiselle.) Le quartier étant en plein chantier et les rues non encore pavées, le cortège des officiels dut cheminer sur des planches afin de ne pas patauger dans les boues et les fondrières.

➨ Visitez l'église, si vous le souhaitez, puis rejoignez la rue de l'Église. Un coup d'œil dans l'impasse de l'Église pour savourer une enfilade de maisonnettes au crépi saumon et aux volets vert olive puis poussez le portillon du square Violet.

Au centre de sa ville, Léonard s'était évidemment réservé un immense terrain pour y édifier son hôtel particulier. Il n'en profita que très brièvement car un revers de fortune le contraignit, en 1827, à abandonner son château

1

2

3

1. Le château Violet devenu caserne.

2. À l'entrée de la caserne…

3. Le moulin de Javel en 1780. Dessin de F. Hoffbauer. [Bnf]

pour emménager dans une maison, dans la rue qui portait déjà son nom. Le château Violet fut recyclé en pensionnat pour jeunes filles puis en caserne de pompiers en 1860. Il vous tourne le dos, « avalé » par la caserne. Ce square est ce qui reste du parc. En sortant près du terrain de jeu, on aperçoit l'avant du pavillon, à l'ornementation plus recherchée.

➨ Par la rue des Entrepreneurs, à gauche, dirigez-vous vers la place Charles-Michels, puis suivez l'avenue Émile-Zola jusqu'au port de Javel (le bus 88 vous y mènera sans fatigue).

Au XVe siècle encore, le fleuve non endigué était plus large qu'aujourd'hui et ses rives marécageuses et submersibles. Au fil des crues et des décrues saisonnières se formaient des îles éphémères nommées javeaux ou javetz. Entre les joncs et les roseaux pullulaient les grenouilles que les habitants du coin capturaient, pour changer de l'ordinaire. La seule demeure des environs était la maison du passeur du bac de Javel. Au XVIIe siècle, un moulin à vent vint se poser, tel un phare, à la lisière de cette zone amphibie (précisément à l'emplacement de l'actuel parc André-Citroën). Ce moulin faisait aussi guinguette, comme tous les moulins de l'époque, et l'on venait y déguster le dimanche une omelette, une friture et des écrevisses de la Seine, copieusement arrosées d'un clairet de Vaugirard ou de Suresnes. Le moulin de Javel était l'asile des baigneurs, des pêcheurs, des canotiers et des couples redoutant les indiscrétions de la ville.

En 1777, le comte d'Artois, frère de Louis XVI, y installa une manufacture de produits chimiques d'où sortait de l'acide sulfurique, de l'acide nitrique, de l'esprit-de-sel (mélange distillé d'acide sulfurique et de sel marin), de la céruse, de l'alun puis de l'hypochlorite de potasse, plus connu sous le nom d'eau de Javel.

➨ Avancez-vous légèrement sur le pont Mirabeau pour observer le pont et le port de Grenelle.

Afin de relier le nouveau quartier de Beaugrenelle à l'extérieur, il fallait une gare d'eau et un pont. Un premier pont en bois fut construit en 1825-1827. On pouvait l'emprunter après s'être acquitté d'un péage, destiné à amortir les frais de sa construction par la Compagnie des Entrepreneurs. La Ville de Paris racheta le pont en 1865 mais le péage persista jusqu'en 1874, date à laquelle fut jeté sur le fleuve un nouveau pont en fonte de six arches, reprenant les appuis précédents.

➨ Ici s'achève cette promenade dans ce qui fut le rêve de Léonard. Libre à vous de poursuivre la détente dans le parc André-Citroën. Sinon, la station de RER Javel-André-Citroën vous tend ses rails.

Un petit creux ?

La plus belle halte du quartier est le ***Café du Commerce*** *(51, rue du Commerce, tél. 01 45 75 03 27). Le bouillon qui réchauffait dans les années 1920 le cœur et le ventre des ouvriers de l'industrie automobile est devenu une superbe brasserie.*

Bois de Boulogne
Hippodrome d'Auteuil
Place de la Porte d'Auteuil
Lycée Molière
Maison de Radio-France
Hôpital Sainte-Périne
Parc André-Citroën
Hôpital européen Georges-Pompidou
Square Carlo-Sarrabezolles
16e
15e
SEINE
Ranelagh
Jasmin
Porte-d'Auteuil
Michel-Ange-Auteuil
Église-d'Auteuil
Mirabeau
Chardon-Lagache
Michel-Ange-Molitor
Exelmans
Porte-de-Saint-Cloud
Javel-André-Citroën
Bd-Victor
Pont du Garigliano
Place Claude-François
Rue du Ranelagh
Rue de l'Assomption
Avenue Mozart
Rue Davioud
Rue des Vignes
R. des Marronniers
Rue des Bauches
Rue de Boulainvilliers
Av. A.-Hébrard
Av. du Gal-Dubail
Av. Léopold-II
Av. du Recteur-Poincaré
Rue Gros
Rue La-Fontaine
Rue Ribera
Rue de la Source
Rue George-Sand
Avenue Théophile-Gautier
Rue Félicien-David
Rue Degas
Av. Perrichont
Sq. H.-Paté
Rue de Rémusat
R. Leconte de Lisle
Rue Donizetti
R. Girodet
Rue Poussin
Rue d'Auteuil
R. Géricault
R. Isabey
R. du Buis
Rue Wilhem
R. N.-Diaz
Rue Mirabeau
Rue Molitor
Rue Boileau
Av. de Rouvray
Villa Molitor
Rue Chardon-Lagache
Avenue de Versailles
Quai Louis-Blériot
Voie express Georges-Pompidou
Boulevard Exelmans
Rue de Musset
Rue Jouvenet
Rue Van-Loo
Rue C.-Lorrain
V. Cheysson
V. Meyer
V. Monnin
Rue Ch.-Marie-Widor
R. Parent-de-Rosan
Rue Michel-Ange
Rue du Général-Delestraint
Rue de Varize
Rue de Civry
Boulevard Murat
Rue Chanez
Rue Erlanger
Rue Daumier
Rue C.-Tellier
Rue Le Marois
Rue Terrasse
Rue Gudin
Quai Saint-Exupéry
Quai d'Issy-les-Moulineaux
Pont du Garigliano
Bd du Général-Martial-Valin
Rue du Pr.-Florian-Delbarre
Rue Leblanc
Rue de la Montagne-de-l'Espérou
Rue Balard
Rue Cauchy
Quai André-Citroën
Boulevard de Montmorency
Boulevard Suchet
Av. du Maréchal-Franchet-d'Esperey
Av. du Maréchal-Lyautey
Allée des Fortifications
Av. du Square
Avenue des Sycomores
Av. des Tilleuls
Avenue des Peupliers
Rue P.-Guérin
Rue Raffet
Rue Henri-Heine
Rue du Dr-Blanche
R. Bazin
Rue de l'Yvette
R. de la Cure
Rue Jasmin
R. M.-Stevens
Av. Bourdon
Av. de l'Abbé-Roussel
R. F.-Gérard
A. Molière
J. Racine
200 m
N
A
D

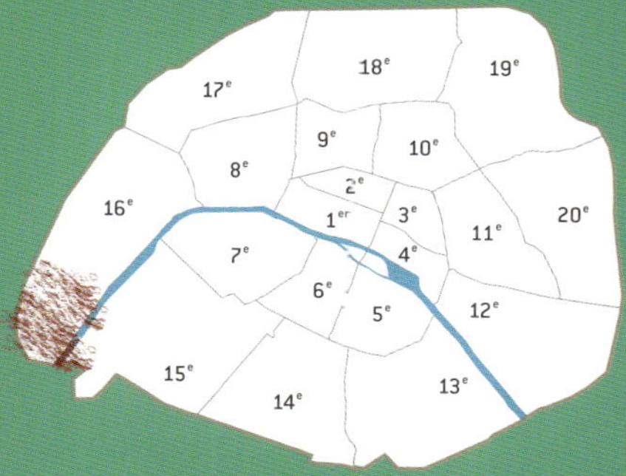

Auteuil

De la porte de Saint-Cloud au métro Jasmin

Auteuil

Duel au point du jour, gibelotte et cachemire

Pourquoi ce village des environs de Paris est-il devenu un haut lieu de villégiature ? Pourquoi les nobles et les riches bourgeois de la capitale se disputaient-ils, au XVIIe siècle déjà, le privilège d'y posséder une résidence secondaire ? Parce que le site cumulait de sérieux atouts : une exposition généreusement ensoleillée sur un coteau orienté sud-sud-ouest ; un joli panorama sur le fleuve, le bois de Boulogne à trois tours de roue de carrosse et surtout une implantation idéale le long de la route conduisant à Versailles. On pouvait y faire halte avant de plonger dans le brouhaha de la Cour ou après, pour s'en remettre. Une douzaine de vastes propriétés aristocratiques se sont ainsi implantées dans le hameau rural d'Auteuil entre les XVIIe et XVIIIe siècles. Il n'en reste qu'un contour fantomatique devenu le périmètre de villas ou de hameaux construits à partir des années 1830. Puis les nobles furent rejoints dans leur campagne par des bourgeois et des artistes qui, s'ils n'avaient pas les moyens de s'offrir un château, louaient des demeures plus modestes, fondues en série dans les années 1880, dans un même moule : « carrées, hautes de deux étages, avec des jalousies peintes en vert, des portes à claire-voie, un banc de gazon à côté de la porte et un berceau de verdure sur le second plan » (cette description est signée Albéric Second, chroniqueur sous le Second Empire). Seul le traitement des façades les différenciait : style médiéval, cottage, rococo...

Le village s'étalait le long de la grand-rue (actuelles rues de Rémusat et d'Auteuil), qui partait de la Seine et filait jusqu'au bois de Boulogne. L'hiver, il vivait tranquillement, rythmé par l'angélus. Quelque 500 Auteuillois, habitants permanents, s'activaient entre les vignes à sarcler, les terres à labourer, les carrières à exploiter, les tuiles à mouler... Aux premiers beaux jours, ils voyaient revenir, en même temps que le coucou et les primevères, les notables parisiens et leur cortège obligé de cuisiniers, palefreniers, cochers et valets.

Quand la menace de l'annexion se profila, elle déclencha, ici comme dans beaucoup d'autres communes, une franche hostilité. Les Auteuillois « à temps partiel » craignaient une augmentation des coûts des loyers

La rue d'Auteuil vers 1900. (Coll. part).

risquant de devenir prohibitifs pour des « résidences secondaires » tandis que les Auteuillois « pur-sang » redoutaient une perte d'identité. C'est en effet ce qui s'est passé : on a tendance aujourd'hui à placer Auteuil et Passy dans un même panier étiqueté « beaux quartiers ». Une consolation tout de même : Auteuil a miraculeusement gardé intact son côté village sur quelques portions de rues.

1. 57, rue Claude-Lorrain.

2. Gustave Eiffel dans son laboratoire aérodynamique. (Coll. part.)

Auteuil

Durée : 2h30-3h

Départ au métro Porte-de-Saint-Cloud.

Observez l'animation de la place ornée de deux fontaines sculptées par Paul Landowski, qui marquaient l'entrée d'un pavillon des sports et de la chasse à l'Exposition universelle de 1937. Quelques pigeons volètent autour de ces blanches tourelles… Au Moyen Âge, c'étaient des corbeaux qui rôdaient là, attirés par une pitance de choix. Ici se dressaient les fourches patibulaires des abbés de Sainte-Geneviève, seigneurs d'Auteuil. Sous les potences se balançaient les dépouilles d'individus pendus par une justice expéditive. Ici même furent enterrées vivantes, en 1295 et 1302, deux femmes coupables de menus larcins.

Longez la rue Michel-Ange et tournez à droite dans la rue Claude-Lorrain. Suivez-la jusqu'au cimetière d'Auteuil (nº 57) et rassurez-vous : le reste de la balade est nettement plus riant, c'est promis !

Le petit cimetière qui entourait l'église d'Auteuil depuis le XIᵉ siècle a été déplacé ici en 1800. Là reposent d'illustres Auteuillois : Charles Gounod, Hubert Robert, Jean-Baptiste Carpeaux…

Reprenez le fil de la rue Claude-Lorrain et tentez une incursion dans l'avenue Georges-Risler (si le digicode vous le permet).

En guise d'avenue, il s'agit d'une voie de quelques mètres de long qui ouvre sur trois étroites sentes pavées : les villas Cheysson, Émile-Meyer et Dietz-Monin. Les maisonnettes qui les bordent abritaient à la fin du XIXᵉ siècle des ouvriers. La clientèle a bien changé et regarde d'un œil suspicieux les flâneurs s'aventurer dans son paradis.

Gagnez le boulevard Exelmans et engagez-vous dans la rue de Musset.

Au fond, un bâtiment blanc affiche sa vocation : « Laboratoire aérodynamique Eiffel – fondé en 1909 ». La soufflerie d'Auteuil est le plus ancien laboratoire d'essais aéronautiques en état de marche. Eiffel l'a installée là sur les conseils d'un ami qui habitait en face (« Viens donc à Auteuil, c'est la campagne ! ») ; il y travailla jusqu'à sa mort, en 1923. Ce modeste hangar fut le témoin des balbutiements de l'aéronautique. Les constructeurs d'aéronefs s'y pressaient pour faire tester leurs engins dans la « chambre d'Eiffel ». C'est une sorte de tunnel horizontal en forme de sablier. Un collecteur, gueule béante de quatre mètres de diamètre, amène l'air dans une pièce étanche, créant une dépression. À l'autre extrémité, un ventilateur de sept tonnes brasse un souffle de cent kilomètres/heure. Le lieu

1. Médaillon à l'entrée du hameau Boileau.

2. Fantomatique porte du 37, rue Boileau.

se visite à l'occasion de la Fête de la Science ou des Journées du Patrimoine.

➨ Tournez à droite dans la rue Boileau et remontez-la jusqu'au nº 38, entrée du hameau Boileau, site classé et inviolable.

N'espérez pas y entrer, à moins de connaître un résident. De sévères panonceaux vous en dissuadent, relayés si besoin est par un gardien intraitable. Lisez plutôt… Un certain Joseph Lemercier acheta ici en 1838 un terrain qu'il divisa en parcelles articulées autour de carrefours circulaires. Y furent lotis des hôtels particuliers de styles très disparates, évoquant qui une maison hollandaise, qui un chalet suisse, un cottage normand, un palais arabe, un manoir gothique… Le règlement de copropriété, draconien, insistait sur la vocation « de campagne et d'agrément » du hameau et en excluait toute profession bruyante ou répandant des odeurs désagréables ou malsaines. Les commerçants de bouche, les tenanciers de guinguettes et les femmes de mauvaise vie y étaient évidemment *persona non grata*. Notaires, banquiers et bijoutiers s'y sont bousculés, séduits par cet idéal de microsociété sélective, protégée, cernée de nature mais tout près de la civilisation.

➨ Poursuivez lentement le long de la rue Boileau, en savourant cette portion, particulièrement préservée.

Le nº 37 intrigue – fantôme de façade grisâtre au bord de l'évanouissement, retenu dans sa pâmoison par un dossier de béton. Il porte à demi effacé dans un médaillon le nº 17 bis, correspondant à l'ancienne numérotation du village. Il marquait au XVIIIe siècle l'entrée d'un pavillon, aujourd'hui évaporé. Seul demeure son parc… Le cordonnier d'en face connaît un tuyau : pour voir le parc, il faut prendre la première rue à droite (rue Molitor) et glisser un œil par les trous de rouille qui émiettent la palissade de vieilles tôles, au nº 11.

➨ Hop ! c'est fait, revenez rue Boileau.

Le nº 26 est l'adresse d'un immeuble moderne. En 1685, c'était celle du poète Nicolas Despréaux dit Boileau, qui recevait dans sa maisonnette ses amis, dont Lully, La Fontaine et Racine, qui venait en voisin. Retiré à Auteuil pour y soigner son asthme, Boileau aimait tout particulièrement goûter au calme de son jardin, où il fit planter un des premiers marronniers d'Inde. Il consacra l'une de ses épîtres à son jardinier :

« Antoine, gouverneur de mon jardin d'Auteuil, / Qui diriges chez moi l'if et le chèvrefeuil, / Et sur mes espaliers, industrieux génie, / Sais si bien exercer l'art de la Quintinie ; / Oh ! que de mon esprit triste et mal ordonné, / Ainsi que de ce champ par toi si bien orné, / Ne puis-je faire ôter les ronces, les épines, / Et des défauts sans nombre arracher les racines ! »

De nombreuses sources furent captées à Auteuil et leurs eaux ont eu leurs adeptes, sans jamais atteindre pourtant la notoriété de celles de Passy. Copieusement minéralisées (plus que leurs voisines de Passy), elles jaillissaient de quatre sources (Saint-Joseph, La Fontaine, Montmorency et Quicherat) et s'avéraient souveraines contre les maux d'estomac.

Dans les années 1820-1830, les mondains en petite forme venaient se refaire une santé au nº 16, dans

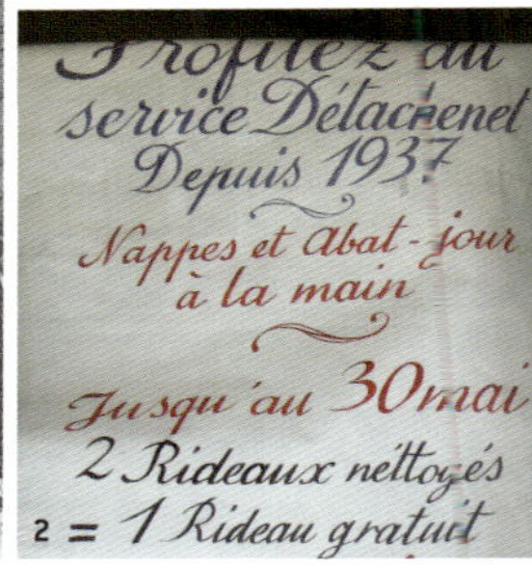

1. Entrée de la villa Montmorency. (Coll. part.)

2. Sur la vitrine de la blanchisserie du 3, rue Girodet.

3. Façade sur jardin de l'hôtel de Verrières.

4. Mansarde à poulie du 19-21 de la rue d'Auteuil.

5. 40, rue d'Auteuil.

un établissement d'hydrothérapie. Parmi les curistes les plus illustres figurent Victor Hugo, les Goncourt, Carpeaux, le prince Napoléon et Alexandre Dumas. L'ancien pavillon thermal est aujourd'hui invisible, englobé dans le centre médical Édouard-Rist (au n° 16).
Sur la façade latérale du n° 15, un cadran solaire en bois se laisse admirer.

➨ La rue Boileau butte sur la rue d'Auteuil. Tournez à gauche puis à droite dans la rue Donizetti pour déboucher dans la rue Poussin.
À la hauteur du n° 10 jaillissait la source Montmorency. La malheureuse était si chargée en soufre qu'il était impossible de l'approcher sans se pincer le nez. Boudée, elle fut ensevelie. Au n° 12 se trouve l'entrée de la villa Montmorency, enclave dorée d'environ dix hectares, interdite d'accès aux promeneurs, à l'image du hameau Boileau. C'est d'ailleurs le même architecte, Charpentier, qui traça ses allées et plaça au milieu du rond-point central une fontaine en grès rose des Vosges. De l'ancienne propriété de madame de Boufflers, maîtresse du prince de Conti au XVIIIe siècle, il ne reste qu'un portique à colonnes ioniques, qui était un élément d'une des nombreuses fabriques du parc (au 12, avenue des Tilleuls).

➨ Bifurquez dans la rue Girodet.
Un regard au n° 3, sur la devanture de la teinturerie de la Villa, désuète à souhait, qui affiche des réclames soigneusement calligraphiées à l'ancienne sur un bandeau de papier.

➨ Traversez le carrefour et avancez jusqu'au 3 de la rue Michel-Ange. Suivez les scientifiques qui s'engouffrent dans le bâtiment du CNRS et postez-vous dans le hall en verre, à la lisière des portiques.
À gauche, dans le parc, la façade blanche d'un hôtel particulier, le joyau d'Auteuil. Il fut construit en 1715 pour une cantatrice de l'Opéra, Mlle Antier. Elle y donnait des fêtes somptueuses et y recevait ses amants. Puis l'hôtel passa en 1752 entre les mains de deux sœurs, les demoiselles Rainteau de Verrières, séductrices et comédiennes. Au fond du grand parc, elles firent bâtir un théâtre de 400 places où l'on jouait des pièces inédites ou interdites dans les théâtres publics. Demandez éventuellement à l'hôtesse la permission de pénétrer quelques instants dans le parc pour mieux voir l'hôtel.

➨ Revenez sur le carrefour et engagez-vous dans la rue d'Auteuil.
À la hauteur du n° 43-47, un panneau évoque l'histoire de l'hôtel de Verrières, que vous venez de voir. Cherchez ensuite le n° 40.
C'est bien ça : une auberge à l'enseigne du Mouton Blanc. Boileau et ses amis (Molière, Racine, La Fontaine…) y faisaient ripaille.

➨ Remontez la rue à contre-courant des numéros.
Les nos 35, 29, 25, 21 et 19 sont apposés sur des maisons anciennes, certaines encore dotées de mansardes à poulies (destinées à hisser les objets lourds ou encombrants qui ne pouvaient emprunter les escaliers étroits). Entre la place Jean-Lorrain et l'église d'Auteuil, la rue d'Auteuil – grand-rue du village – a gardé quasiment intacte sa physionomie du XVIIIe siècle. Elle s'incurve un peu et s'élargit en placette,

1. Manufacture Ternaux. (Coll. part.)

2. Rue du Buis.

3. Mausolée du chancelier d'Aguesseau.

4. Blason de la Ville de Paris apposé sur... l'église.

à la hauteur du 11 bis. Les grappes de jeunes qui pausent là se doutent-ils de ce qui se tramait dans ce bâtiment devenu le lycée Jean-Baptiste-Say ? Des complots ? Non ! du cachemire ! Le sieur Ternaux, manufacturier du textile célèbre pour ses châles, y installa en 1804 une teinturerie. Dans le parc attenant, il fit brouter des moutons et des chèvres originaires du Tibet, dont il utilisa la laine pour fabriquer du cachemire, aussi doux que celui tissé aux Indes. De l'ancienne manufacture Ternaux, il ne reste que le pavillon central et la cour d'honneur.

➨ Longez la rue du Buis sur le trottoir de droite pour admirer ses façades à mascarons.

Sur le nº 4, une plaque signale qu'Olympe de Gouges, « femme de laître » comme l'indiquait son passeport, mais aussi militante pour la libération de la femme et l'abolition de l'esclavage, vécut là avant la Révolution. Elle y couva des idées à l'époque avant-gardistes, telles que le droit de vote pour les femmes, l'instauration du divorce, la reconnaissance des enfants nés hors mariage... Ce fut dans cette maison que six hommes armés de piques vinrent l'arrêter, un soir de 1793, après l'envoi d'une lettre à Robespierre, où elle lui proposait de se jeter dans la Seine avec elle. Condamnée par le tribunal révolutionnaire, elle finit sur l'échafaud.

➨ La rue du Buis vous mènera vers l'église Notre-Dame-d'Auteuil.

Vous voici sur la place du village. À la place de l'hôpital Chardon-Lagache se trouvait l'ancienne mairie d'Auteuil, installée là de 1790 à 1844. L'église était, conformément à la coutume, flanquée d'un cimetière. Celui-ci étant devenu trop petit, il fut transféré en 1793 à sa place actuelle. Ce transfert s'opéra en pleine tourmente révolutionnaire et des tombes à particule furent profanées, dont celle du chancelier d'Aguesseau et de son épouse. En 1800, le maire d'Auteuil retrouva les ossements du couple et le Premier Consul ordonna qu'ils soient ensevelis à leur place d'origine, ce qui explique la présence de cet obélisque de porphyre rose aux bords émoussés, mausolée rescapé du cimetière d'Auteuil.
La première église d'Auteuil sortit de terre en 1319, ici même. Elle fut totalement reconstruite, en plus grand, en 1877, contre l'avis de la municipalité, anticléricale. Le curé de l'époque, l'abbé Lamazou, déploya toute son énergie, apporta même ses propres deniers pour accélérer l'érection du nouveau sanctuaire. Il dut néanmoins accepter la présence sur le flanc de l'édifice d'un blason aux armoiries de la Ville de Paris auréolé d'étoiles (au lieu des traditionnelles fleurs de lys).

➨ Vous verrez ce blason en descendant la rue Wilhem, anciennement sente des Arches, qui reliait le village à la Seine. Au-delà de l'avenue de Versailles, portez-vous sur le quai Louis-Blériot.

Oubliez le quai bétonné et la voie rapide et imaginez-vous sur le chemin de halage. Il longeait le fleuve de ce côté-ci et non en face car la rive gauche était un véritable marais et la Seine trop peu profonde. Une double bénédiction pour les riverains : les marchandises arrivaient à leur porte et la présence du câble de halage interdisait toute construction entre leur villa et le fleuve. Batobus

1. Quai Louis-Blériot.

2. La Seine et l'embarcadère de Saint-Cloud. (Coll. Parigramme)

3. Aux orphelins apprentis d'Auteuil, 40, rue La Fontaine.

4. Œuvre des orphelins apprentis d'Auteuil. Fête gymnastique et militaire, 1912. (Coll. part.)

avant l'heure, des coches d'eau (ou galiotes) reliaient à la capitale les villages en amont et ce, dès le XVIIe siècle. C'était pratique mais qu'est-ce que c'était lent, surtout quand il fallait remonter à contre-courant ! L'arrivée des bateaux à vapeur en 1829 fut largement appréciée. L'embarcadère d'Auteuil se trouvait au niveau du pont du Garigliano qui se détache là-bas, au loin, à main droite, dans un lieu-dit du Point-du-Jour.
Le Point-du-Jour était au XIXe siècle un point de rendez-vous des promeneurs du dimanche, avec guinguettes au garde-à-vous et musette populaire. Tonnelles, stands de tir, matelotes, fritures, vin de Bourgogne et picolo à un franc le litre, rien ne manquait à la noce, pas même les gibelottes (ragoût de lapin au vin blanc) !
Les lapins pullulaient dans les excavations des carrières, formant des terriers de choix. Ils étaient une calamité pour les cultivateurs et les vignerons ; une bénédiction pour les tenanciers de guinguettes. Ces baraquements fragiles furent emportés par les terribles inondations de janvier-février 1910, ce qui décida enfin l'administration à construire un quai surélevé.

➨ Longez le quai vers l'est puis bifurquez dans la rue Degas, puis encore tout droit avenue Perrichont et avenue de l'Abbé-Roussel, jusqu'à la rue La Fontaine.

Le territoire que vous venez de traverser était réservé aux troupeaux. La zone était en effet trop inondable pour y construire des maisons.
En janvier 1910, l'eau s'y est aventurée sur trois mètres de haut. Depuis, le débit du fleuve a été régulé et les quais surélevés, ce qui a permis au début du XXe siècle l'édification de ces immeubles aux façades richement décorées.
Avant de s'appeler rue La Fontaine, en hommage au fabuliste, cette voie se nommait chemin de la Fontaine car il servait souvent de lit à un ruisseau qui débordait facilement et ne fut canalisé qu'en 1766.
Va-et-vient incessants au no 40. Chariots, ballots, carrioles… Un jardin, une église, une boutique, des ateliers… Mon tout est l'Œuvre des orphelins apprentis d'Auteuil. Un soir de l'hiver 1865, l'abbé Louis Roussel recueillit un jeune vagabond qui fouillait dans une poubelle. Huit jours plus tard, il y en avait six dans sa chambre. Il acheta au 40, rue d'Auteuil une masure délabrée et y installa ses « enfants ». Les nourrir et leur enseigner le catéchisme ne suffisait pas ; il devait aussi leur apprendre un métier. Il créa donc dès 1871 des ateliers : mécanique, menuiserie, cordonnerie, électricité, plomberie, reliure, imprimerie… C'est ce dernier qui fit la célébrité de l'institution car les bonnes familles prirent l'habitude d'y passer commande pour leurs faire-part. Aujourd'hui, la boutique de fripes comme la brocante, alimentées par des dons, sont un must pour les chineurs et le restaurant d'application une manne pour les gourmands (voir « Un petit creux ? » p. 170).
Au no 25, à l'emplacement de la villa Patrice-Boudard, se trouvait la Grande Vacherie d'Auteuil qui livrait du lait frais à tout Paris. Les poitrinaires prenaient pension dans des chambres situées en aplomb des étables afin de profiter des bienfaits reconstituants de la chaleur animale.

➨ Au bout de la rue La Fontaine,

1, 2, 3 et 4. Parc du couvent du 17, rue de l'Assomption.

Un petit creux ?

*Le **restaurant d'application Sainte-Thérèse**, au sein de l'Œuvre des orphelins apprentis d'Auteuil, est ouvert du lundi au vendredi de 12h à 13h15 et le jeudi soir. Réservation au 01 44 14 73 88. Le week-end, rabattez-vous sur **Le Clocher du village** (8 bis, rue Verderet, tél. 01 42 88 35 87), halte à mi-chemin de la balade, sur la place de l'ancien village d'Auteuil.*

tournez à gauche dans la rue de l'Assomption.

Au passage, saluez de loin la Maison de Radio-France, construite sur les ruines d'une usine à gaz. Rasés les gazomètres et les six cheminées gigantesques, aplanis les terrils... Une usine à gaz d'un genre nouveau a chassé la précédente.

La rue de l'Assomption (anciennement rue des Tombereaux) délimitait jadis les territoires d'Auteuil et de Passy.

Au nº 17, sonnez, entrez et demandez à la dame de l'accueil la permission de vous recueillir un instant dans la chapelle. Parions qu'elle vous l'accorde. Traversez le parloir en vous imprégnant de cette odeur si caractéristique des maisons religieuses – mélange d'encaustique, de cire, de linge fraîchement repassé et d'extrême propreté. Une porte encore, et le parc est à vous (la chapelle est dans l'allée de gauche). Posez-vous sur un banc pour écouter l'histoire de ses arbres. Le sol argileux dans lequel ils s'enracinent avait attiré au XIIIe siècle une fabrique de tuiles.

En 1782, elle fut remplacée par un château que s'offrit le marquis de la Tour du Pin-Gouvernet. Il était si isolé et si parfaitement camouflé par l'épaisseur des frondaisons qu'on le surnomma le « château invisible ». Le domaine de cinq hectares fut vendu en 1855 aux religieuses Augustines de l'Assomption qui plantèrent dessus, à côté du château, un monastère de style gothique où elles installèrent un pensionnat pour jeunes filles.

Elles furent chassées en 1906 à la suite des lois sur les congrégations, les bâtiments détruits en 1927 et la majeure partie du parc loti. Quand les sœurs de l'Assomption revinrent dans leur maison-mère en 1953, elles ne retrouvèrent qu'un bâtiment annexe au nº 17 et ce jardin-ci.

➨ Reprenez votre bâton de pèlerin et gagnez *via* la place Rodin l'avenue Mozart. Puis dirigez-vous vers votre terminus, la station de métro Jasmin.

À l'angle de la rue de la Cure et de l'avenue Mozart, le propriétaire du terrain qui cherchait en 1628 une source pour ses vignes du coteau en trouva une. Son eau fit mourir les poissons d'un vivier et le vigneron ne put en abreuver ses ceps mais on la recommanda contre toutes sortes d'affections : rétention d'urine, jaunisse, ulcère des reins... La source tomba dans l'oubli plusieurs siècles durant avant d'être « redécouverte » en 1842 par le docteur Quicherat. Celui-ci fit analyser « son » eau par la faculté des sciences qui la qualifia de « ferrugineuse, vitriolique [chargée de sulfates] et sulfureuse », riche en chlorure de soude et de magnésie. Le bon docteur claironna aux quatre vents ses vertus toniques, reconstituantes et diurétiques : « Elle éveille l'appétit, guérit la chlorose et active les fonctions digestives ! » Il vendit l'eau en bouteilles ; la source Quicherat en débitait 150 000 par an, emportées par des chars à bœufs vers une clientèle choisie ou consommées sur place. Quicherat fit même fabriquer des pastilles, comme à Vichy ! La source débita jusqu'en 1894, puis les travaux du métropolitain lui furent fatals.

➨ Le métropolitain Jasmin vous attend, au t(h)erme de cette promenade à Auteuil.

Rue Saint-Didier
Rue des Belles Feuilles
Avenue R.-Poincaré
Av. Kléber
Trocadéro
Place du Trocadéro
Palais de Chaillot
Jardins du Trocadéro
Av. G.-V.-de-Suède
Av. A.-de-Monaco
Avenue de New York
SEINE
7e
Quai Branly
Rue de Longchamp
Avenue d'Eylau
Rue Herran
Rue des Sablons
Rue Greuze
Lycée Janson-de-Sailly
Rue de la Pompe
Rue Decamps
Avenue Georges-Mandel
Cimetière de Passy
R. du Cdt Schlœsing
Rue Benjamin-Franklin
Rue Vineuse
Square du Trocadéro
Rue Pétrarque
R. Le Tasse
R. Le Nôtre
Rue-de-la Pompe
Rue Scheffer
Av. de Camoëns
R. Chardin
R. Beethoven
Boulevard Delessert
Bir-Hakeim
Rue Gal-Langlois
Villa Souchier
Rue E.-Delacroix
Mairie du 16e
Rue Louis-David
R. Bellini
16e
Place du Costa-Rica
Passy
Rue de la Tour
Rue Cortambert
Avenue Paul-Doumer
Rue de l'Alboni
Square Alboni
Pont de Bir-Hakeim
Pass. des Eaux
Rue des Eaux
R. C.-Dickens
Av. Frémiet
Av. R.-Boylesve
Rue E.-Manuel
Rue Desbordes-Valmore
Rue Nicolo
R. Chernoviz
Rue Massenet
Rue Vital
Rue de Passy
Rue J.-Bologne
Rue Raynouard
Av. Marcel-Proust
Avenue du Président-Kennedy
Boulevard Émile-Augier
R. F.-Hélie
R. Guichard
R. Nadaud
R. Ronsard
Rue d'Ankara
Rue de l'Annonciation
Rue Lekain
Rue Duban
Rue Bois le Vent
La Muette
Rue Singer
Av. Col.-Bonnet
Rue Berton
Avenue de Lamballe
Av. du Gal Mangin
Rue du-Dr G.-Sée
Chaussée de la Muette
R. Largillière
Boulainvilliers
Rue de Boulainvilliers
Rue des Vignes
Av. du Pdt-Kennedy-Radio-France
Voie express Georges-Pompidou
Allée des Cygnes
Quai de Grenelle
Boulevard de Beauséjour
Av. Vion-Whitcomb
Rue des Bauches
Rue des Marronniers
Rue du Ranelagh
Maison de Radio-France
15e
Rue O.-Cruz
Avenue Mozart
Rue Davioud
H. de Boulainvilliers
Rue de Boulainvilliers
Ranelagh
Lycée Molière
Rue de l'Assomption
Avenue de Versailles
Rue Gros
Quai A.-Citroën
Av. du Recteur-Poincaré
Av. A.-Hébrard
Avenue Léopold II
Rue La Fontaine
Av. T.-Gautier
Rue Félicien-David
N
200 m

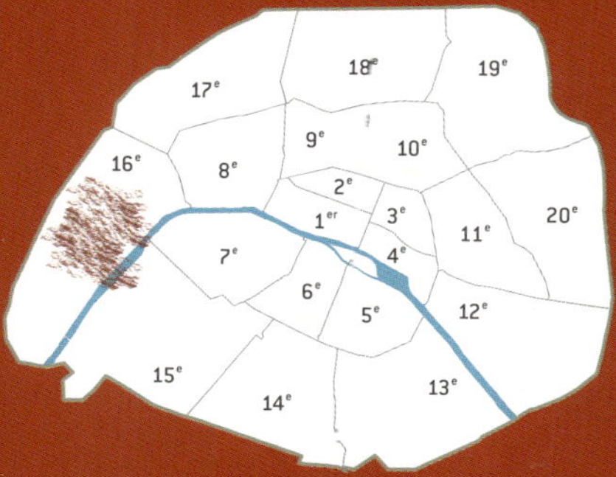

Passy

Du Trocadéro à La Muette

Passy

Un Père Noël, quelques pirouettes et beaucoup de Câlins

Le hameau de Passy s'est formé au XIIIe siècle le long d'une ancienne voie romaine reliant Paris à Saint-Cloud, pile sur la ligne de crête de la colline de Chaillot. En 1493, des moines de l'ordre des Minimes trouvèrent le site à leur goût – la vigne y poussait bien, la vue était divine – ; ils y installèrent leur couvent. Un siècle plus tard, de riches bourgeois de Paris et des aristocrates firent le même constat. Ils achetèrent des terrains en bordure de la grand-rue qu'ils garnirent de propriétés dont les jardins descendaient en terrasse jusqu'à la Seine. Passy devint résidentiel et le resta. Les bourgeois qui n'avaient pas les moyens de s'offrir une demeure fastueuse se rabattaient sur une « folie », maison plus modeste d'architecture fantaisiste. Et celles-ci étaient si nombreuses qu'elles inspirèrent à un conseiller de Louis XVI l'idée d'un impôt : il suggérait de taxer chaque folie par tête, d'homme comme de femme, en excluant les enfants et le curé. Le rapport pouvait atteindre 60 000 livres. Le roi refusa cependant.
L'engouement pour le village se poursuivit au XIXe siècle, d'autant plus qu'on y avait (re)découvert des sources aux multiples vertus. Sous la Restauration (1814-1830), Passy-les-Eaux, qui comptait 1 800 âmes sédentaires, voyait ce chiffre doubler à la belle saison. À chaque printemps, des pancartes fleurissaient sur les façades des maisons : « Appartement meublé à louer ». Les loyers arrondissaient les fins de mois des Passyssiens, nourris le restant de l'année par l'exploitation des carrières ou la vente de leurs cultures (céréales, betteraves et surtout petits pois pour primeurs). Passy était la Croisette des Parisiens, La Baule, Deauville et l'île de Ré avant l'heure… Une villégiature bien fréquentée mais rustique : un seul réverbère à huile, pas d'égout, pas de trottoirs, peu de rues pavées, pas de pompiers, pas de numéros sur les maisons. L'annexion de 1860 eut pour conséquence la modernisation du village. S'il a perdu ses prairies, ses grands domaines et ses châteaux à tourelles, Passy a heureusement conservé ses rues étroites, ses volées d'escaliers et quelques vieilles pierres qui, ici peut-être plus qu'ailleurs, ne sont pas avares d'anecdotes.

Le quartier de Passy en 1850.
Dessin d'Adolphe Varin.
(© Albert Harlingue/Roger-Viollet)

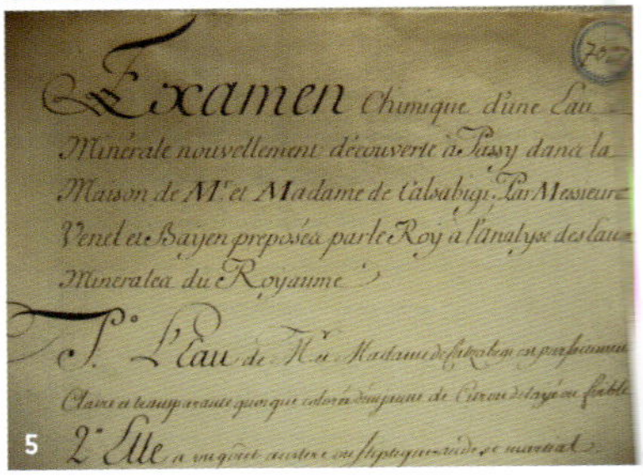

1 et 2. Cimetière de Passy.

3. Entrée de l'établissement thermal vers 1830.

4. Castel néomédiéval du 5, rue Raynouard.

5. Examen chimique de l'eau minérale de Passy.

Balade

Passy

Durée : 2h

➨ Départ au métro Trocadéro. Dirigez-vous vers la sortie « cimetière de Passy », qui vous rend à l'air libre au pied du mur de soutènement du cimetière.

Levez le nez sur ce mur. Avant 1867, la colline de Chaillot était plus haute qu'aujourd'hui. Une plate-forme en calcaire courait jusqu'à la butte de l'Étoile. Le calcaire a été exploité par les carriers et cette partie de la colline arasée pour l'aménagement du Trocadéro. La différence d'altitude entre hier et aujourd'hui est matérialisée par la hauteur impressionnante de ce mur-falaise.

À l'emplacement du musée de la Marine se dressait la barrière Sainte-Marie, où se prélevait l'octroi. Les premières maisons du village de Passy étaient encore loin mais les habitants avaient choisi ce terrain reculé pour y installer leur deuxième cimetière en 1802. Le cimetière d'origine, situé à côté de l'église, était devenu trop petit et insalubre.

➨ Entrez dans le cimetière (accès par la rue du Commandant-Schlœsing).

C'est l'un des plus charmants qui soient. Perché sur sa falaise, il domine l'esplanade du Trocadéro. La tour Eiffel y joue à cache-cache entre les marronniers et les mausolées, plus nombreux que les simples dalles. On s'y perd avec délice en détaillant un à un ces petits monuments privés, reconnaissant ici et là quelques noms familiers. (Pour un recueillement personnalisé, demandez un plan à la conservation, à gauche de l'entrée.)

➨ De retour parmi les vivants, prenez l'avenue Paul-Doumer puis la rue Scheffer et enfin la rue Vineuse, tracée en 1614 sur un clos de vignes. Parvenu sur la place de Costa-Rica, avancez-vous de quelques pas dans la rue Raynouard, pour faire face au nº 5.

Cette rue était déjà entièrement bâtie en 1730. Dans les années 1910-1930, une nouvelle génération de constructions a chassé la précédente. Une seule bâtisse a survécu à ce raz-de-marée : ce castel néomédiéval de briques rouges, engoncé entre deux immeubles de rapport.

➨ Dirigez-vous vers la station de métro Passy et descendez les escaliers pour vous retrouver sous le viaduc du métro. Asseyez-vous éventuellement au pied des marches pour lire ce qui suit.

Vers 1650, à la faveur d'un coup de pioche, on découvrit une source sur une parcelle appartenant à un maître couvreur, approximativement sur la butte qui est à votre droite. On la goûta – en tordant le nez ! – et on l'envoya pour analyse à l'école de médecine. Assurément, ces eaux-là

●●●

1

2

3

1 et 2. Square Charles-Dickens.

3. Façade du couvent des Minimes.

contenaient du fer et du vitriol (sulfates), elles étaient « bonnes à calmer les intempéries chaudes des viscères abdominaux ». Mais le monde, alors, ne s'en souciait guère. La source tomba dans l'oubli. Quelques décennies plus tard, en 1719, l'abbé Le Ragois, confesseur de Mme de Maintenon, découvrit dans son jardin deux autres sources. De nouveau, une fiole fut expédiée à la faculté de médecine qui donna sa bénédiction à l'usage des eaux. L'abbé malin rallia à sa cause les médecins de son temps en leur ouvrant à discrétion la table d'hôte de son établissement thermal, surnommé « la guinguette de la Faculté ». Les professeurs Diafoirus vantèrent à leurs patients la qualité des eaux de Passy, tout à la fois « martiales [ferrugineuses], sulfureuses et balsamiques ; convenant particulièrement pour combattre la chlorose, la leucorrhée, la stérilité des femmes, l'atonie générale et celle des intestins ». Évidemment, pour profiter de cette panacée, il fallait boire cette eau teintée de rouille... Curieux, curistes et spéculateurs investirent les lieux. La station thermale se dota d'un cercle de jeux, d'une salle de bal et d'un théâtre. Pourquoi aller à Spa, Forges, Aix-les-Bains ou Vichy, quand on avait Passy à sa porte ? Il y avait du beau monde dans les salons : Benjamin Franklin qui y soignait sa maladie de la pierre (calculs rénaux) et Jean-Jacques Rousseau sa strangurie (maladie qui se traduit par une miction difficile et douloureuse). Lavoisier, Condorcet, Turgot, Malesherbes, d'Alembert et Boileau y pansaient aussi leurs tracas intimes. Les curistes avaient pour consigne d'exécuter chaque matin, après le verre d'eau bu, une marche sautillante coupée tous les cinq pas d'une pirouette, puisqu'il leur fallait faire un exercice modéré. Le Tout-Paris s'y pressait, et, sous prétexte de prendre les eaux, consommait plutôt du vin.
En 1803, l'homme d'affaires Benjamin Delessert acheta le site et relança l'exploitation des eaux, tarie par la Révolution. L'eau se vendait à la source même. Les malades pouvaient s'en faire expédier par « rouliers » ou s'approvisionner chez les apothicaires dépositaires. Seuls les pauvres « munis d'un certificat de leur curé, de leur médecin ou de leur chirurgien » en recevaient gracieusement à l'entrée du jardin. On pouvait encore trouver des bouteilles d'eau de Passy dans les pharmacies en 1840. Puis la propriété passa aux mains de la baronne Barthold , descendante de la famille Delessert, qui, dans un élan charitable, autorisa en 1900 un accès gratuit à la source. Comme par miracle, l'eau parut perdre ses vertus et les sources furent boudées. Elles finirent par se tarir, sans doute de dépit.

➨ Par la rue Charles-Dickens, rejoignez la rue des Eaux. Au fond s'affiche en guise de clin d'œil le musée du Vin.

Bien avant l'histoire des sources, les frères du couvent des Minimes de Passy avaient eu l'idée, aux XVIe et XVIIe siècles, d'utiliser comme celliers des carrières de calcaire désaffectées pour y faire mûrir leur petit clairet. Les moines apportaient un soin particulier à la vinification de

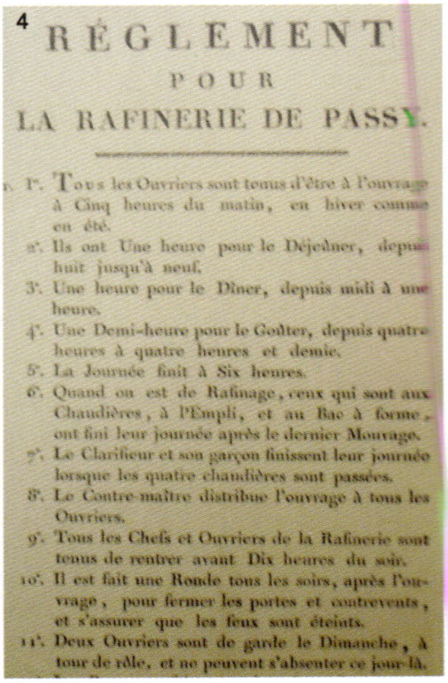

RÉGLEMENT
POUR
LA RAFINERIE DE PASSY.

1°. Tous les Ouvriers sont tenus d'être à l'ouvrage à Cinq heures du matin, en hiver comme en été.

2°. Ils ont Une heure pour le Déjeûner, depuis huit jusqu'à neuf.

3°. Une heure pour le Dîner, depuis midi à une heure.

4°. Une Demi-heure pour le Goûter, depuis quatre heures à quatre heures et demie.

5°. La Journée finit à Six heures.

6°. Quand on est de Rafinage, ceux qui sont aux Chaudières, à l'Empli, et au Bac à forme, ont fini leur journée après le dernier Mouvage.

7°. Le Clarifieur et son garçon finissent leur journée lorsque les quatre chaudières sont passées.

8°. Le Contre-maître distribue l'ouvrage à tous les Ouvriers.

9°. Tous les Chefs et Ouvriers de la Rafinerie sont tenus de rentrer avant Dix heures du soir.

10°. Il est fait une Ronde tous les soirs, après l'ouvrage, pour fermer les portes et contrevents, et s'assurer que les feux sont éteints.

11°. Deux Ouvriers sont de garde le Dimanche, à tour de rôle, et ne peuvent s'absenter ce jour-là.

1. Avenue du Parc-de-Passy.

2. Le passage des Eaux.

3. Rue d'Ankara.

4. Règlement intérieur de la raffinerie Delessert.

leur breuvage quotidien – leur seul plaisir ici-bas. Leur règlement leur imposait en effet un végétarisme strict ; ils n'avaient pas le droit de parler sauf en cas de force majeure et, par humilité, ne changeaient jamais d'habit (dégageant aux dires de leurs contemporains une forte odeur d'huile rance). Paris, qui se plaît toujours à donner des surnoms, appelait ces moines « les Bonshommes » car malgré les nuisances olfactives, ils étaient bons bougres, et les habitants de Passy « les Câlins », en raison de la douceur persistante de leurs mœurs.
La Révolution chassa les moines de Passy. Leurs caves devinrent un temps les « Salons des eaux minérales » puis de nouveau un cellier pour les restaurants de la tour Eiffel avant d'être rachetées en 1984 par la confrérie bachique des Échansons de France qui y installa son musée.

➨ Après un bref regard sur le passage des Eaux (au fond à gauche de la placette, 114 marches bordées de hauts murs), reprenez la rue Charles-Dickens qui vous mènera dans le parc de Passy. Au centre, posez-vous sur un banc.

Parallèlement à l'exploitation de la station thermale, Benjamin Delessert fonda deux autres entreprises : une manufacture de coton et une raffinerie de sucre, qui lui permit de mettre au point un procédé de fabrication de sucre de betterave.
Une véritable innovation ! Une bénédiction pour la France, jusque-là tributaire du sucre de canne venu des colonies et menacé par le blocus anglais. L'Empereur lui-même se déplaça en 1812 pour voir cela. Emballé, Napoléon décrocha séance tenante sa propre croix de la Légion d'honneur pour la fixer sur la poitrine de Delessert, le hissant dans la foulée au rang de baron, bienfaiteur des becs sucrés.
Le domaine de notre baron était immense et pour se rendre de plain-pied de son hôtel particulier à ses manufactures, il fit construire en 1824 un pont suspendu en fil de fer et en chaînes d'une longueur de 52 mètres – le premier jamais réalisé en France. Il reliait l'actuel square Alboni et la rue des Eaux, suivant le tracé de la rue Charles-Dickens.
L'espace vert que vous avez sous les yeux est ce qui reste du parc thermal de Passy, jadis réputé pour la beauté de ses arbres et la qualité de ses essences. Si le sol avait été plus stable, nul doute qu'il aurait été loti, à l'image des parcelles environnantes.

➨ Au milieu du parc, tournez à droite vers la sortie, face à une volée d'escaliers. Bifurquez à gauche dans l'avenue Marcel-Proust pour aboutir rue d'Ankara.

Une guérite au toit d'ardoises et de zinc se dessine, sortie tout droit d'un roman de cape et d'épée.
Derrière les grilles, point de mousquetaires mais la garde rapprochée de l'ambassade de Turquie qui s'est appropriée l'hôtel de la princesse de Lamballe – seule demeure aristocratique de Passy qui nous soit parvenue. L'hôtel fut loué en 1845 par le docteur Esprit Blanche qui y installa une maison de repos pour aliénés. Gérard de Nerval, Charles Gounod et Guy de Maupassant, notamment, y séjournèrent.

1

2

3

4

5

1, 2 et 5. Pittoresque rue Berton.

3. Jardin de la maison de Balzac.

4. Derrière la porte du 43, rue Raynouard.

Escamotée dans un angle, au fond de la rue d'Ankara, s'ouvre la rue Berton.
Étroite, pavée, frangée de murs qui semblent se saluer de la crête, cette sente mérite la palme de la voie parisienne la plus pittoresque. C'était primitivement un chemin qui, des berges de la Seine, montait au sommet des coteaux de Passy à travers les vignobles. À mi-chemin, elle s'élargit et révèle trois trésors : une porte charretière peinte en vert par où Balzac échappait à ses créanciers (voir plus bas), des bornes pare-roues et une grosse pierre sur laquelle s'écharpent les historiens. Les bornes hautes qui jalonnent la rue tous les trois-quatre mètres servaient à isoler les piétons, avant l'apparition des trottoirs. Collés le long du mur, en haut du pavé, ils étaient ainsi relativement protégés des équipages hippomobiles. La grosse pierre qui touche l'une d'elles serait une borne posée en 1731 pour marquer les limites des seigneuries d'Auteuil et de Passy. Une plaque apposée au-dessus l'affirme mais cette information est à prendre au conditionnel car d'anciens témoignages la contredisent, plaçant plutôt cette limite communale sur l'emplacement de la Maison de Radio France, avec de solides arguments à l'appui. Cette grosse pierre ne serait alors là que pour interdire l'accès de cette voie étroite aux charrettes.

Prenez l'escalier à droite qui grimpe vers la rue Raynouard et remontez celle-ci jusqu'au nº 47.
Derrière le porche, un escalier qui descend vers un jardin, celui de la maison de Balzac. Le 1er octobre 1840, le romancier, harcelé par ses créanciers, est venu se cacher sous le nom de M. de Breugnol dans un petit appartement situé au second étage de cette maison, de plain-pied avec le jardin. Le principal atout de ce refuge était son « issue de secours » s'ouvrant en contrebas dans la rue Berton. Des importuns se présentaient-ils à l'entrée principale ? Aussitôt Balzac prenait la poudre d'escampette par en bas. Les proches, eux, usaient de mots de passe : « J'apporte des dentelles de Belgique » ou « La saison des prunes est arrivée ». Et pour mieux brouiller les pistes, a maison était cachée par une autre que l'élargissement de la rue Raynouard a supprimée en 1937. Il n'en reste que la porte, celle par laquelle on descend vers la maison, devenue aujourd'hui un musée (visite gratuite, du mardi au dimanche, de 10h à 18h).
Il vécut là jusqu'en 1847, écrivant dans son cabinet de travail de nombreux romans de sa *Comédie humaine*, parmi lesquels *Un Curé de campagne*, *Splendeurs et misères des courtisanes*, *La Cousine Bette* ou *Le Cousin Pons*. Du jardin, on peut admirer l'hôtel de Lamballe, que Balzac rêvait d'acquérir.

Remontez dans la rue Raynouard et longez le mur aveugle sur le trottoir impair, jusqu'au nº 43.
Comment se fait-il qu'entre les nos 43 et 51, il n'y ait aucune construction ? La vue y est admirablement dégagée vers la vallée de la Seine... Caprice de duchesse ! Côté pair se trouvait au début du XVIIe siècle la propriété de la duchesse d'Aumont, qui souf-

1

1. À l'angle des rues Talma et Singer.

2. 38, rue de Boulainvilliers.

2

3

4

3. 2, rue des Marronniers.

4. 7, rue Lekain.

frait que des maisons lui gâtent son panorama. Elle acheta toutes celles qui polluaient son vis-à-vis, les décapita pour les réduire à un seul étage et frappa cette parcelle d'une servitude *non aedificandi* (mesure interdisant toute construction), encore en vigueur aujourd'hui ! Derrière ce portail noir, une volée d'escaliers moussus descend vers un délicieux jardin un peu sauvage et très privé.

➨ Faites demi-tour et revenez sur vos pas dans la rue Raynouard jusqu'au croisement de la rue des Marronniers.

La rue Raynouard était la grand-rue du village. Elle était appelée rue Basse jusqu'en 1867 car elle se trouvait en contrebas du coteau. Un arrêté de 1803 en interdisait l'accès aux voitures attelées de plus d'un cheval afin de ne pas ébranler ses maisons édifiées pour la plupart au-dessus d'anciennes carrières.
À l'angle de la rue Singer, une sorte d'obélisque sculpté sur un immeuble rappelle que Benjamin Franklin, qui habita au n° 68 de 1777 à 1786, fit ici ses premières expériences de paratonnerre.
À partir de là, un fantôme se dessine et se fait de plus en plus pressant : celui du château de Passy ou de Boulainvilliers, qui occupait un terrain d'une douzaine d'hectares, sur votre droite. Les seigneurs de Passy s'y sont succédé du XVe au XVIIIe siècle. Le château connut son heure de gloire entre 1747 et 1762, quand il avait pour maître Le Riche de la Popelinière, fermier général, écuyer, secrétaire, mousquetaire du roi et… riche à millions. Chez lui défilait une cour d'artistes, d'écrivains et de coquettes qu'à Paris on surnommait « la ménagerie de Passy ». Des serres en cristal ornaient les jardins qui descendaient en terrasse jusqu'à la Seine. Ce domaine fut morcelé entre 1824 et 1838. Qu'en reste-t-il ? Une rue des Marronniers, tracée sur une allée de marronniers du parc et une plaque discrète au n° 2 de cette même rue, rappelant tous les titres du sieur Le Riche.

➨ Bifurquez à droite dans la rue du Ranelagh. Suivez-la jusqu'au carrefour Ranelagh-Boulainvilliers.

Près de la monumentale boîte à lettres se trouve l'entrée du hameau de Boulainvilliers, créé en 1839 par l'architecte du hameau Boileau et de la villa Montmorency (voir Auteuil), Louis-Charles-Théodore Charpentier. Celui-ci aussi est malheureusement inaccessible au promeneur, qui ne peut que se consoler en admirant le coquet pavillon du gardien.

➨ Gravissez la rue de Boulainvilliers jusqu'à la gare RER. Engagez-vous dans le jardinet qui passe au-dessus des voies et traversez une partie de la gare pour sortir, face à un escalier à double volée qui vous mènera rue Singer. Tournez à droite, et, arrivé sur la place Chopin, optez pour la rue Lekain.

Dans le fond de cour du n° 7 vit une statue néoclassique, au milieu d'un jardinet fleuri.
Au n° 5, vous verrez un immeuble moderne en retrait par rapport à l'alignement de la rue. Il se dresse à l'emplacement du premier cimetière de Passy, établi au XVIIe siècle près de l'église paroissiale. Les défunts y furent vite à l'étroit, d'autant plus

1. À l'angle de la rue Lekain et de la rue de l'Annonciation.

2. Corridor du 27, rue de l'Annonciation.

3. Ornement de la cour du 35, rue de l'Annonciation.

4. À la hauteur du 58, rue de Passy.

qu'aux Passyssiens pur souche s'ajoutèrent les curistes venus prendre les eaux de Passy – vertueuses certes, mais tout de même pas miraculeuses ! On mourait par conséquent un tout petit peu plus à Passy qu'ailleurs, car les malades y venaient en délégation. Ça se bousculait donc au bureau des inhumations. Chaque pensionnaire était enfoui en pleine terre, séparé de son voisin de soixante centimètres, à une profondeur d'1,80 mètre. L'été, la pestilence était telle que les riverains ne pouvaient plus ouvrir leurs fenêtres. Un arrêté fut pris en 1800, imposant que tout corps enterré soit recouvert de chaux vive aux frais des familles. Ce ne fut pas suffisant et l'on craignit une épidémie de peste pour l'été 1801. Il fallut transférer d'urgence le cimetière à l'extérieur du bourg, à sa place actuelle.

➨ Tournez à droite dans la rue de l'Annonciation en direction de l'église Notre-Dame-de-Grâce-de-Passy.

La première chapelle, consacrée en 1666, était une succursale de la paroisse d'Auteuil.

➨ Visitez-la si vous le souhaitez puis revenez sur vos pas en flânant rue de l'Annonciation, cœur historique du village.

Au nº 23 officie un couvreur spécialiste des girouettes en zinc. Poussez la porte du nº 21 pour admirer à contre-jour le vieil escalier et les ferronneries du battant. La rue devient piétonnière. Explorez la cour du nº 35, sans vous laisser décourager par les interdictions hétéroclites qui tapissent le passage. Un peu plus loin, l'hôtel 2 étoiles Les Hauts de Passy rappelle la villégiature thermale d'antan. Sur la place de Passy était l'ancienne mairie, installée là de 1835 à 1877.

De là, fouette cocher ! partaient en 1824 les cabriolets de la compagnie Les Accélérés qui, moyennant 75 centimes, transportaient les voyageurs jusqu'aux environs du Palais-Royal. Mais en 1827, catastrophe ! une compagnie concurrente, Les Omnibus, assura ce même parcours pour 25 centimes seulement. Le directeur des Accélérés obtint en 1829 du maire de Passy l'éviction de cette compagnie dissidente, à condition qu'il rabatte son tarif à 35 centimes. La compagnie évincée fit faillite et son administrateur, le colonel Baudry, alla se jeter dans le canal Saint-Martin.

➨ Virez à droite dans la rue de Passy, en direction d'une belle horloge en saillie sur une façade.

Un peu plus loin, au nº 58, se trouvait un hôtel (aujourd'hui disparu) où habita la comtesse de Genlis, l'institutrice des enfants du duc d'Orléans Philippe Égalité. Était-elle aussi courtisane ? empoisonneuse ? Non, elle est entrée dans l'Histoire en raison de son incroyable chance ou malchance, c'est selon. Elle faillit d'abord être étouffée par un gras bailli qui s'était assis sur l'oreiller où, bébé, elle reposait. À dix-huit mois, on la repêcha dans un étang. Un peu plus tard, elle se brûla en s'asseyant dans une cheminée et à sept ans, le prieur qui la reçût chanoinesse l'amputa d'un bout de l'oreille en lui coupant une mèche de cheveux !

➨ Faites demi-tour pour arpenter la rue de Passy dans le sens contraire

●●●

1. Ancienne station Passy de la Petite Ceinture.

2. La rue de Passy, vers 1900.
(© LL/Roger-Viollet)

3. Les jardins du Ranelagh le long de la chaussée de la Muette.

à la circulation jusqu'au carrefour du métro La Muette.

La rue de Passy a progressivement volé à la rue Raynouard son titre d'axe principal. À la place des magasins Franck & Fils, il y avait un hôtel particulier où Louis XV avait installé la collection d'instruments de physique de l'abbé Nollet – génial vulgarisateur scientifique du XVIIIe siècle.

Le roi, féru de physique et d'astronomie, venait y caresser les microscopes, télescopes, machines, appareils et autres curiosités d'optique soigneusement entretenus par le conservateur, un savant bénédictin appelé Dom Noël. Le Père Noël avait également sous sa responsabilité un étrange tableau peint en 1763 par Amédée Van Loo. Il représentait des vertus allégoriques (la *Justice*, l'*Intrépidité*, la *Bonté*) qui, vues à distance à travers un verre à facettes, ne formaient qu'une seule et même image, celle du roi. Ce cabinet de curiosités fut transféré en 1790 à l'Observatoire de Paris, et l'hôtel démoli en 1910.

➨ La rue de Passy devient au-delà du carrefour la chaussée de La Muette.

L'ossature de l'ancienne station Passy de la Petite Ceinture abrite dorénavant un restaurant chic. Sa terrasse est oxygénée par les arbres du square du Ranelagh, que se partagent voitures et promeneurs. Vers 1750, un certain lord Ranelagh, amateur de musique, fit édifier dans le parc de sa propriété de Chelsea une rotonde pour y faire jouer quotidiennement des concerts publics. L'idée fut reprise ici en 1774, à une époque où sévissait l'anglomanie. Tout devait avoir une allure britannique : plus de valets mais des jockeys ; plus d'habits de chasse et de cheval mais des *ridingcoat* (devenues « redingotes »). Un vauxhall (ou salle de danse) entouré d'une colonnade sortit de terre, baptisé Petit-Ranelagh. Une visite de la reine Marie-Antoinette et voilà l'endroit à la dernière mode !

Le bal reprit après la Révolution, mais sa fréquentation devint douteuse. Il disparut après l'annexion, englouti par l'aménagement du bois de Boulogne.

➨ Libre à vous de vous laisser à votre tour engloutir par la bouche du métro La Muette, ou d'aller prendre un rafraîchissement bien mérité à la terrasse de La Gare (voir ci-dessous).

Un petit creux ?

Halte possible au terminus de la balade à ***La Gare*** *(19, chaussée de La Muette, tél. 01 42 15 15 31), ou à mi-parcours dans le restaurant du* ***musée du Vin*** *(5, square Charles-Dickens, tél. 01 45 25 63 26 ; ouvert le midi seulement, du mardi au samedi).*

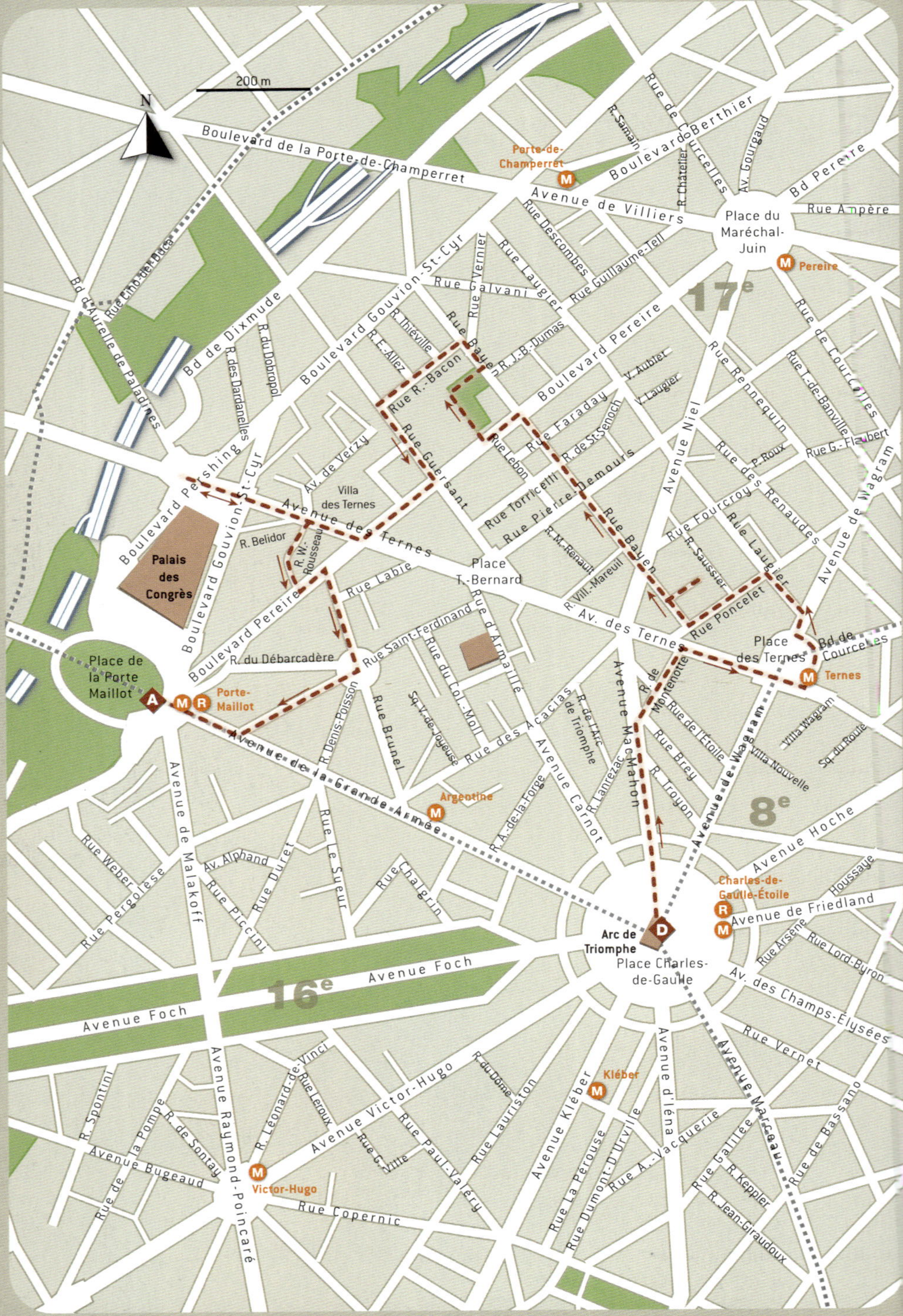

200 m
N
Boulevard de la Porte-de-Champerret
Porte-de-Champerret
Boulevard Berthier
Avenue de Villiers
R. Samain
Rue de Courcelles
R. Chatelier
Av. Gourgaud
Bd Pereire
Place du Maréchal-Juin
Rue Ampère
Pereire
17e
Rue Descombes
Rue Laugier
Rue Guillaume-Tell
Rue Galvani
Rue Vernier
Rue Bayen
R. J.-B.-Dumas
Boulevard Pereire
Boulevard Gouvion-St-Cyr
R. Thiéville
R. E.-Allez
Rue R.-Bacon
Rue Guersant
Rue Lebon
Rue Faraday
R. de St-Senoch
V. Aublet
V. Laugier
Rue Rennequin
Rue T.-de-Banville
Rue de Courcelles
Rue G.-Flaubert
Avenue de Wagram
Avenue Niel
Rue des Renaudes
P. Roux
Rue Fourcroy
R. Saussier
Rue Laugier
Rue Poncelet
Rue Torricelli
Rue Pierre-Demours
R. M.-Renault
R. Vill.-Mareuil
Rue Bayen
Bd de Dixmude
R. du Dobropol
R. des Dardanelles
Rue Cino-del-Duca
Bd d'Aurelle-de-Paladines
Boulevard Pershing
Av. de Verzy
Villa des Ternes
Avenue des Ternes
Place T.-Bernard
R. Belidor
R. W.-Rousseau
Palais des Congrès
Boulevard Gouvion-St-Cyr
Boulevard Pereire
Rue Labie
R. du Débarcadère
Rue Saint-Ferdinand
Rue d'Armaille
Rue du Col.-Moll
Av. des Ternes
Place des Ternes
Bd de Courcelles
Ternes
Place de la Porte Maillot
A
Porte-Maillot
R. Denis-Poisson
Rue Brunel
Sq. V.-de-Joyeuse
Rue des Acacias
R. de l'Arc de Triomphe
Avenue MacMahon
R. de Montenotte
Rue de l'Étoile
Rue Brey
R. Troyon
Avenue de Wagram
Villa Wagram
Villa Nouvelle
Sq. du Roule
8e
Avenue Hoche
Avenue de la Grande-Armée
Argentine
R. A.-de-la-Forge
Avenue Carnot
R. Lanrezac
Avenue de Malakoff
Rue Weber
Rue Pergolèse
Av. Alphand
Rue Piccini
Rue Duret
Rue Le Sueur
Rue Chalgrin
Charles-de-Gaulle-Étoile
Houssaye
Avenue de Friedland
Arc de Triomphe
D
Place Charles-de-Gaulle
Rue Arsène
Rue Lord-Byron
Av. des Champs-Élysées
Rue Vernet
Avenue Foch
16e
Avenue Foch
Avenue Raymond-Poincaré
R. Spontini
Rue de la Pompe
R. de Sontay
Avenue Bugeaud
Rue de la Pompe
R. Léonard-de-Vinci
Rue Leroux
Avenue Victor-Hugo
Victor-Hugo
Rue G.-Ville
Rue Paul-Valéry
R. du Dôme
Rue Lauriston
Avenue Kléber
Kléber
Rue La Pérouse
Rue Dumont-D'Urville
Avenue d'Iéna
Rue A.-Vacquerie
Avenue Marceau
Rue Galilée
R. Keppler
R. Jean-Giraudoux
Rue de Bassano
Rue Copernic

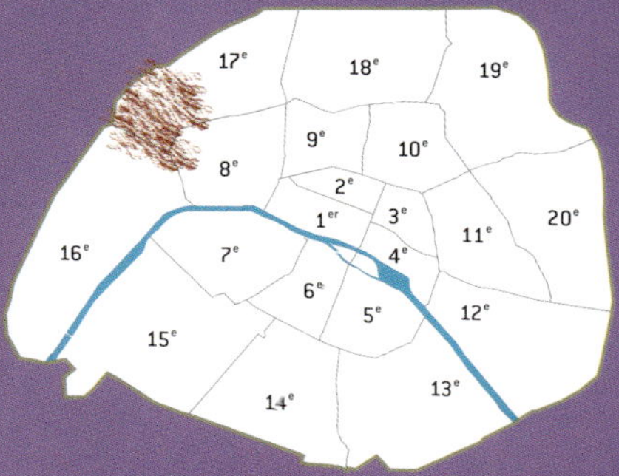

Ternes

De l'Arc de Triomphe à la porte Maillot

Ternes

Une cure de jouvence

Faut-il parler des Ternes ou de Neuilly ? Il est vrai que les Ternes n'étaient jusqu'en 1860 qu'un écart de la commune de Neuilly. Mais il est vrai aussi que cet écart-là était très éloigné du cœur de Neuilly et qu'il avait toutes les caractéristiques d'un village à part entière : 16 000 habitants, une poste aux lettres, des pensions de garçons, des institutions pour jeunes filles, des teintureries et des blanchisseries, des fabriques de linon (fine toile de lin), de bimbeloteries, de chocolat, des établissements horticoles et même une maison de santé pratiquant l'hydrothérapie. Les Ternois demandèrent par voie de pétition en 1831, 1839, 1848, 1849, 1850 et 1853 leur indépendance, qui leur fut toujours refusée par la municipalité de Neuilly. Accordons-leur une revanche posthume en consacrant cette balade aux Ternes, hissées par là même au rang de vrai village.
Il y avait sur ce plateau au XIIIe siècle un hameau de quelques granges et bâtisses encerclant une ferme fortifiée – externe au faubourg du Haut-Roule. Le nom se mua en l'Esterne puis les Ternes. Lors de la guerre de Cent Ans, les paysans des environs venaient en cas d'assauts ennemis se réfugier dans cette ferme entourée de fossés et de solides murailles. Au XVIIIe siècle, la propriété fut morcelée et lotie d'immeubles bourgeois et de coquettes villas. Venir habiter aux Ternes, c'était vivre à la campagne aux portes de Paris. La vie y était moins chère mais surtout, l'air y était d'une salubrité parfaite, à tel point que les médecins y envoyaient leurs patients faire des cures. Sous l'Empire, les statistiques étaient formelles : on y mourait moins qu'ailleurs.
L'annexion de 1860 détacha enfin les Ternes de Neuilly ; pas pour en faire une commune indépendante, selon le vœu des Ternois, mais pour devenir un quartier parisien. Les Neuilléens firent grise mine parce qu'ils perdaient ainsi une bonne partie de leur territoire mais aussi parce qu'eux, en revanche, seraient bien volontiers tombés dans le giron de la capitale, pour gagner en équipements et en sécurité.
Les combats de la Commune, en 1871, ensevelirent malheureusement sous les obus des rues entières des Ternes, quartier voisin de la porte Maillot, entrée stratégique de Paris. Les vestiges de l'ancien village visibles lors de cette balade, miraculeusement préservés, semblent d'autant plus précieux.

Passage sous l'ancien château des Ternes, rue Bayen, vers 1900. (© ND/Roger-Viollet)

1. 10, rue de Montenotte.

2. Entrée de la salle Wagram, dans les années 1930. (Coll. Parigramme)

3. Salle Wagram, 5 bis, rue de Montenotte.

1

2

3

Ternes

Durée : 2h

Départ au métro Charles-de-Gaulle-Étoile. Rendez-vous sous l'Arc de Triomphe, par le passage souterrain.

Longtemps, cette butte ne fut qu'un carrefour en pleine campagne où cinq routes se croisaient au sommet de la colline du Roule. Elle était beaucoup plus élevée qu'aujourd'hui et en 1720, des gardes suisses entreprirent, sur ordre du roi, de l'abaisser.

En 1758, un certain Ribart proposa d'ériger sur cette aire un gigantesque éléphant creux qui contiendrait un orchestre dans sa tête, une salle de bal et un restaurant dans son ventre. L'idée fit son chemin et une maquette fut même dressée mais le projet demeura sans suite. Entre 1768 et 1778, la butte fut aplanie et l'on traça un vaste polygone entouré d'un amphithéâtre de gazon appelé promenoir de Chaillot. Ce terrassement avait produit un amas considérable de remblais. Qu'en faire ? On les entassa sur le côté de la future avenue des Champs-Élysées. Leur présence explique le dos-d'âne de la rue Balzac et celui, moins prononcé, de la rue Washington. Sur l'esplanade se tenait la foire du Petit-Beson. Une des huit allées qui partaient de la place descendait vers les Ternes et une guinguette, La Pologne, y prolongeait l'animation populaire du Petit-Beson. Quand l'Arc de Triomphe fut construit, en 1836, il le fut en rase campagne, sur un terrain de la commune de Neuilly, en dehors des limites de Paris.

Si vous désirez en savoir plus sur l'histoire de ce monument, visitez son musée situé au niveau de l'attique, à cinquante mètres au-dessus du sol (ouvert tous les jours, de 10h à 22h ; tarif : 9 €). Sinon, descendez l'avenue Mac-Mahon puis tournez à droite dans la rue de Montenotte.

Admirez au n° 10 la parure restaurée d'une ancienne boulangerie devenue restaurant. Au menu, dorures et fixés sous verre (peintures réalisées à l'envers sur des plaques de verre)... Au 5 bis s'affiche la salle Wagram, sans doute le plus ancien lieu de fête à Paris. Un dénommé Dourlans, vétéran de la garde impériale, ouvrit là une guinguette, en 1812. Son affaire prospéra et, en 1865, devint une belle salle de bal rococo éclairée de lustres de Bohême – un décor désormais classé monument historique. Ce lieu a accueilli des manifestations variées : le Salon des Cycles, des matches de boxe, des concerts et des bals corporatistes. Le bal des Quat'z'Arts, organisé par les étudiants des Beaux-Arts, s'y déroula chaque année de 1905 à 1968, mais il y avait aussi le bal des charpentiers, celui des soubrettes équipé, dit-on, d'un « vestiaire » pour nourrissons, et celui des gens de maison.

1

2

3

4

5

1. Rue Laugier.

2. Minuscule place Boulnois.

3. Fleuriste de la place des Ternes.

4. 29, rue Bayen.

5. 11, rue Poncelet.

➨ Dirigez-vous vers la place des Ternes, où une guérite de fleuriste a remplacé celle des percepteurs de l'octroi de la barrière du Roule.
L'un des chalets fleuris semble avoir poussé autour d'un arbre ; un tronc perce le toit et l'ombre de sa frondaison. Qui, parmi ces passants, l'a remarqué, à part vous… ?

➨ Postez-vous à l'angle du boulevard de Courcelles où le regard porte jusqu'au métro Courcelles.
Tout le pan de gauche était occupé par l'usine à gaz des Ternes, assemblée en 1821. Immense, elle draina dans le quartier nombre d'ouvriers et d'industriels. Elle fut démolie en 1892 et sur ses décombres, trois rues furent percées (les rues Margueritte, Gustave-Flaubert et Théodule-Ribot). Sur les îlots ménagés, de luxueux immeubles furent édifiés.

➨ Rejoignez l'avenue de Wagram et descendez-la un peu sur le trottoir de gauche, jusqu'à la hauteur du 67 ter.
Tirez la porte vitrée et longez le couloir qui se transforme en passage débouchant dans la rue Poncelet. Alexandre Dumas fils l'a rendu complice d'une aventure galante de Mme de Simerone dans la comédie *L'Ami des femmes*.

➨ Tournez à gauche dans la rue Poncelet.
Elle suit le tracé d'un très ancien chemin nommé rue des Nonnes, puis rue des Dames-de-Montmartre, menant à l'abbaye du même nom, en passant par le village voisin des Batignolles. Elle est bordée de maisons basses construites entre 1850 et 1870. Dès le nº 10, l'atmosphère village se confirme, grâce au marché qui anime quotidiennement cette portion de rue – un vrai marché populaire, avec ses marchands qui interpellent et ses produits de premier choix. Sous le porche du nº 6, un bas-relief d'inspiration gréco-romaine dessine une frise juste sous le plafond : on distingue des figures de lutteurs, des sages à barbiche et de curieux hybrides mi-hommes mi-dauphins. Au nº 3, trois têtes chevalines soulignent l'enseigne d'une boucherie au décor centenaire.

➨ Bifurquez à droite dans la rue Bayen, où se prolonge le marché, puis encore à droite. Cette ruelle mène à la minuscule place Boulnois.
Un tour de son arbre et l'on repart, charmé par son pittoresque provincial. Poussez la porte du nº 3 : quelques marches mènent à une courette biscornue qui abrite, comme le révèle une boîte aux lettres, l'association officielle des peintres de la Marine.

➨ De retour dans la rue Bayen, ralentissez au niveau du nº 12.
Là, un porche est devenu boutique de fleuriste. À l'horizon s'annonce déjà l'arcade du « château percé » dont vous allez plus loin connaître l'histoire.

➨ Franchissez l'avenue Niel et poursuivez dans la rue Bayen en évoluant sur le trottoir de droite pour saluer le clin d'œil en trompe-l'œil du nº 29. La rue Bayen butte dans la rue Pierre-Demours.
À droite de cette rue, au niveau du nº 21, on trouva en 1839 une source, la plus riche de France en fer et en soufre. Elle fut exploitée pour ses vertus médicinales, mais une dizaine d'années seulement, car les travaux de percement du chemin de fer de ceinture la firent disparaître, dans les années 1850.

1. 10, avenue de Verzy, dans la villa des Ternes.

2. 3, avenue de Verzy.

3. 8, avenue de Verzy.

4. Vestige du château des Ternes, 19, rue Pierre-Demours.

5. Boulevard Pereire.

6. Guérite du gardien de la villa des Ternes.

Face à vous (n° 17) se dresse un très vieux porche, tout seul, sans murs à ses côtés. C'est un vestige du fameux château des Ternes. Il y avait au XVe siècle à cet emplacement une ferme fortifiée comportant deux tours, un pont-levis, des granges, une basse-cour, des vignes, un colombier… Au fil des siècles, la ferme passa de main en main, prenant peu à peu des allures de château. Son histoire s'assombrit quand le domaine tomba à la fin du XVIIIe siècle entre les griffes du spéculateur Samson-Nicolas Lenoir. Celui-ci vida le château de ses meubles précieux, éventra une baie du rez-de-chaussée pour y faire passer une rue et morcela le parc en de nombreuses parcelles. Il les vendit à des spéculateurs qui y lotirent de petites villas bourgeoises. Dans le château désormais coupé en deux, les propriétaires se succédèrent. Citons entre autres une dame Colson qui, en 1791, y installa une maison de santé, le « séjour d'Hygie », et un général Dupont qui fit flotter sur le bassin du parc des gondoles qu'il avait rapportées de Venise.

➤ Faufilez-vous sous le porche, où les fiacres, jadis, ne pouvaient avancer qu'au pas, frôlant les passants aplatis contre les parois. Continuez dans la rue Bayen jusqu'au boulevard Pereire. Là, posez-vous un instant sur un banc.

En 1854, le village fut coupé en deux par la ligne de chemin de fer de Paris à Auteuil des frères Pereire, au grand dam des Ternois qui auraient préféré que la voie longe les fortifications de Thiers. Le RER C emprunte aujourd'hui son tracé. Il y avait ici un étang du château, appelé la Grenouillière, que les travaux de terrassement firent disparaître.

Au fond de la rue Bayen, un autre bâtiment percé d'une arcade se dessine, comme en écho au château des Ternes : c'est l'entrée de la caserne de pompiers de la porte de Champerret.

➤ Longez le boulevard Pereire jusqu'à la hauteur du n° 180 et engouffrez-vous dans l'allée bordée de buis qui mène au square Bayen. Traversez-le pour rejoindre la rue Bayen puis à gauche la rue Roger-Bacon.

Le pâté de maisons qui s'étale à droite entre cette rue et le boulevard Gouvion-Saint-Cyr a un passé fortement industriel. À la fin du XVIIe siècle, Samson-Nicolas Lenoir, « l'éventreur » du château des Ternes, y a fondé une manufacture des « fers préparés à l'abri de la rouille ». Un certain Peyre lui succéda, pour y installer une poudrière. Le chimiste Chaptal y implanta ensuite sa société « Coustou et Cie, fabrique d'acides minéraux [acide sulfurique et alun] aux Ternes ».

➤ Au bout de la rue Roger-Bacon, virez à gauche dans la rue Guersant, ancienne voie reliant les Ternes au village de Villiers.

De hautes grilles protègent la villa des Ternes de l'assaut de promeneurs curieux. Cet enclos privatif fut créé en 1822 à la place d'un parc d'attractions, lui-même installé en 1816 sur une parcelle de l'ancien parc du château des Ternes. Tentez discrètement une incursion pour ressortir au niveau du 96, avenue des Ternes.

➤ Dirigez-vous toujours tout droit vers le périphérique. À la fourche du boulevard d'Aurelle-de-Paladines et de l'avenue de la Porte-des-Ternes

1, 2 et 8. Rue Brunel.

3. La chapelle de la Compassion.

4. Place Saint-Ferdinand.

5. Monument à la gloire de Léon Serpollet, place Saint-Ferdinand.

6. L'épicerie Cordier, où le duc d'Orléans vécut ses dernières heures. (Bnf)

7. Rue Belidor.

2

7

4

1

5

8

3

6

Un petit creux ?

Face au portail du château fantôme des Ternes, le restaurant ***Maison de Campagne*** *(18 bis, rue Pierre-Demours, tél. 01 45 72 28 51) joue la carte rétro village. Pile dans le ton !*

se loge la chapelle de la Compassion. Invitez-vous dans sa nef.

Au fond à gauche gît une statue de marbre. Un jeune homme en posture d'agonie. Au-dessus de lui, des écussons portant les initiales LFO. Le 13 juillet 1842 à 11 heures, le prince Ferdinand d'Orléans, aîné du roi Louis-Philippe, s'en allait inspecter des régiments à Saint-Omer. En chemin, il comptait s'arrêter au château de Neuilly pour embrasser ses proches. Arrivé au niveau de l'actuel Palais des Congrès, il se leva de sa banquette pour questionner Quesnel, le postillon, qui amorçait un virage mais à ce moment précis, les chevaux se cabrèrent et le prince fut projeté au sol. Le crâne fracturé, il fut conduit dans le premier refuge venu, l'épicerie Cordier. La famille royale, appelée d'urgence, le veilla jusqu'à son dernier souffle. Ses proches élevèrent une chapelle à l'emplacement du drame, qui dut être déplacée pierre à pierre de 150 mètres lors de l'aménagement de la porte Maillot. L'arrière-boutique de l'épicier fut entièrement reconstituée au château de Neuilly avec ses meubles d'origine et le marchand, doté d'une pension, devint garde au musée du château de Versailles.

➨ Revenez sur vos pas vers l'avenue des Ternes.

Face à la villa des Ternes s'ouvre la rue Belidor. Prêtez-lui un regard pour goûter au contraste de ses vieilles façades fanées et de la tour du Concorde Lafayette qui mange son horizon. Elle s'appelait jadis rue des Montagnes-Russes car il y avait dans le parc d'attractions d'en face (devenu villa des Ternes) des chariots à roulettes glissant sur une pente rapide.

➨ Suivez la rue Waldeck-Rousseau et la rue Brunel (en face à gauche).

Celle-ci recèle quelques très beaux encadrements de porte (n°s 33, 31, 42, 40, 23...).

➨ La rue Brunel débouche sur la place Saint-Ferdinand.

Bienvenue à Ferdinanville, cité moderne du XIXe siècle ! En 1847, une société d'épargne immobilière mit en vente des parcelles sur un quadrilatère de 108 000 mètres carrés entre l'avenue des Ternes et l'avenue de la Grande-Armée. Malgré d'alléchants prospectus garantissant aux acheteurs une opération « sans aucune chance de perte », les lots eurent du mal à trouver preneurs, la crise économique freinant les investissements. Il fallut une dizaine d'années pour caser tous les lots. Cette place est un ancien rond-point de Ferdinanville. Au centre, un bloc de pierre semble avoir été partiellement sculpté. Il s'agit d'une œuvre de Bouchez, élevée ici en 1911 à la mémoire de Léon Serpollet. Léon, un inventeur né en 1858, créa une automobile entièrement mue par la force de la vapeur d'eau grâce à une chaudière à vaporisation instantanée. Il a été le premier automobiliste à recevoir un permis de conduire, en 1887. Le monument le montre debout sur son engin, des admirateurs l'entourent dans des volutes de vapeur et un homme s'est jeté devant ses roues ; une mise en garde habile des dangers de l'automobile.

➨ Longez la rue Saint-Ferdinand puis tournez à droite dans l'avenue de la Grande-Armée, qui vous mènera au métro Porte-Maillot.

200 m
N
17e
18e
9e
8e
Avenue de Clichy
P. Petit-Cerf
Rue Boulay
Rue P.-Bodin
Rue E.-Level
Rue Berzélius
Rue Pouchet
Cité des Fleurs
Rue Gauthey
Rue Sauffroy
Rue des Moines
Rue Guy-Môquet
Rue Lacaille
Guy-Môquet
I. Chalabre
Rue Cardinet
Brochant
Rue Davy
Rue Legendre
Rue Lamarck
Rue Etex
Rue du Cap. Madon
Villa Saint-Michel
Pass. Ganneron
Rue Fauvet
Cité Pilleux
Rue Ganneron
Avenue de Saint-Ouen
Rue des Apennins
Rue Lacroix
Rue du Dr-Heulin
Rue Dautancourt
R. St-Jean
Rue Brochant
Rue Clairaut
Rue Jacquemont
La Fourche
Rue Truffaut
Pl. Ch.-Fillion
Square des Batignolles
Square Nicolay
Rue Lemercier
Rue Nollet
Rue de la Condamine
Cité Lemercier
Cour St-Pierre
Rue Hélène
R. Lechapelais
Avenue de Clichy
I. des Deux Nèthes
Rue Capron
P. Lathuille
Pass. de Clichy
Rue J.-d'Abbans
Rue Cardinet
R. Tarbé
Rue de Rome
Rue Lamandé
Rue Bridaine
Rue Boursault
Rue des Batignolles
Mairie du 17e
Rue Truffaut
R. de Bizerte
Rue Biot
Rue Darcet
Rue Lécluse
Place-de-Clichy
Place de Clichy
Rue Salneuve
Rue de Saussure
Rue Dulong
Rue Legendre
R. C.-Poulliet
Rue Lebouteux
Rue des Dames
Rue Caroline
Rue Puteaux
R. du Mt-Dore
Rue de Tocqueville
Rue de Lévis
Avenue de Villiers
Rue de la Terrasse
Villiers
Place Prosper-Goubaux
P.-C.-Dideloi
Rue de Chéroy
Rue Beudant
R. L.-Droux
Rome
Boulevard des Batignolles
Rue de Turin
R. de Florence
Rue Clapeyron
Rue de Moscou
Rue de Berne
Rue Saint-Pétersbourg
Rue d'Amsterdam
Rue de Clichy
R. de Parme
Rue de Bucarest
Boulevard de Courcelles
R. Andrieux
Lycée Chaptal
R. Bernoulli
Rue de Rome
Rue de Constantinople
Av. Vélasquez
Boulevard Malesherbes
Rue de Miromesnil
Rue de Monceau
Rue du Général-Foy
Rue de Naples
Rue d'Édimbourg
Rue du Rocher
Europe
Rue de Liège
Liège
Rue de Milan
Rue de Monceau
Rue de Vézelay
Rue de Madrid
Rue de Londres
Rue d'Athènes
Rue de Téhéran
Rue de Lisbonne
Mairie du 8e
Rue de Vienne
Rue de Rome
Gare Saint-Lazare
D
A

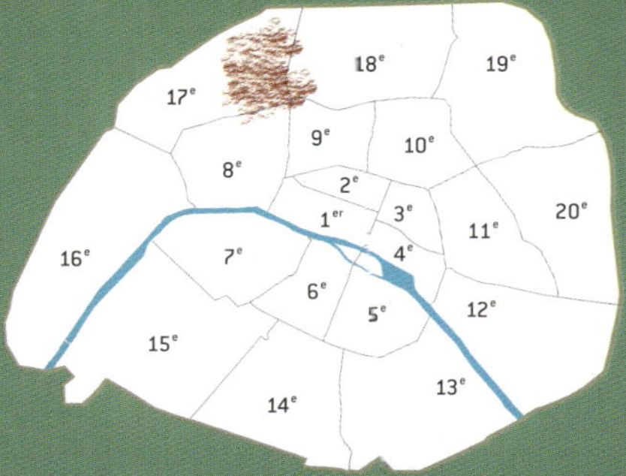

Batignolles

Du métro Brochant au métro Villiers

Batignolles

Un théâtre frondeur, des reliques miraculeuses et une bouffée d'air pur

À l'orée du premier millénaire, il y avait dans la plaine de Villiers, au lieu-dit Monceaux, une ferme fortifiée entourée de quelques chaumières de cultivateurs. Alentour s'étalaient vignes et pâturages, jusqu'au pied du mont des Martyrs [Montmartre]. Le hameau grossit paisiblement et prit ses aises le long de sa grand-rue, actuelle rue de Lévis. Après la construction du mur des Fermiers généraux, tout s'accéléra. Des guinguettes arrosées au vin d'Argenteuil poussèrent à l'extérieur des barrières. Vers 1820, des promoteurs lorgnèrent vers cette riante campagne aux portes de la capitale. Des commerçants aisés et de petits rentiers parisiens ne se firent guère prier pour investir leurs économies dans un coquet pavillon ou un immeuble modeste. Une chapelle surgit de terre en 1829 pour asseoir la chrétienté de cette nouvelle cité. Celle-ci avait emprunté son nom à un ancien champ des environs situé plus au nord, vers l'actuel métro La Fourche : les Batignolles.

Se sentant suffisamment grande pour voler de ses propres ailes, elle demanda, avec le hameau voisin de Monceaux, à être détachée de la commune de Clichy, dont tous deux dépendaient. Le préfet de la Seine leur accorda l'indépendance, le 10 février 1830. Le nouveau village [qui faillit s'appeler Antinville en raison de la proximité de la rue de la Chaussée-d'Antin] comptait 6 000 âmes [contre un millier à peine en 1810] et attirait sans cesse de nouveaux venus.

Car la localité ne manquait pas d'attraits. Protégée des vents du nord par la butte Montmartre, elle était réputée, comme sa voisine des Ternes, pour son air particulièrement pur. Un guide de voyage du début du XIXe siècle prétendait que le seul endroit recommandé aux malades et aux vieillards était le village des Batignolles, où l'atmosphère était « d'une qualité incomparable, saine et fortifiante ». L'un des pionniers des Batignolles fut d'ailleurs un médecin, Charles-François Lemercier, qui construisit une maison de santé à l'angle de la rue portant son nom et de la rue des Dames.

En outre, les Batignolles-Monceaux possédaient un théâtre, un commissariat de police, un bureau de poste, deux débits de tabac et une ligne de chemin de fer.

La ligne ferroviaire de Paris au Pecq et son tunnel. (Bnf)

Aux premières rumeurs concernant une éventuelle annexion du village par la capitale, le conseil municipal, composé d'industriels et de bourgeois, se réunit. Les impressions étaient mitigées, plutôt défavorables. Les Batignollais craignaient une perte des profits réalisés grâce à la taxe sur les alcools bus par les ouvriers parisiens dans les guinguettes. Ils redoutaient également que leur « localité aujourd'hui florissante et populeuse n'offre après l'annexion l'aspect morne et désolé des quartiers de Chaillot, Popincourt et Saint-Marcel ».
Les 65 000 Batignollais devinrent cependant Parisiens, répartis entre les quartiers des Batignolles et de Monceau, qui perdit bizarrement son « x » final dans la foulée.
La balade qui suit est l'une des plus denses de ce guide, en raison de la préservation exceptionnelle des bâtisses de cet ancien village.

1, 2, 3 et 4. La cité des Fleurs, ses habitants paisibles et ses potiches réglementaires.

5. Rue des Moines.

Batignolles

Durée : 2h30-3h

➨ Départ au métro Brochant (sortie « Avenue de Clichy »). Descendez l'avenue de Clichy jusqu'au croisement de la rue Guy-Môquet.

Cette avenue plantée d'arbres en 1705 était la frontière du village des Batignolles. De l'autre côté s'étendaient les Épinettes, une friche éventrée de trous de carrières, peu à peu colonisée par des industries. La plus célèbre fut l'usine Gouin, fondée en 1846. Elle occupait un vaste quadrilatère là-bas, au pied de l'avenue, à gauche, entre les rues Boulay, Émile-Level et de la Jonquière. On y fabriquait des locomotives, notamment celles qui sillonnèrent les rails des compagnies de l'Ouest, d'Orléans, du Nord et du Réseau de l'État. De ses forges sortirent aussi des éléments métalliques du pont d'Asnières. L'usine était irriguée par la voie ferrée nouvellement créée (1836) qui apportait le charbon et le fer, et emportait le matériel fabriqué. En 1928, l'entreprise fut délocalisée à Nantes où naquit, dans son creuset, une nouvelle cité ouvrière, baptisée... les Batignolles.

➨ Engagez-vous dans la cité des Fleurs.

Le règlement de cette voie privée est placardé sur la loge, derrière les grilles, à gauche. Un poème du genre. Vous y apprendrez entre autres que « la gardienne assermentée est chargée de l'application du règlement ». Cocasse quand on voit LE gardien battre le pavé de la cité. Elle est toute droite, avec au centre deux parenthèses arrondies – parenthèses enchantées pour le promeneur qui feuillette en une centaine de mètres un véritable catalogue architectural. Le « néo » y fleurit abondamment : néoclassique, néobaroque, néogothique... Lors de sa création, en 1846, chaque propriétaire était libre d'ornementer sa maison à sa guise. En revanche, chacun était tenu de planter au moins trois arbres dans son jardinet et de hisser au-dessus de sa grille une paire de potiches en fonte d'un modèle bien précis, aujourd'hui garnies d'iris.

➨ Cheminez sur le côté droit, par exemple, puis faites demi-tour au bout de la cité et revenez par le côté gauche.

Vous rencontrerez un escalier à double révolution (n° 17), des façades à colonnettes torsadées (nos 25 et 33), des incrustations de marbre blanc et noir (n° 29). La variété de la végétation est un enchantement : palmier, bambous, chèvrefeuille...

➨ De retour sur l'avenue de Clichy, prenez successivement la rue des Moines puis la rue Nollet sur la gauche et stoppez au carrefour Nollet-Legendre.

En levant le nez, vous apercevez au premier étage d'un immeuble

●●●

1

1. Ancienne dénomination villageoise.

2. À l'angle des rues Legendre et Lemercier.

3. Rue Lemercier.

2

3

4

5

6

4. Hall de l'ancienne gendarmerie impériale, 85, rue Legendre.

5. Boulangerie à l'angle de la rue des Dames et de la rue Biot.

6. Fleuriste de la rue Biot.

finement ornementé [au-dessus de l'agence immobilière], gravées dans la pierre, deux plaques de rues correspondant aux anciennes dénominations villageoises : rue Saint-Louis [devenue rue Nollet] et rue d'Orléans [Legendre].

➨ Tournez à gauche dans la rue Legendre.

Une grille patibulaire surmontée de piques défend l'entrée du nº 85, anciennement gendarmerie impériale. Vous pouvez apercevoir le vestibule avec sa lanterne séculaire qui se balance au-dessus de l'escalier. Au-delà de la porte aux carreaux de verre multicolores s'épanouit un jardinet, privé.

➨ Bifurquez dans la rue Lemercier.

Des maisons villageoises de la première moitié du XIXe siècle vous attendent aux nos 54-56, 47 et 37-39. Remarquez à ces deux dernières adresses les portes à l'imposte arrondie – typiques des Batignolles. Au nº 28 s'ouvre la cité Lemercier, impasse plus discrète et modeste que la cité des Fleurs [et barrée d'un digicode]. Vers 1960, il pouvait arriver que l'on croise ici Jacques Brel, entrant ou sortant du nº 11, hôtel du Chalet [disparu lui aussi].

➨ Traversez la rue des Dames, nerf commercial du village, et continuez tout droit dans la rue Biot.

À l'angle de ces deux rues, une boulangerie a conservé son décor de fixés sous verre. Les inscriptions dorées « vol-au-vent », « bouchées à la reine » et « spécialiste de tartes aux fruits » se laissent grignoter par les ans.

Notez ici encore l'arcade systématique en haut des portes. Les immeubles qui bordent cette rue sont pour la plupart « dans leur jus » [tels les 9, 11, 16, 17 et 21]. C'est exactement dans ce genre de bâtisse qu'habitait le Batignollais type : petit retraité, rapin [artiste peintre de médiocre facture], employé, institutrice, fonctionnaire...

➨ Arrivés sur la place de Clichy, remontez l'avenue de Clichy jusqu'au nº 7.

À la place du cinéma des Cinéastes se tenait une institution du quartier : le cabaret du père Lathuille. C'était vers 1790 une ferme où les Parisiens en goguette s'arrêtaient volontiers pour déguster un petit verre de vin maison, sous la tonnelle, au bord du chemin de Clichy. Les combats de la barrière de Clichy, en mars 1814, rendirent célèbre le père Lathuille car le brave homme vida ses caves et son garde-manger pour ravitailler les combattants luttant contre les cosaques. Édouard Manet, en peignant deux amoureux sous une tonnelle de la guinguette, en 1879, la fit passer à la postérité. Le cabaret populaire devint au cours du XIXe siècle un restaurant gastronomique avec salons particuliers, réputé pour sa sole Moncey, son lapin sauté, sa matelote d'anguille ou son fameux poulet Lathuille aux fonds d'artichauts. L'établissement ferma ses portes en 1906. Un passage, de l'autre côté de l'avenue, perpétue son souvenir. Le cabaret du père Lathuille voisinait avec le Guerbois. Dans ce café sis au nº 9 s'arrêtaient les jeunes artistes du quartier après être allés se ravitailler chez Hennequin, le marchand de couleurs voisin. Autour d'Édouard Manet chahutaient amicalement Fantin-Latour,

1

2

1. L'immeuble du maire, 10 boulevard des Batignolles.

2. 2, rue Lécluse.

3. À l'angle de la rue des Dames et de la rue Nollet.

3

4

5

6

4. 28, rue des Dames.

5. 22, rue Truffaut.

6. 18, rue Truffaut.

Sisley, Pissarro, Bazille et Renoir (qui partageaient un atelier rue La Condamine), Monet, Degas... Ils prirent l'habitude de s'y réunir chaque vendredi soir, rejoints par d'autres artistes du coin : Zola, Villiers de l'Isle-Adam, Nadar... L'œuvre de Fantin-Latour, *Un Atelier aux Batignolles*, conservée au musée d'Orsay, représente certains d'entre eux, réunis chez Manet. Sur le terreau de l'école des Batignolles poussa ensuite l'impressionnisme.

➨ Redescendez vers la place de Clichy.

Le groupe en bronze figurant le maréchal Moncey fut hissé sur les ruines de la barrière de Clichy. Il faisait bon venir manger à l'ombre de la barrière : entre les spécialités du père Lathuille, les tripes de chez Jouanne et les pommes frites du Wepler, les gourmets n'avaient que l'embarras du choix. Le Wepler est le seul à avoir tenu bon.

➨ Longez le boulevard des Batignolles jusqu'au nº 10.

Dans cet immeuble pompeux, Prosper Auguste Balagny, maire des Batignolles sous le Second Empire, tenait salon. Verlaine y lut ses premiers poèmes saturniens, Villiers de l'Isle-Adam, Edmond de Goncourt, Sully Prudhomme ou encore Anatole France mirent leur grain de sel dans les conversations parfois légères, souvent littéraires, qui bruissaient derrière ces balcons.

➨ Tournez à droite dans la rue Lécluse, en notant ici encore quantité de portes à imposte arrondie (nºs 2 et 4). Le 26 fut un temps l'adresse de Verlaine. Puis prenez à gauche la rue des Dames.

Au niveau du nº 27, elle fait un angle bizarre : à cet endroit, cette très ancienne voie venant des Ternes, signalée au XVIe siècle déjà, amorçait tout doucement son ascension du mont des Martyrs, en direction de l'abbaye des « dames » bénédictines de Montmartre. Avant l'extension du cimetière de Montmartre, elle se prolongeait jusqu'à la rue des Abbesses. Une ancienne boucherie au nº 28 affiche ses crochets en devanture.

➨ Virez à droite dans la rue Truffaut, où vous cheminerez sur le trottoir de gauche (côté impair).

Le premier tronçon est bordé d'immeubles villageois préservés et de quelques pavillons campagnards, en retrait aux nºs 20, 22 et 28. Émile Zola habitait un appartement au quatrième étage du nº 23. Et pour se documenter sur les us et coutumes des blanchisseuses, matière vivante de son roman *L'Assommoir*, il n'avait qu'à pencher la tête vers le lavoir situé en face au nº 26.

➨ Bifurquez dans la rue Bridaine, puis à droite dans la rue des Batignolles.

Voilà la grand-rue du village des Batignolles. Le modeste chemin conduisant en 1835 à travers champs à la chapelle Sainte-Marie a bien changé ! La rue a gardé néanmoins un cachet provincial et bourgeois. Au bout se dessine la silhouette de l'église du village, précédée d'un péristyle et de quatre colonnes. Quand des parcelles de la campagne des Batignolles commencèrent à se lotir, dans les années 1820, les promoteurs songèrent que la présence d'un édi-

1

1. Une guinguette aux Batignolles. (Bnf)

2. Le tunnel des Batignolles fut démoli après le terrible accident de 1921. (Coll. part.)

3 et 4. Le square des Batignolles et son orangerie.

2

4

3

fice religieux déciderait les acheteurs indécis. Un certain Soumagniat, dit Magny, fit don d'un terrain au milieu de la plaine maraîchère, suivi par la société Navarre, qui offrit un autre lopin, contigu au premier. Pour les frais de construction, on fit appel à la générosité de l'administration, en vain. Le docteur Lemercier, l'un des premiers habitants, lança alors une souscription. Un tiers seulement de la somme nécessaire fut réuni, juste de quoi édifier la nef de la petite chapelle aux allures de temple grec. En 1839, il fallut l'agrandir pour accueillir les fidèles batignollais, toujours plus nombreux. Deux parties latérales ajoutées lui donnèrent une forme de croix latine. Mais au moment de greffer un clocher, les caisses étaient vides. Faute d'argent, la cloche Étiennette dut se contenter d'un tout petit campanile.

➨ Engagez-vous dans le square des Batignolles, derrière l'église. Installez-vous sur un banc (ou dans la petite orangerie circulaire s'il fait froid).

Chaque 15 août, la fête patronale battait son plein sur ce terrain vague. Batignollais et Batignollaises guinchaient avec des gars et des jeunes filles venus des villages alentour. Après l'annexion, le préfet Haussmann décida d'en faire un square à la mode anglaise, un modèle de campagne miniature. L'ingénieur Alphand en traça contours et détails et l'inauguration eut lieu en 1867.

➨ Dirigez-vous vers l'allée qui surplombe la voie ferrée et élisez un banc pour quelques minutes de lecture.

Lors de l'étude du projet de ligne de chemin de fer de Paris au Pecq, la colline de Monceaux posa problème. La gravir ? Impossible. Il fallait donc passer par en dessous... Mais dans les années 1830, ce n'était pas une mince affaire. Le creusement du tunnel ferroviaire des frères Pereire déclencha hilarité, curiosité et méfiance. Les badauds se pressaient le dimanche devant la tranchée. Le scientifique Arago prédit une épidémie de fluxions de poitrine et de pleurésies parmi les voyageurs sujets à une transpiration un tant soit peu abondante. D'autres mirent en garde contre la « fugace succession des images devant enflammer la rétine ». Le conseil des ministres interdit au roi d'assister à l'inauguration de ce boyau infernal. Ce furent donc la reine Amélie et ses filles – dont les vies étaient, semble-t-il, moins précieuses – qui se dévouèrent et montèrent dans le train, le 24 août 1836. L'historien globe-trotter Maxime Du Camp rapporta que « personne ne s'enrhuma sous le tunnel ; la locomotive n'éclata point ; les wagons ne déraillèrent pas et l'on put croire qu'un voyage en chemin de fer n'était pas nécessairement mortel ». Il ne reste aujourd'hui qu'une petite partie de ce tunnel, démoli après l'accident du 17 octobre 1921 qui fit vingt victimes.

➨ Par la rue Boursault (que longe le bus 66), dirigez-vous vers le métro Rome.

Sur ce terre-plein se dressait la barrière de la Réforme, guérite ajoutée en 1840 au mur des Fermiers généraux pour que les Batignollais n'aient pas à marcher jusqu'à la barrière de Clichy ou celle de Monceaux pour entrer et sortir de Paris.

1. Passage Geffroy-Didelot.

2. Le théâtre Hébertot, 78 bis, boulevard des Batignolles.

3. 108, rue des Dames.

4. 29, rue des Batignolles.

5. 21, rue de Lévis.

1

2

3

4

5

➨ Franchissez la saignée ferroviaire et longez le boulevard des Batignolles jusqu'au nº 78 bis.
Le théâtre Hébertot fit l'objet d'une guerre larvée entre la municipalité et les frères Seveste. Il faut pour en comprendre les ressorts remonter aux lendemains de la Révolution. Un dénommé Seveste, chanteur du vaudeville, petit-fils du fossoyeur du cimetière de la Madeleine, avait pu indiquer à Louis XVIII, en 1815, le lieu d'inhumation de Louis XVI et Marie-Antoinette. En récompense, lui et son frère avaient reçu le privilège d'exploitation de tous les théâtres de banlieue pour une durée de quarante ans. Quand les frères Seveste apprirent qu'un Batignollais dénommé Besançon Souchet s'était fait construire un petit théâtre rue Lemercier et qu'il y donnait des représentations avec la bénédiction du maire des Batignolles, leur sang ne fit qu'un tour. Souchet, soutenu par la municipalité et les notables ainsi que par des pétitions populaires, continua ses représentations en dépit des amendes, jusqu'en 1833 – date à laquelle il fut contraint de vendre sa salle. L'affaire rebondit en 1838 : un nouveau théâtre fut érigé ici, et sa direction confiée aux Seveste. Mais la municipalité des Batignolles, frondeuse, continua à donner régulièrement des représentations de charité au théâtre Souchet...

➨ Tournez à droite dans la rue de Cheroy, puis à gauche dans la rue des Dames. Arrêtez-vous à l'angle de la rue de Saussure.
Avant d'adopter en 1864 le nom d'un naturaliste genevois, cette voie s'appelait rue de la Santé, soulignant s'il en était besoin la salubrité de l'air des Batignolles. Quand fut percé le dernier tronçon (entre le boulevard Pereire et l'avenue de la porte d'Asnières), son nom devint logiquement rue de la Santé prolongée.

➨ Poursuivez la descente de la pittoresque rue des Dames, jadis jalonnée de bals et de guinguettes.
Tournez le cou à gauche dans le passage Geffroy-Didelot, percé en 1843 et bordé de boutiques à volets de bois, chacune peinte d'une couleur différente et surmontée d'un grand drapeau. Des artistes y ont élu domicile.

➨ Prenez à gauche la rue de Lévis pour rejoindre son extrémité.
Piétonnière et commerçante, elle ne manque pas d'animation. C'était au Moyen Âge le chemin d'Argenteuil, voie principale du hameau de Monceaux, un écart perdu dans la plaine de la paroisse de Clichy.
La présence à l'autre bout de la rue du château féodal de Monceaux (voir p. 217) drainait ici quantité de jardiniers, plâtriers, nourrisseurs de bestiaux, voituriers, écuyers, gardes et nourrices logés dans des bicoques en bois et en torchis. On voyait également passer des colonies de pèlerins allant se recueillir dans la chapelle aux reliques (voir p. 217).
Comme ce fut le cas pour son voisin des Batignolles, la démographie de ce hameau explosa après la construction du mur des Fermiers généraux, en 1785. Sous son ombre fleurirent cabarets et guinguettes.
À la hauteur du nº 4, on pouvait aller se défouler au bal des Débardeurs, une salle si exiguë que l'orchestre (un piston, une clarinette et un

1. 8, rue de Lévis.

2, 3 et 4. Curiosités de l'impasse de Lévis.

Un petit creux ?

La taverne de cocher fondée en 1810 par un limonadier alsacien et devenue la brasserie ***Wepler*** *(14, place de Clichy, tél. 01 45 22 53 24) est une halte agréable à mi-chemin de cette balade.*

tambour) était installé sur un balcon extérieur. Mais à l'intérieur, mazette, quelle ambiance ! On buvait du vin sucré servi dans des saladiers, on enlaçait les jolies serveuses pour un pas de danse et l'on tapait du pied en rythme sur le parquet, lequel était largement arrosé de sel, pour absorber la poussière.

Du n° 8 s'échappait comme c'est encore le cas aujourd'hui une bonne odeur de café torréfié. La brûlerie Richard a remplacé les « cafés E. Patin », fondés en 1840, immortalisés dans la pierre.

Ne manquez pas au n° 25 l'impasse de Lévis aux recoins tarabiscotés : sa marquise, son hôtel du Progrès, sa verrière et surtout, ses maisonnettes du bout du bout, tellement incongrues avec leurs toitures en zinc très pentues. Avez-vous remarqué aussi, scellé sur l'un des murs de l'impasse, un gros crochet métallique en forme de tire-bouchon ? Peut-être servait-il à accrocher les licols des chevaux...

Levez le nez sur l'immeuble n° 26, rescapé des années 1850 et sur la guirlande d'épis de maïs sculptée au-dessus de la porte du n° 42.

Poussez la porte du n° 48 : une succession de trois courettes vous y attend. Les artisans des Batignolles logeaient dans des maisons de ce genre.

➨ La rue de Lévis s'achève en placette, à l'harmonie bancale.

C'était le cœur du village de Monceaux, défiguré par les ans. Une seule maison basse demeure. Sur la vitrine de la pharmacie, on peut calquer l'entrée du château de Monceaux, encadrée de deux petites tourelles à poivrière. L'élégant immeuble de six étages a été bâti en 1897, à l'exact emplacement du palais. Que sait-on de ses origines ? Qu'il fut d'abord une ferme fortifiée, vers 1253 ; que Jeanne d'Arc y a passé une nuit en 1429 et qu'il s'accompagnait au XVIe siècle d'une chapelle, d'un jeu de paume, d'un pressoir, d'un colombier à pied et d'un plaidoyer pour l'exercice de la moyenne et basse justice. Les clés du domaine passèrent de main en main jusqu'à ce que le château, vieux de six siècles soit démoli, en 1897, sous la pression des spéculateurs.

Dans la chapelle Saint-Étienne attenante à la propriété (que l'on situe au coin de la place de Lévis et de la rue Legendre), le père capucin Jérôme de Charron (frère du seigneur en place) fit transférer au début du XVIIIe siècle les reliques de sainte Christine. Louis XIV offrit le reliquaire et les grilles fleurdelisées destinées à les protéger. Des miracles suivirent, qui donnèrent lieu à d'incessants pèlerinages. À la Révolution, les reliques furent éparpillées et la chapelle vendue au titre des biens nationaux ; son acquéreur la cloisonna et y aménagea des appartements. Elle fut finalement démolie en 1828, après la construction de la chapelle Sainte-Marie-des-Batignolles et sa cloche Étiennette déplacée dans le nouveau sanctuaire.

➨ Par la rue de Tocqueville ou l'avenue de Villiers, vous pouvez rejoindre le métro Villiers.

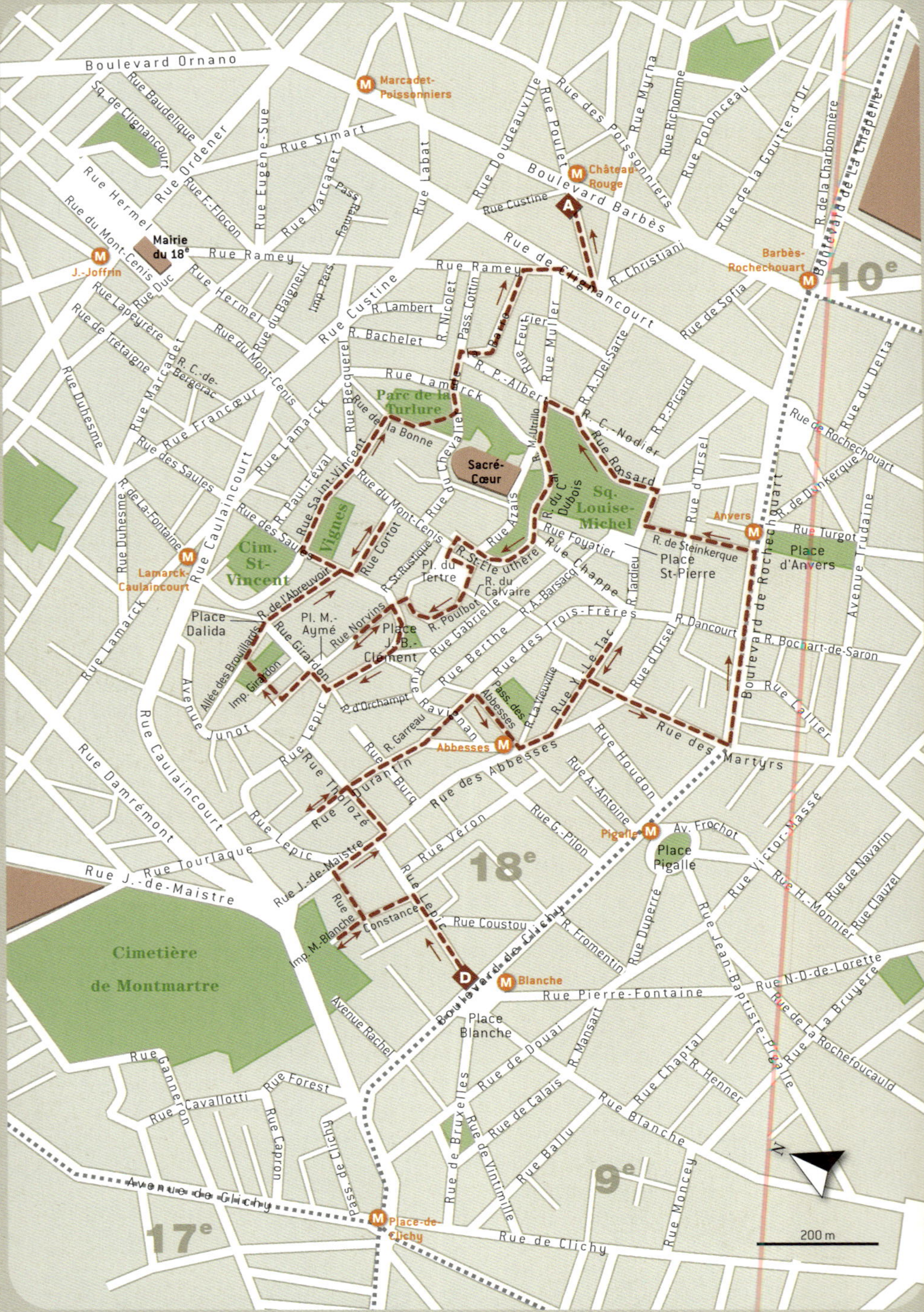

Boulevard Ornano
Marcadet-Poissonniers
Rue Baudelique
Sq. de Clignancourt
Rue Ordener
Rue Eugène-Sue
Rue Simart
Rue Labat
Rue Doudeauville
Rue Poulet
Rue des Poissonniers
Rue Myrha
Rue Richomme
Rue Polonceau
Rue de la Goutte-d'Or
R. de la Charbonnière
Boulevard de la Chapelle
Château Rouge
Boulevard Barbès
Rue Custine
A
Rue Hermel
Rue du Mont-Cenis
Rue F.-Flocon
Rue Marcadet
Pass. Ramey
Mairie du 18e
Rue Ramey
J.-Joffrin
Rue Duc
Rue Lapeyrère
Rue Hermel
Rue du Baigneur
Imp. Pers
Rue Custine
R. Lambert
R. Bachelet
R. Nicolet
Pass. Cottin
Rue Ramey
Rue de Clignancourt
R. Christiani
Barbès-Rochechouart
10e
Rue de Sofia
Rue de Trétaigne
R. C.-de-Bergerac
Rue du Mont-Cenis
Rue Becquerel
Rue Lamarck
R. P.-Albert
Rue Feutrier
Rue Muller
R. A.-Del-Sarte
R. P.-Picard
Rue du Delta
Rue Duhesme
Rue Francœur
Rue Lamarck
Parc de la Turlure
Rue de la Bonne
Rue du Chevalier
Sacré-Cœur
R. M.-Utrillo
R. C.-Nodier
Rue Ronsard
Rue de Rochechouart
Rue des Saules
R. Paul-Féval
Rue Saint-Vincent
Rue du Mont-Cenis
R. du C. Dubois
Sq. Louise-Michel
Rue d'Orsel
Boulevard de Rochechouart
Rue de Dunkerque
Rue Duhesme
R. de La-Fontaine
Rue Caulaincourt
Vignes
Rue Cortot
Rue Azaïs
Rue Foyatier
R. de Steinkerque
Anvers
Rue Turgot
Place d'Anvers
Avenue Trudaine
Lamarck-Caulaincourt
Cim. St-Vincent
Rue des Saules
R. St-Rustique
Pl. du Tertre
R. St-Eleuthère
R. du Calvaire
Rue Chappe
Place St-Pierre
Rue Tardieu
Rue Lamarck
Place Dalida
R. de l'Abreuvoir
Pl. M.-Aymé
Rue Norvins
Place J.-B.-Clément
R. Poulbot
Rue Gabrielle
R. A.-Barsacq
Rue des Trois-Frères
R. Dancourt
R. Bochart-de-Saron
Allée des Brouillards
Rue Girardon
Imp. Girardon
Avenue Junot
Rue Berthe
Rue Ravignan
R. d'Orchampt
Rue Lepic
Pass. des Abbesses
R. La Vieuville
Rue Y.-Le Tac
Rue d'Orsel
Rue Lallier
Rue Caulaincourt
R. Garreau
Abbesses
Rue des Martyrs
Rue Damrémont
Rue Tholozé
Rue Durantin
Rue Burq
Rue des Abbesses
Rue A.-Antoine
Rue Houdon
Rue Victor-Massé
Rue Lepic
Rue Véron
Rue G.-Pilon
Pigalle
Av. Frochot
Place Pigalle
Rue de Navarin
Rue J.-de-Maistre
Rue Tourlaque
18e
Rue H.-Monnier
Rue Clauzel
Rue Lepic
Rue J.-de-Maistre
Rue Constance
Rue Coustou
Boulevard de Clichy
R. Fromentin
Rue Duperré
Rue Jean-Baptiste-Pigalle
Cimetière de Montmartre
Imp. M.-Blanche
D
Blanche
Rue Pierre-Fontaine
Rue N.-D.-de-Lorette
Place Blanche
Rue de La Rochefoucauld
Rue La Bruyère
Avenue Rachel
Rue de Douai
R. Mansart
Rue Chaptal
R. Henner
Rue Ganneron
Rue Forest
Rue Cavallotti
Rue de Bruxelles
Rue de Calais
Rue Blanche
Rue Capron
Pass. de Clichy
Rue de Vintimille
Rue Ballu
9e
N
Avenue de Clichy
Place-de-Clichy
Rue de Clichy
Rue Moncey
17e
200 m

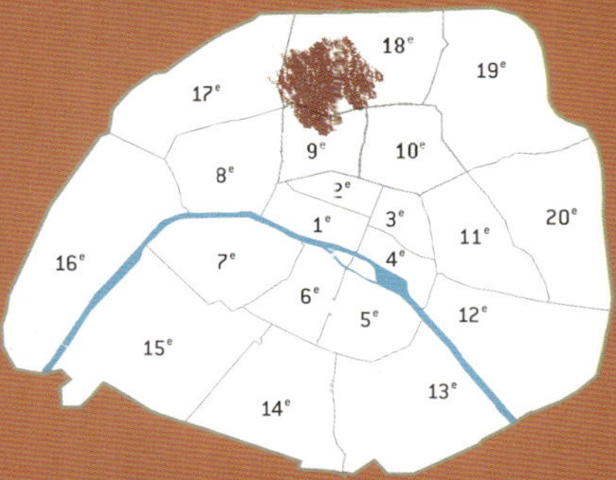

Montmartre

Du métro Blanche au métro Château-Rouge

Montmartre
Butte provinciale et délurée

Montmartre cultive son image de carte postale : ses artistes, ses moulins, ses poulbots… Cette légende dorée qui plaît tant aux touristes s'est forgée sur une réalité ; celle d'un village provincial, frondeur et déluré, haut perché sur un tertre sacré.
Cette butte élevée, boisée et parcourue de sources apparaissait aux yeux des premiers occupants de Paris comme un site béni des dieux. Les Gaulois puis les Romains y ont posé sur ses flancs des temples dédiés à Mercure et à Mars. Mais ce fut le martyre de saint Denis, premier évêque de Paris, qui rendit dès le premier millénaire le nom de Montmartre célèbre dans toute la chrétienté.
Autour de la puissante abbaye bénédictine fondée sur la Butte au XIIe siècle se sont groupées quelques maisons de vignerons, de laboureurs et de meuniers. C'est le Montmartre du haut, bourg rural relié tant bien que mal à la plaine par deux sentiers fort abrupts ; l'un à l'adret [actuelle rue Ravignan], l'autre à l'ubac [rue du Mont-Cenis]. Il s'oppose au Montmartre du bas, greffé près du mur des Fermiers généraux et animé par le commerce des guinguettes. Ledit commerce est florissant : près des barrières Pigalle, Blanche et de Clichy, des centaines de marchands de vin-traiteurs s'agglutinaient [350 en 1844]. Dans les gosiers coulaient des vins du Gâtinais, de l'Orléanais et de Basse-Bourgogne mais curieusement, pas une goutte du piccolo de Montmartre, réputé de piètre qualité et exporté dès le XIVe siècle vers les Flandres, l'Angleterre, la Picardie et la Normandie.
Sous le Second Empire, Montmartre faisait figure aux yeux des Parisiens d'un hameau idyllique plein de chaumières et de jardins, mais situé aux antipodes et surtout très fatigant d'accès. Si les gens aisés préféraient prendre l'air à Auteuil, en voiture attelée, le petit peuple, en revanche, en raffolait. En partant des grands boulevards, il fallait compter une demi-heure à pied, en soufflant comme un bœuf. Les plus paresseux louaient des ânes bâtés, en station à la barrière de Clichy. En semaine, ceux-ci montaient des sacs de blé et redescendaient lestés de farine. Une fois arrivé au faîte de la Butte, on choisissait son moulin [tous faisaient aussi cabaret], on croquait dans la galette de la meunière en admirant le pano-

Les moulins de Montmartre photographiés en 1839 par Hippolyte Bayard.
[© Albert Harlingue/Roger-Viollet]

rama, on jouait à l'escarpolette, on dansait, on dînait, on buvait, et, le soir, on redescendait de la butte en zigzaguant, les bras chargés d'épine blanche et de lilas.
Le village puisait son autre grande richesse dans son sous-sol, truffé d'un gypse particulièrement résistant aux intempéries. Les carrières de Montmartre ont fourni à elles seules les trois-quarts du plâtre utilisé à Paris. À l'heure de l'annexion, le village comptait 36 000 Montmartrois à la réputation de fortes têtes anticléricales. De belles maisons de campagne voisinaient avec de piteuses masures. Les rues s'ouvraient peu à peu à l'éclairage au gaz et aux fiacres mais les loyers y restaient abordables. Vers 1865, de nombreux Parisiens vinrent grossir les rangs de la population : des ouvriers, des employés, de petits rentiers et beaucoup d'artistes, chassés du Quartier latin fraîchement éventré par le percement des boulevards Saint-Michel et Saint-Germain. Faute de pouvoir s'offrir la Nouvelle-Athènes, fief des artistes consacrés, les rapins et autres gloires « en devenir » se rabattirent sur le pittoresque Montmartre, avec dans leur sillage toute une bohème d'« aéronautes incompris, inventeurs folâtres, courtiers en bêtes féroces, mages, révolutionnaires édentés, [...] globe-trotters et réformateurs de religion » [l'énumération est de l'illustrateur Georges Auriol].
La situation isolée de Montmartre l'a protégé de l'urbanisation. Au début du XXe siècle, l'herbe y poussait encore entre les pavés et aucun omnibus ne se risquait à gravir le tertre. Une protection officielle du périmètre de la Butte, instaurée dans les années 1950, empêche désormais toute modification significative du paysage montmartrois. Et l'on peut s'en donner à cœur joie en se promenant sur les traces de cet ancien village.

1

2

3

4

5
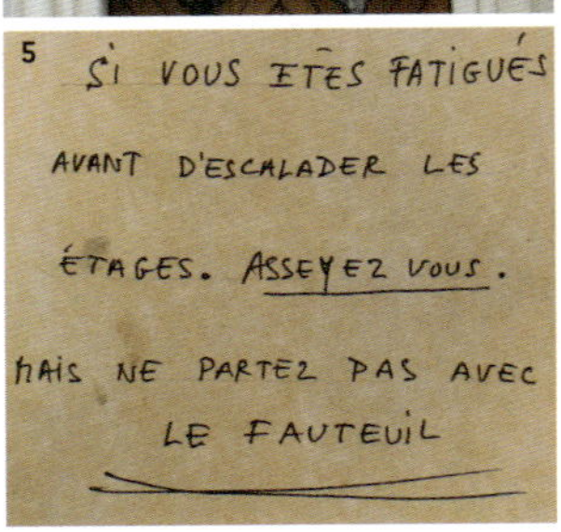

1. Impasse Marie-Blanche.

2. À l'angle des rues Lepic et Joseph-de-Maistre.

3. Cour du 40, rue Durantin.

4. 20, rue Durantin.

5. Devant la loge du 40, rue Durantin.

Montmartre

Durée : 2h-2h30

Départ au métro Blanche.
Pourquoi Blanche et pas Bleue, Rouge ou Orange ? Par cette place transitaient les convois de plâtre extrait des carrières de Montmartre. Les carrioles cheminant vers Paris perdaient sur leur sillage des nuages de poussière que le vent déposait sur les façades et les toits des maisons. La place ressemblait à une coquette au visage fardé de poudre. Le Moulin-Rouge, ouvert en 1889 à la place du bal de la Reine-Blanche, lui a mis le rose aux joues avec son quadrille naturaliste, plus connu sous le nom de french cancan.

Les ânes bâtés ne sont plus en faction à la barrière Blanche et il va falloir amorcer à pied la montée de la rue Lepic, sur les pas des carriers. Tournez à gauche dans la rue Constance. Celle-ci se prolonge par l'impasse Marie-Blanche.
Un panneau à l'entrée de l'impasse détaille la biographie d'un certain L'Escalopier. Ces informations vous seront utiles pour apprécier la curiosité qui vous attend là-bas, au fond de cette impasse. Une tour carrée, des fenêtres à meneaux garnies de vitraux, des culs-de-lampe, des motifs gothiques autour de la porte ; il s'agit d'une bâtisse de style troubadour – c'est-à-dire inspirée par un Moyen Âge d'opérette, fortement idéalisé. L'original comte Charles de L'Escalopier fit construire en 1835 sur la parcelle voisine un castel entouré de serres dans lesquelles il choyait des bananiers, des bois de santal, des muscadiers… Vingt ans après sa mort, en 1882, la propriété fut rasée mais quelques ornements architecturaux furent opportunément récupérés par un voisin, l'antiquaire Eymonaud qui les plaça sur la façade de sa maison. L'effet produit par ces gargouilles et ces atlantes en bois sculpté aux allures de Quasimodo est saisissant. L'intérieur de cette demeure est ouvert au public du 1er juillet au 15 septembre, du lundi au vendredi de 10h à 16h.

Par la rue Constance, rejoignez la rue Joseph-de-Maistre puis la rue Tholozé, ancien chemin de la commune de Montmartre conduisant aux moulins. Le Blute-Fin vous fait de l'œil, perché là-haut. Bifurquez à gauche dans la rue Durantin.
Derrière la haute grille du n° 40, c'est la *dolce vita* : une cour majestueuse, encadrée d'immeubles Restauration et desservie par deux escaliers à deux volées. Près de la loge, une chaise attachée à une gouttière, « pour se reposer avant l'ascension des étages », précise un écriteau manuscrit.

Revenez sur vos pas dans la rue Durantin. Au croisement de la rue Burq, faites un gauche-droite du chef.
Vous verrez aux deux extrémités de la rue de hautes baies vitrées qui

1

1. 41, rue André-Antoine.

2. À l'angle de la rue des Trois-Frères et du passage des Abbesses.

3. À l'angle de la place des Abbesses et de la rue de La Vieuville.

4. 10, rue Cortot.

2

4

3

révèlent la présence d'anciens ateliers d'artistes.

➥ Poursuivez dans la rue Garreau jusqu'à l'intersection de la rue Ravignan.

À gauche s'accroche une placette toute de guingois, à l'emplacement du verger de l'abbaye des Dames de Montmartre. Ce lopin de terre fut vendu comme bien national en 1792, avec les arbres qu'il portait. Parmi eux, il y en avait un qui dominait tous les autres ; un poirier géant surnommé « le Poirier sans pareil ». Un homme installa sous sa frondaison une guinguette et au creux de ses branches, il cloua une table où douze personnes pouvaient, en saison, dîner commodément au milieu des fruits. Quel succès ! Malheureusement de courte durée car la fragilité du sous-sol, miné par d'anciennes carrières, imposa la fermeture de l'établissement en 1814. La rue Ravignan qui dévale vers Paris est l'une des plus anciennes et pendant longtemps la seule rue du village, sous le nom de Vieux-Chemin. Son trafic était tel qu'on la carrossa de pavés en 1646 – un pavage chamboulé en trois mois à peine par les charrois des plâtriers.

➥ Continuez tout droit encore par la rue des Trois-Frères jusqu'au passage des Abbesses.

Impossible de le manquer car il y a toujours, posté en haut de ses marches, une poignée de touristes japonais ou américains, avec un objectif planté sur l'épicerie Colignon, chère à Amélie Poulain.

Le passage en escalier vous mènera sur une placette. Un jardinet ravit l'œil, à gauche. Dans l'angle, une menuiserie à l'ancienne cantonnée dans une baraque en bois diffuse une bonne odeur de sciure. Au-delà du porche en pierre s'annonce la rue des Abbesses qui vous accueille avec une vieille maison un peu bancale (nº 21).

➥ Tournez à gauche dans la rue des Abbesses – un chemin qui existait déjà à l'aube du XVe siècle – et plantez-vous sur la place homonyme, paysage de carte postale avec son manège, sa fontaine Wallace et sa marquise Guimard.

À l'angle de la rue de La Vieuville et de la place des Abbesses se trouvait l'ancienne mairie de Montmartre, inaugurée en 1837 par Rambuteau, préfet de la Seine. Clemenceau y exerça les fonctions de maire en 1870-1871, Jean-Baptiste Clément en 1871. Verlaine s'y maria en 1870 avec Mathilde Mauté de Fleurville. La rue de La Vieuville, avec ses échoppes d'artisans et ses volets de bois, semble figée dans cette époque.

➥ Asseyez-vous sur le banc qui fait face au nº 15 de la rue des Abbesses.

En juillet 1846, une grande émotion secoua le village. Un vieil homme, ancien domestique de l'abbaye, venait de mourir, lâchant sur son lit de mort un incroyable secret : le trésor des abbesses de Montmartre serait enterré là ! À l'aube de la Révolution, il avait lui-même aidé Mme de Montmorency-Laval, la dernière abbesse, à le cacher dans une cave située sous la serre de la Folie-Montigny, un petit château dont le jardin s'étendait jusqu'au boulevard de Clichy. Labbesse ayant été guillotinée par le tribunal révolutionnaire, il était resté seul dépositaire du secret. Entretemps, la folie avait

1

1. Église Saint-Jean-l'Évangéliste, place des Abbesses.

2. 11, rue Yvonne-Le Tac.

3. 92, boulevard de Rochechouart.

2

3

été démolie et la commune de Montmartre avait acquis le terrain. Les fouilles amorcées par la municipalité demeurèrent infructueuses... À gauche, au nº 19, se dresse sous un parement de briques l'église Saint-Jean-l'Évangéliste, construite de 1894 à 1904 pour remplacer l'église Saint-Pierre-de-Montmartre qui était alors vouée à une démolition prochaine.

➨ Longez la rue Yvonne-Le Tac jusqu'au nº 11.

Deux plaques (une ancienne gravée dans le mur et une plus récente fixée sur la porte) signalent l'entrée de la crypte du Martyrium, ouverte tous les vendredis de 15h à 18h (les horaires se sont considérablement rétrécis au fil des ans, comme vous pouvez le constater). Ce lieu méconnu est intimement lié à l'histoire de Montmartre. Il accueillit dans un premier temps des ossements de martyrs chrétiens, déposés dans une carrière de gypse désaffectée. Au IXe siècle, ce cimetière fut assorti d'une chapelle, le Sanctum Martyrium, qui devint des siècles durant un lieu de pèlerinage.

Le 15 août 1534, Ignace de Loyola et ses compagnons y fondèrent la Compagnie de Jésus. La Révolution brouilla les pistes : le sanctuaire fut rasé pour exploiter le terrain en dessous. En 1824, on rechercha en vain l'emplacement de la chapelle du Martyrium. À l'endroit présumé fut élevé en 1869 un oratoire en bois puis en 1887, une nouvelle chapelle voûtée d'ogives au-dessus d'une crypte.

➨ Revenez sur vos pas pour emprunter la rue des Martyrs.

Par là arrivaient, parfois pieds nus, les pèlerins qui allaient se recueillir dans la chapelle des Martyrs.

Au croisement de la rue d'Orsel, jetez un œil au fond de cette rue. Caché par les arbres, vous apercevrez le théâtre de l'Atelier, ancien théâtre Montmartre, à l'origine une petite salle de bois inaugurée en 1822.

Il était régi par les frères Seveste, qui avaient reçu pour quarante ans le privilège d'exploitation de tous les théâtres de banlieue (voir balade des Batignolles, p. 215). Sous leur direction, l'établissement fut surnommé « Théâtre d'élèves » et encore « Galère Seveste » parce que les jeunes comédiens qui composaient la troupe des débuts travaillaient intensément et n'étaient presque pas payés, sous prétexte que Seveste les préparait au métier.

Au nº 77 de la rue des Martyrs, sous l'enseigne La Providence, se tient une maison de retraite fondée en 1804 sous le nom d'asile national de la Providence par M. et Mme Micault de La Vieuville « pour y recevoir les personnes précédemment dans l'aisance et qui à un âge avancé se trouvaient dans la gêne et même dans le besoin ». La danseuse Céleste Mogador y mourut en 1909.

À la brasserie des Martyrs, devenu Madame Arthur, au nº 75, Alphonse Daudet croisa en 1857 Marie Rieu, une jeune modèle qui lui inspira plus tard le personnage de Sapho.

➨ Tournez à gauche sur le boulevard de Rochechouart et cheminez sur le terre-plein central pour gagner un recul sur les façades.

Au nº 92, une maison à colombages couleur brique détonne parmi les néons clinquants. Au milieu de sa façade, entre deux vis de pressoir, se trouve la statuette d'un bon-

1

2

3

4

1. L'Élysée-Montmartre, 72, boulevard de Rochechouart.

2. À l'angle de la rue de Steinkerque et de la place Saint-Pierre.

3. Inscription sur l'immeuble du 86, boulevard de Rochechouart évoquant l'annexion de 1860.

4. La halle Saint-Pierre.

homme rubicond. Sur l'immeuble du n° 86 s'affiche l'inscription « Annexion Paris 1860 – 18e arrondissement ». Vos pas foulent le fantôme du mur des Fermiers généraux. L'Élysée-Montmartre, au n° 72, est l'un des plus anciens bals de Montmartre. Dès 1807, gigolettes à froufrous et chourineurs à blouse et casquette s'y retrouvaient dans ses jardins pour boire à la régalade, jouer dans ses salons aux chevaux de bois, à l'escarpolette et au billard ou danser la polka et le cancan sur son carré de danse. Après l'annexion, la fête continua de plus belle, avec bals masqués et quadrilles naturalistes. La façade de l'Élysée-Montmartre, enserrée dans une piteuse résille, plaide peu en sa faveur. Pour s'émerveiller sur sa gloire passée, mieux vaut lire le panonceau planté sur le trottoir.

➨ Virez à gauche dans la rue de Steinkerque.

Vous êtes au cœur de l'ancien village d'Orsel. La rue des Acacias (actuelle rue d'Orsel) en était l'axe principal. Juste après la Révolution, un certain Joseph Orsel a acheté plusieurs terrains de l'ancienne abbaye de Montmartre vendus comme biens nationaux. Lui et ses héritiers firent tracer de 1825 à 1845 un quadrillage de rues entre le bas de la butte Montmartre et le boulevard de Rochechouart et lotirent les parcelles. L'ensemble bâti, assez éloigné du village de Montmartre, fut longtemps considéré comme un village à part.

➨ Au bout de la rue, tournez à droite vers la halle Saint-Pierre.

Le Sacré-Cœur drague l'attention de tous les touristes. Vous, ignorez-le, car à l'heure où Montmartre était un village, ses pierres n'étaient pas encore sorties des carrières.

➨ Entrez dans la halle Saint-Pierre et levez les yeux sur sa charpente métallique en fer et en fonte.

Cet édifice fut construit en 1868 par un élève de Baltard pour abriter le marché couvert quotidien de Montmartre. Il abrite depuis 1986 le musée d'art naïf Max-Fourny.

➨ Longez la rue Ronsard en observant les amas rocheux du square Louise-Michel.

À un endroit se distingue une sorte de retrait dans la roche ; une ancienne entrée de carrière bouchée a été aménagée en grotte, vestige de l'intense activité des carriers d'antan. La butte est formée de couches gypseuses et les Romains déjà exploitaient son sous-sol. Le gypse servait à fabriquer du plâtre et un dicton affirme qu'« Il y a plus de Montmartre dans Paris, que de Paris dans Montmartre ». Outre la construction des maisons, le gypse pur était aussi utilisé pour la préparation de la poudre de riz dont les femmes se talquaient le visage. Il était alors recuit et tamisé dans des tissus extrêmement fins, avant d'être parfumé.
Le paysage ne ressemblait pas à la Butte lisse et dodue que l'on connaît. De profonds ravins griffaient ses flancs, les pentes étaient tourmentées, éventrées de puits de carrière abandonnés qui servaient, la nuit venue, de refuge aux vauriens et aux vagabonds. Les Montmartrois redoutaient de s'en approcher entre vêpres et le chant du coq.
En 1848, le biographe Hippolyte Castille relia la physionomie de la Butte

1. Rue Maurice-Utrillo.

2. Face au 14 de la rue Nodier.

3. Une fenêtre fleurie dans une rue montmartroise.

au caractère insurrectionnel de ses habitants : « À quoi Montmartre doit-il son esprit belliqueux ? Il serait difficile de le dire. Mais rien qu'à voir ses accidents de terrain, ses aspects étranges et délabrés, ses entrées de carrières sinistres comme une Thébaïde [...], ses moulins fantastiques, son télégraphe démantelé, ses effondrements, son badigeon et ses maçonneries impossibles, on sent qu'il y a là, sur cette butte crayeuse d'où l'œil peut embrasser d'un seul regard tout Paris, place pour les mécontents, les rêveurs de coups de main, les déclassés de toutes sortes. Il suffit d'y frapper le sol pour faire sortir de ses entrailles une cohorte de mineurs, de plâtriers, de chaufourniers. »

Après une exploitation intensive et plusieurs effondrements spectaculaires, les carrières de Montmartre furent définitivement abandonnées en 1860.

➨ Quelques pas plus loin, à l'angle des rues Ronsard et Charles-Nodier (face au nº 14 de cette rue), une plaque commémorative se dissimule derrière un rideau de verdure.

En 1798, des carriers trouvèrent sous leur pioche, dans des couches de gypse datant de l'Éocène, un tronc de palmier d'un volume considérable pétrifié en silex et des ossements fossilisés. Georges Cuvier, créateur de l'anatomie comparée et de la paléontologie, les étudia et conclut qu'ils appartenaient à une espèce disparue de mammifère herbivore proche du tapir qu'il nomma « vieille bête » ou Palaeotherium. À partir d'autres ossements, il restitua également la sarigue (marsupial).

À la suite de quoi Cuvier acquit une grande renommée et fut nommé baron par Louis XVIII en 1820. Preuve était faite que des pachydermes et des carnassiers vivaient à l'aube des temps quaternaires sur les terres semi immergées du Bassin parisien.

➨ Amorcez courageusement l'ascension de la rue-escalier Paul-Albert, en bifurquant à gauche au niveau du square Louise-Michel ou de la rue Maurice-Utrillo, pour atteindre la rue du Cardinal-Dubois.

Ici encore, les touristes se pressent pour admirer le somptueux panorama de la capitale. Ici encore, fuyez les regards convenus et glissez devant vos yeux un filtre sépia. Laissez-vous porter par la description d'un passé révolu.

De part et d'autre des gorges profondes provenant des excavations de carrières, les pentes de la Butte étaient à la fin du XVIIIe siècle couvertes de terres labourables (66 %), de jardins (26 %), de vignes (5 %) et de bois. Sur les terrains les plus plats poussaient des céréales – blé, orge et seigle – parfois froissées par de tendres ébats. Un registre de la paroisse garde trace d'un procès-verbal administré à des amants montmartrois punis pour avoir, en 1767, causé « des dégâts considérables dans les blés et les seigles » !

Les céréales étaient portées à dos de mulet vers les moulins plantés sur les hauteurs, à l'ouest et au nord. On en comptait une quinzaine, aux noms pittoresques : le moulin de la Béquille, le moulin Paradis, la Turelure, le moulin des Potences, des Brouillards, de la Poule... Tout cela tournait, tournait, car il en fallait de la farine au grand Paris. Entre le boule-

1. Place du Tertre.

2. Rue Saint-Éleuthère.

3. L'église Saint-Pierre-de-Montmartre.

4. Dans le square ceint des rues Azaïs et Saint-Éleuthère.

vard de Clichy et la rue des Abbesses, on cultivait des légumes, notamment des betteraves, des pommes de terre, des pois, des fèves et surtout des asperges, spécialité d'un terroir aujourd'hui sillonné par la rue Lepic. Sur les pentes s'accrochaient aussi des chaumières et de nombreux arbres fruitiers, abreuvés par des dizaines de sources.

Ce tableau du début du XIXe siècle perdit de sa fraîcheur et se couvrit de rues et de maisons au fur et à mesure du remblaiement et de la consolidation du sous-sol. Les pentes furent terrassées sous forme d'une succession de paliers. Le long des fronts de taille furent tracées des rues horizontales et parallèles (rues Gabrielle, André-Barsacq, Berthe), raccordées entre elles soit par des rues biaises aux pentes accentuées (rue Chappe), soit par des escaliers (rues du Calvaire, Chappe, Foyatier).

➨ Continuez tout droit vers la rue Saint-Éleuthère.

Un premier funiculaire hydraulique fut installé en 1899 pour desservir la basilique du Sacré-Cœur. Une cabine tractée électriquement le remplaça en 1935. Depuis 1993, de nouvelles cabines automatisées, dessinées par Roger Tallon, designer du TGV Atlantique, glissent sur la rampe qui gravit 37 mètres de dénivellation sur 108 mètres de long.

À l'emplacement du square Nadar, enserré entre les rues Azaïs et Saint-Éleuthère, se trouvait l'ancien pressoir seigneurial, propriété de l'abbaye. Jusqu'à la Révolution, les vignerons devaient pressurer leur vendange au pressoir et acquitter une redevance en nature (pouvant atteindre la moitié de la récolte) aux bénédictines. Au 1, rue Saint-Éleuthère se loge la guérite du « garde-bassin » chargé de l'entretien du réservoir de Montmartre, édifice imposant aux allures de forteresse, bâti en 1889.

➨ Entrez à droite dans l'enclos de l'église Saint-Pierre.

Cette église est en quelque sorte une miraculée ; plusieurs fois, il s'en est fallu de peu qu'elle ne soit détruite, après avoir connu maints avatars. Elle demeure le seul vestige de l'abbaye de Montmartre, établie au XIIe siècle sur le sommet de la Butte. C'était une abbaye bénédictine, riche, puissante et prospère, grâce aux relations privilégiées que les abbesses, issues des grandes familles aristocratiques, entretenaient avec leur entourage. L'église Saint-Pierre-Saint-Denis était partagée entre les religieuses (qui avaient jouissance du chœur, du transept et de la dernière travée de la nef) et les paroissiens. C'est parce qu'elle était affectée en partie au service paroissial que l'église fut épargnée pendant la Révolution. L'abbaye, elle, en revanche, fut pillée, son domaine morcelé et sa quarante-sixième abbesse, Louise de Montmorency-Laval, guillotinée.

Des maçons, des entrepreneurs et des carriers se portèrent acquéreurs des terrains de l'abbaye qu'ils chamboulèrent pour en extraire le plâtre, anéantissant toute trace du couvent.

Une des chapelles de l'église de Montmartre a longtemps été dédiée à saint Chrysogon, que le peuple avait surnommé saint Raboni, parce qu'il avait la réputation de bonifier les mauvais époux. Il suffisait de faire toucher la chemise du mari à la sta-

1

1 et 4. Rue du Mont-Cenis.

2 et 3. Place du Tertre.

5. Rue Norvins.

2

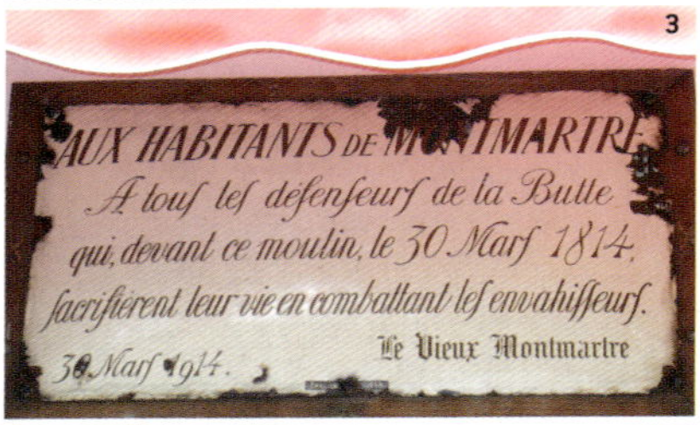

3

4

5

tue du saint et si l'époux ne devenait pas meilleur dans l'année, il mourait. Les Parisiennes ayant à se plaindre de leur conjoint venaient jusqu'ici pour y réciter des neuvaines.
L'église servit le progrès en accueillant sur son chœur le télégraphe de Chappe. Installé en 1794, il y resta jusqu'en 1866, bien après que l'église fut rendue au culte, en 1814. En 1834, elle faillit être démolie pour cause de vétusté mais fut sauvée *in extremis* par le conseil municipal, et consolidée. Après avoir fait office d'atelier de confection de vêtements et de dépôt de munitions pendant la Commune, l'église retrouva enfin sa dignité.
À gauche de l'église, une sinistre grille en bronze sculptée par Gismondi laisse deviner le vieux cimetière du Calvaire. Les abbesses de Montmartre ont fait cadeau de leur verger aux paroissiens à cet usage, en 1688. L'enclos qui compte à peine quatre-vingts tombes n'est ouvert au public qu'un seul jour par an, le 1er novembre.

➨ Revenez dans la rue du Mont-Cenis.

Cette rue reliait dès le XIIe siècle l'abbaye de Saint-Denis à celle de Montmartre. Elle s'appelait alors chemin de la Procession car tous les sept ans, le grand-prieur de Saint-Denis transportait le reliquaire d'or du saint jusqu'à l'église Saint-Pierre où il célébrait une messe.
Les premières maisons de cette rue (nos 4, 6, 8 et entre les nos 5 et 17), comme la plupart de celles qui encadrent la place du Tertre, datent du XVIIIe siècle. Sur leurs façades fleurissent des plaques commémoratives dont l'éclectisme prête à sourire : « Ici était la mairie de Montmartre… » ; « À la mémoire d'Anatole, garde-champêtre… » ; « Ici est né le mot bistrot… » ou encore « Pour la première fois le 24 février 1898, une voiture à pétrole pilotée par Louis Renault son constructeur atteignit la place du Tertre. . ».
Cette place était déjà formée au XIVe siècle : s'y dressaient la potence et le carcan de la justice de l'abbaye. Le cœur du village est devenu une attraction touristique sous le signe de la palette. On vient des antipodes pour se plonger dans l'atmosphère d'un Montmartre d'opérette, sur les pas des artistes célèbres qui ont hanté ses rues entre 1890 et 1940. Ce Montmartre bohême n'était pourtant pas aussi rose que l'on se plaît à le croire aujourd'hui. Les artistes qui menaient cette vie la considéraient avec amertume comme une période transitoire d'où il était urgent de déguerpir vers des appartements chauffés et des repas réguliers.

➨ Par la rue du Calvaire, gagnez la place du Calvaire qui forme un merveilleux belvédère.

Le no 1 revendique un double record : la maison la plus haute de la Butte posée sur la plus petite place de Paris.

➨ La rue Poulbot vous mènera rue Norvins, rue principale de l'ancien village.

Cette voie qui parcourt la crête de la colline se nommait entre 1468 et 1868 rue Traînée. Ce mot désignait à la fois un alignement de maisons et un piège à loups. On traînait de la viande jusqu'au piège pour y amener le loup qui flairait cette trace. À vous de choisir l'origine que vous préférez car les historiens n'ont pas encore tranché !

1. Rue des Saules.

2. Fontaine du château d'eau, place Jean-Baptiste-Clément.

3. La Folie-Sandrin, 22, rue Norvins.

➡ Avancez-vous de trois pas à l'angle de la rue des Saules et de la rue Saint-Rustique.

Cette ruelle pavée, étroite et dépourvue de trottoirs, est antérieure au XIe siècle. De part et d'autre, deux auberges revendiquent une longue tradition d'accueil d'artistes. Dans le jardin d'À la Bonne Franquette, Van Gogh a peint en 1886 *La Guinguette*, conservée au musée d'Orsay.

➡ Revenez dans la rue Norvins et stoppez face aux nos 22-22 bis.

La façade d'une blancheur éblouissante est celle de la Folie-Sandrin. En 1805, le docteur Pierre-Antoine Prost acheta cette lumineuse et confortable propriété pour y installer une maison de santé pour malades mentaux, auxquels il prodiguait des soins « dans un climat de douce bienveillance ». La maison et ses pensionnaires passèrent en 1820 entre les mains du docteur Esprit-Silvestre Blanche. Jusqu'en 1845 (date à laquelle il installa sa clinique à Passy), le Dr Blanche y soigna des personnes démunies aussi bien qu'une clientèle d'artistes fatigués ou dépressifs. Il avait pour patients, entre autres, Jacques Arago (frère du savant) qui avait composé un livre de soixante-deux pages dont aucun mot ne comportait la lettre a, une ancienne demoiselle d'honneur de Marie-Antoinette qui avait perdu la raison de n'avoir pu épouser Robespierre et un certain Gérard de Nerval qui promenait en laisse un homard vivant dans les jardins du Palais-Royal.

➡ Rebroussez chemin vers la place Jean-Baptiste-Clément.

Au no 10 s'affiche au-dessus de la porte, gravé dans la pierre : « 114 rue de l'Empereur ». Qui s'amuse à brouiller les pistes ? Napoléon en personne. L'accès à la Butte a longtemps fait figure d'une véritable ascension et quand Napoléon vint en 1808 rendre visite au télégraphe de Chappe installé sur l'église Saint-Pierre, il emprunta la seule voie d'accès venant de Paris : le Vieux-Chemin (actuelle rue Ravignan). Mais celui-ci était si escarpé et si mauvais que l'Empereur dut descendre de cheval à mi-hauteur et poursuivre à pied, en maugréant. Le curé de l'église qui le reçut lui glissa opportunément qu'il serait bon de doubler le Vieux-Chemin d'une route praticable par tous temps aux cavaliers et aux voitures attelées. L'empereur lui en promit une d'ici deux ans et tint son engagement. Il fit tracer une rue partant de la barrière Blanche et qui, décrivant un S, montait jusqu'aux vieilles maisons du village. Cela permettait en même temps d'établir des batteries d'artillerie. On l'appela d'abord rue de l'Empereur puis rue Lepic en 1864. Elle aboutit sur la place Jean-Baptiste-Clément, plantée de cerisiers en hommage au poète.

Un curieux édifice de style néo-Renaissance domine cette place escarpée : il s'agit de la fontaine du château d'eau de Montmartre, datant de 1835, qui contenait autrefois un réservoir de 260 000 litres. Les sources de la colline s'étaient taries à force de retourner le sous-sol et les villageois, qui manquaient d'eau, durent recourir à une alimentation par pompe hydraulique. La Commanderie du Clos-Montmartre y a élu domicile.

➡ Descendez la rue Lepic.

À l'intersection du 83, rue Lepic et du 1, rue Girardon surgit le moulin

1

2

1. Le moulin Radet, 83, rue Lepic.

2. Le calme des people est préservé grâce à un interphone pipé.

3. L'entrée du Maquis au début du XXe siècle. Devant la loge du concierge (à droite), une jeune Montmartroise chargée de la corvée d'eau. (Coll. part.)

4. Le boulodrome du Maquis.

3

4

du Radet, érigé en 1717. N'allez pas croire que les quatorze moulins de Montmartre ne broyaient que du blé ! Celui-ci moulait en 1830 des oignons, des grains et autres ingrédients de produits de beauté pour une parfumerie voisine. D'autres pressaient les vendanges, concassaient les matériaux nécessaires aux manufactures ou réduisaient en poudre des pigments de couleurs (c'était le cas du moulin à Poivre, démoli en 1912). Non contents d'indiquer chaque jour aux Montmartrois la direction du vent, ils étaient aussi un but de promenade pour les Parisiens car chaque moulin, le week-end, se transformait en guinguette.
Un peu plus bas, entre les nos 75 et 77, trône le Blute-Fin. C'est le plus ancien (il date de 1622) et le seul à avoir conservé son mécanisme intérieur. Le Radet et le Blute-Fin appartenaient dans les années 1870 au même propriétaire, Pierre Auguste Debray. Mme Debray confectionnait avec la fine fleur de la farine de si succulentes pâtisseries que la guinguette fut bientôt connue sous le nom de moulin de la Galette. Elle faisait double office : bal des familles le dimanche après-midi ; bal des artistes, des barbeaux et surtout des midinettes le samedi et le dimanche soir. Ces moulins sont les deux derniers de Montmartre. Leurs camarades ont disparu progressivement, en raison du développement de la minoterie.

➨ Par la rue Girardon dirigez-vous vers la place Marcel-Aymé. Tournez tout de suite à gauche dans l'avenue Junot et observez les digicodes à côté du portail noir, au-delà du Ciné 13 Théâtre et des trois petites marches.

Vous y verrez des noms, tous connus, de célébrités, défuntes, liées à l'histoire de Montmartre : Bonnard, Boudin, Braque, Brauner, Calder, Camoin, Cézanne, Chagall, Chéret, Corot, Cross, Degas, Delaunay, Dufy, Ernst, Foujita, Gauguin, Gen Paul, Giacometti, Goya, Gromaire, Ingres, Juan Gris, Kandinsky, Kisling, Klee, Klein, Laurencin, Lautrec, Léger, Maclet, Magritte. Il s'agit de pseudonymes que se sont choisis les habitants de cette enclave dorée pour ne pas être perpétuellement dérangés. Claude Lelouch, notamment, fait partie de ceux-là.

➨ Poursuivez dans l'avenue Junot.

Voyons... N'est-ce pas dans cette avenue, au no 21, qu'habite l'assassin du film d'Henri-Georges Clouzot ? Le 23 est à gauche, allez donc à droite... Voyons, par quelle diablerie ? Il n'y a tout simplement pas de no 21, pas plus que de 19 ni de 17 dans cette voie. Ces numéros ont dû être réservés lors du percement de la rue pour des bâtisses dont la construction a finalement été annulée.
Un salut au Blute-Fin, de dos, puis au no 13, le domicile de Francisque Poulbot, signalé par une frise en mosaïque de têtes blondes. Le percement de l'avenue Junot, en 1913, provoqua l'abaissement du sol sur une hauteur de six mètres, rendant nécessaire l'édification d'un mur de soutènement, partiellement construit avec des pierres d'anciennes ruines romaines (temples et villas) découvertes ici.

➨ Traversez l'avenue Junot pour rejoindre l'impasse Girardon. Saluez la maisonnette rustique du no 2, en double équerre autour d'une cour

1

2

1. Statue de saint Denis, impasse Girardon.

2. Le château des Brouillards.

3. Place Casadesus.

3

pavée. Puis engagez-vous dans le square Suzanne-Buisson.

Avant le percement de l'avenue Junot, au début du XXe siècle, l'espace compris entre les rues Girardon et Caulaincourt était une vaste friche surnommée le « maquis », tant la végétation y était dense. L'instabilité du sol argileux ne permettait pas l'implantation de maisons « en dur » ; il n'y poussait que des buissons d'aubépines et des cabanes de chiffoniers aux minces parois de plâtre. À une exception près, cependant : à l'emplacement de ce square, l'horticulteur Alexandre Godefroy-Lebeuf bichonnait un jardin colonial. De 1885 à 1905, il cultiva sous serre des plantes exotiques – caféiers, hévéas, poivriers – qu'il exportait dans le monde entier. Propagateur du caoutchouc en Indochine, il produisait aussi du quinquina, du gingembre et du patchouli.

➨ Avancez vers la fontaine et posez-vous devant la statue de saint Denis qui tient sa tête entre ses mains.

La légende du martyre de saint Denis fut pieusement colportée au XIIIe siècle dans les chaumières et les châteaux de toute la chrétienté par la voix des troubadours. Petit rappel pour ceux qui n'ont connu ni chaumière ni château : vers l'an 250, Denis et ses compagnons Rustique et Éleuthère prêchaient l'Évangile à Lutèce. Ce qui n'était pas du goût du préfet Fescennius Sisinius qui les fit arrêter et condamner à mort par décapitation. L'exécution eut lieu devant le temple de Mercure, à Montmartre. Mais là, miracle ! Denis prit sa tête sous le bras et continua à gravir la Butte jusqu'ici, où se trouvait une fontaine, au milieu d'un bois touffu. Le saint homme y fit un brin de toilette puis reprit sa marche. Il descendit le versant nord et expira auprès de Catulla, une veuve pieuse qui l'inhuma. Du blé poussa aussitôt sur sa tombe pour la masquer aux profanateurs. En 475, sainte Geneviève transporta le cercueil du martyr dans une nouvelle tombe sur laquelle elle éleva un oratoire, au col de La Chapelle (emplacement de l'actuelle église Saint-Denis-de-la-Chapelle). Puis le roi Dagobert fit transférer le cercueil à l'abbaye royale de Saint-Denis, nécropole de la dynastie capétienne. La fontaine du martyr devint un lieu de pèlerinage. Son eau avait le pouvoir de guérir les fièvres mais aussi celui de garantir aux époux la fidélité de leurs femmes. « Jeune fille qui a bu l'eau de la fontaine Saint-Denis reste fidèle à son mari. » Elle fut engloutie en 1810 dans une carrière de plâtre, et avec elle, l'espoir de bien des époux...

➨ Une maison d'allure campagnarde semble avoir fait du square son jardin. C'est une dépendance du château des Brouillards, que vous allez découvrir plus loin, de face. Contournez la rotonde en meulière et descendez vers la place Casadesus. Au fond à droite, gravissez le petit escalier et stoppez à son sommet.

Jetez un regard indiscret par-dessus la balustrade pour apercevoir le vieux puits en pierres blondes.

➨ Puis engagez-vous dans l'allée des Brouillards.

Jusqu'au XIXe siècle, les sources jaillissaient nombreuses sur ce petit plateau, et, à l'aube comme au crépuscule, les vapeurs d'eau qui s'en dégageaient provoquaient au contact

●●●

1

2

3

4

5

1. La rue Girardon et le château des Brouillards au début du XXe siècle. (Coll. part.)

2 et 3. La maison rose (6, rue de l'Abreuvoir) aujourd'hui et en 1930. (Coll. part.)

4. Le vignoble de la rue des Saules.

5. Cadran solaire au 4, rue de l'Abreuvoir.

de l'air frais de brumeuses condensations. Il y avait là au début du XVIIe une vacherie, réputée pour l'excellence du lait qu'on y tirait, puis un bal champêtre dit des Berceaux Verts, lui-même remplacé en 1772 par la folie du marquis de Lefranc de Pompignan. La voilà, blanche bâtisse au fronton triangulaire et au toit de tuiles. Vers 1890, des artistes démunis – Steinlein, Poulbot, Duchamp-Villon, Van Dongen – occupèrent le château abandonné tandis que son parc devint le refuge de miséreux, le « maquis » précédemment évoqué.

➨ L'allée débouche sur la place Dalida, à l'étonnante configuration.

La rue de l'Abreuvoir semble se lover dans un creux et pour cause : cette cuvette pavée en contrebas de la balustrade était l'abreuvoir où les bêtes venaient le soir se désaltérer après leur labeur dans les carrières, les champs ou sur les chemins. Le spectacle de leurs ébats dans la mare à l'ombre de grands tilleuls attirait gamins du village, lavandières, nourrices, bourgeois flâneurs et artistes en mal d'inspiration.

➨ Remontez la rue de l'Abreuvoir.

À droite, le grand parc en terrasse de la Folie-Sandrin laisse échapper par-dessus le mur de soutènement des échantillons de sa végétation. À gauche, au no 6, une ravissante maison rose, un cadran solaire au no 4 et encore une maison rose au no 2. Ne vous rappelle-t-elle pas un tableau ? C'est *La Maison rose* peinte par Maurice Utrillo.

➨ Toujours tout droit au-delà de la rue des Saules, gravissez la rue Cortot.

À partir de 1885, la maison du no 16 avait pour locataire Aristide Bruant. Dans le jardin que laisse deviner la clôture, le chansonnier avait installé entre son potager et son poulailler ce qu'il appelait son « vélodrome », une allée circulaire où il faisait de la bicyclette pour distraire ses chiens.

➨ Continuez le long de cette rue qui fait le dos-d'âne, vraie rue de village avec ses maisons aux perrons surélevés (côté pair) qui trahissent l'ancien niveau de la rue.

Derrière le porche du no 12, un jardinet et au fond, la plus vieille maison du village, devenue en 1961 le musée de Montmartre. Elle fut au XVIIe siècle la villégiature de Claude de la Rose, dit Rosimond, un comédien qui jouait au théâtre de l'Hôtel de Bourgogne le répertoire de Molière en tenant les rôles que Molière avait tenus. Comme Molière, il écrivait des comédies et comme lui, il mourut en jouant *Le Malade imaginaire* (en 1686). Les salles du musée évoquent le passé de la Butte à travers une très riche collection de peintures, dessins, affiches, manuscrits…

➨ Revenez dans la rue des Saules et descendez le long des vignes en découvrant l'avant de la maison de Rosimond et le parc dit de la Belle-Gabrielle.

Un abreuvoir à deux pas, des sources alentour… Rien d'étonnant à ce que sur cette terre gorgée d'eau se soient enracinés des saules, mentionnés dès le XVe siècle. La rue descend presque aussi abruptement que jadis et sa dernière partie, au-delà de la rue Saint-Vincent, donne une idée de ce qu'était le chemin de terre d'antan.

➨ Installez-vous un moment, à ce carrefour, à l'angle du Lapin Agile.

1 et 2. À l'angle de la rue Saint-Vincent et de la rue des Saules.

3. Rue du Chevalier-de-la-Barre.

Un petit creux ?
Comblez-le sur la délicieuse terrasse de ***L'Été en pente douce*** *(23, rue Muller, tél. 01 42 64 02 67), accrochée sur la placette Utrillo, près de votre terminus.*

Ce cabanon posé de guingois était en 1860 une guinguette mal famée baptisée Au Rendez-vous des voleurs puis Cabaret des assassins. Joyeuse ambiance… que renforce la présence du cimetière Saint-Vincent, derrière le mur, et dont l'entrée se trouvait au nº 40. On s'y rend désormais par la rue Saint-Vincent, fortement abaissée par rapport à celle d'autrefois, comme en témoigne le trottoir « en mezzanine ».

Le clos de vignes rappelle le souvenir des premiers vignobles montmartrois qui couvraient au Moyen Âge 95 % du sol de la paroisse, avant que les ceps ne soient arrachés au profit des céréales et maraîchages. Personne ne l'a vraiment regretté car le vin de Montmartre avait la réputation de faire « sauter comme une chèvre » et d'être diurétique. Un dicton disait : « C'est du vin de Montmartre qui en boit pinte en pisse quarte. » (Une pinte valait 93 centilitres et la quarte 67 litres.)

➨ Longez les vignes par la rue Saint-Vincent, ancienne sente du jardin de l'abbaye.

Le nº 15 est l'adresse du jardin Saint-Vincent, un sauvage qui n'aime guère à être dérangé, sauf à la rigueur le week-end. En semaine, il cultive sa friche et végète spontanément depuis 1985, date à laquelle la Ville de Paris a décidé de le laisser croître naturellement. Herbes folles et insectes s'en donnent à cœur joie.

Au croisement de la rue du Mont-Cenis, l'horizon s'élargit soudain. Cette dernière dévale depuis le XIIe siècle le versant nord de la Butte vers le hameau de Clignancourt et l'abbaye de Saint-Denis. Une plaque à un angle indique son ancien nom : rue Saint-Denis. Très abrupte, elle était ombragée par de grands arbres et pavée seulement en son milieu pour l'écoulement des eaux. Aujourd'hui, elle est entrecoupée de volées d'escaliers.

➨ Tournez à droite dans la rue de la Bonne, allusion à une source défunte. Traversez le parc moderne de la Turlure, qui vous conduira rue du Chevalier-de-la-Barre.

Le chevalier de la Barre est un jeune homme d'à peine vingt ans qui fut torturé et décapité en 1766 sous prétexte qu'il avait omis de se découvrir au passage d'une procession, qu'il avait chanté une chanson impie et qu'il possédait à son domicile le *Dictionnaire philosophique portatif* de Voltaire.

➨ Descendez cette rue.

Au nº 20 de la rue Lamarck s'ouvre le passage Cottin, un escalier raide et étroit qui semble se précipiter dans le vide. Laissez-le de côté et préférez la continuité de la rue du Chevalier-de-la-Barre, encore plus pittoresque avec ses larges paliers successifs dits « pas d'âne ».

Vous voilà à l'intersection de la rue Ramey. Au loin à gauche fumaient les cheminées du hameau de Clignancourt, écart de Montmartre, dont le cœur battait à l'intersection des rues Marcadet et du Mont-Cenis.

➨ La balade se termine ici, à une centaine de mètres du métro Château-Rouge.

Boulevard Ney
Rue Belliard
Porte-de-la Chapelle
Rue de La Chapelle
Imp. du Gué
Rue du Pré
N
200 m
Square Rachmaninov
18e
Rue R.-Queneau
Rue Championnet
Simplon
Rue des Amiraux
Rue des Poissonniers
Rue Jean-Cottin
Rue des Fillettes
Rue Tchaïkovski
Boulevard Ornano
Rue de Clignancourt
Rue du Simplon
Cité C.-Traëger
Rue É.-Chaîne
Rue Boucry
Sq. P.-Robin
Rue des Roses
Place Hébert
R. Baudelique
Rue Boinod
Rue du Nord
Allée d'Andrézieux
R. de la Madone
Rue de l'Évangile
Rue Cugnot
Rue Ordener
R. des Portes-Blanches
Rue Marc-Séguin
Rue Simart
Imp. du Curé
Rue de Torcy
Rue l'Olive
R. de la Guadeloupe
Rue Pajol
Rue Buzelin
Imp. Molin
Rue Marcadet
Marcadet-Poissonniers
Marx-Dormoy
A
Rue Riquet
R. P.-Budin
Rue Ernestine
R. E.-Duployé
Rue Stephenson
R. J.-Robert
Rue Labat
Rue d'Oran
Rue Doudeauville
Rue Léon
Rue Philippe-de-Girard
Imp. Dupuy
Rue Custine
Château-Rouge
Boulevard Barbès
Rue de Panama
R. de Suez
Rue de Laghouat
C. de la Chapelle
Parc paysager de la Cour du Maroc
Rue Poulet
Rue Myrha
Rue Cavé
Pass. Ruelle
Rue du Département
Rue Marx-Dormoy
R. J.-Kablé
Rue Richomme
R. St-Mathieu
Square Léon
Rue J.-F.-Lépine
R. Christiani
Rue Polonceau
Rue des Gardes
R. St-Bruno
Rue Caillié
Rue de la Goutte-d'Or
Rue B.-Vian
Rue de Jessaint
Rue de Sofia
R. des Islettes
R. de Chartres
R. de Tombouctou
Boulevard de La Chapelle
La Chapelle
R. Belhomme
R. de la Charbonnière
D
Barbès-Rochechouart
Bd Rochechouart
10e
R. Perdonnet
Rue Louis-Blanc
Rue du Château-Landon
9e
R. G.-Patin
Hôpital Lariboisière
Rue Cail
Rue du Delta
Rue du Faubourg-Poissonnière
Boulevard de Magenta
R. Ambroise-Paré
Rue de Maubeuge
Rue du Faubourg-Saint-Denis
Hôpital Fernand-Widal
Rue de Dunkerque
Rue de l'Aqueduc
Rue La Fayette
Gare du Nord
Rue Pétrelle
Rue de Rocroy

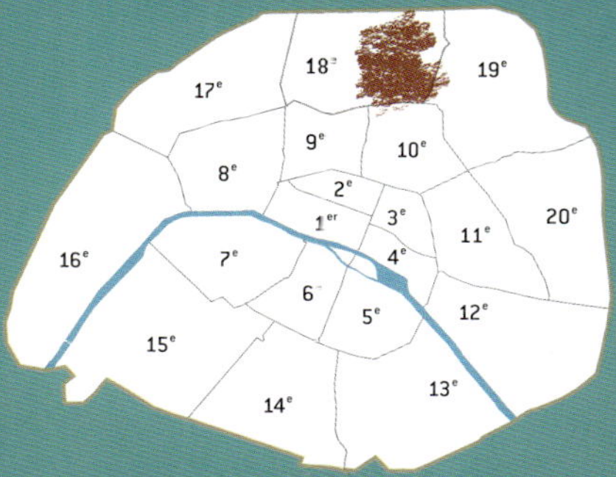

La Chapelle-Saint-Denis

De Barbès au métro Marx-Dormoy

La Chapelle-Saint-Denis

Des roses autour du col

Avant d'être un village, La Chapelle est avant tout un col, seul passage commode vers le nord entre les collines de Montmartre et de Belleville. Au sommet de ce col se trouvait dès le VIe siècle une chapelle consacrée à saint Denis (voir la légende du martyr de saint Denis, p. 241, dans la balade à Montmartre).

Les empereurs, rois et princes des royaumes nordiques, quand ils se rendaient à Paris, passaient forcément par sa grand-rue avant de faire leur entrée solennelle dans la capitale par la porte Saint-Denis. Les rois de France, eux, empruntaient ce chemin, droits sur leur monture quand ils allaient guerroyer au nord, ou les pieds devant, pour leur dernier voyage vers la crypte royale de la basilique de Saint-Denis. Les habitants du hameau de La Chapelle ont eu, plus que d'autres, leur lot de cortèges somptueux.

Le long de cet axe de circulation s'installa un chapelet de rouliers (transporteurs) loueurs de voitures, de maréchaux-ferrants, d'auberges et de marchands de vin. Au-delà de la route, sur la plaine plus propice à la culture des céréales qu'à celle de la vigne, s'étendaient des champs de blé et d'avoine, des vergers et des maraîchages, car la bourgade approvisionnait Paris en fruits et légumes. Par le décret du 19 octobre 1790, l'Assemblée nationale étendit le territoire de La Chapelle en lui annexant l'écart de la Goutte d'Or. Malgré cette extension, ce n'était toujours qu'un gros bourg rural d'à peine 1 000 habitants, réputé pour son marché aux bestiaux.

La construction des lignes de chemin de fer du Nord et de l'Est, de 1843 à 1846, en bouleversa la physionomie. La commune fut littéralement coupée en deux par une double saignée de rails tandis que des dépôts, des ateliers et des arrière-gares mangèrent une bonne partie des terrains. Le chemin de fer apporta en contrepartie une nouvelle population composée d'ouvriers du rail et de cheminots, venus se fixer avec leur famille à proximité de leur lieu de travail.

Au plus près des locomotives vinrent aussi se planter un grand nombre d'industries du secteur métallurgique (fabrique de wagons, ateliers de mécanique, fonderie de fer, chaudières...), suivies de la main-d'œuvre afférente. Et la démographie explosa, atteignant 33 449 habitants en 1856.

Pharmacie 102, rue de La Chapelle, en 1907.
(© Musée Carnavalet/Roger-Viollet)

Le bourg agricole se métamorphosa en ville industrielle aux façades noircies par les fumées des usines.
En 1859, le conseil municipal se réunit pour discuter de l'annexion prochaine. Certes, les notables évoquèrent les préjudices qui allaient sans doute un peu affecter les industries locales, mais ils étaient surtout alléchés par les embellissements édilitaires qui profiteraient à leur commune appelée à devenir un quartier de Paris. Le conseil donna donc pleine et entière adhésion au projet, tout en sollicitant la bienveillance du gouvernement sur certains privilèges à accorder concernant les droits d'octroi et d'entrepôt.
Votre privilège à vous sera de profiter d'une promenade relativement courte, l'industrialisation précédemment évoquée s'étant chargée de « lifter » sévèrement le visage du vieux village de La Chapelle-Saint-Denis.

1. La villa Poissonnière.

2. 38, rue Polonceau.

La Chapelle-Saint-Denis

Durée : 1h

Départ au métro Barbès-Rochechouart. Remontez le boulevard Barbès sur le trottoir pair jusqu'à son intersection avec la rue des Poissonniers.

Vous êtes à l'orée du quartier de la Goutte d'Or. Ce nom découle-t-il de la présence des nombreux bijoutiers qui font miroiter dans leurs vitrines mille gouttelettes d'or fondues en formes de maillons, de médailles, d'anneaux… ? Non, le quartier a été baptisé ainsi bien avant son orientalisation, quand il n'était encore qu'un hameau, au mitan du Moyen Âge. Ses terres nourrissaient un vignoble de renom. Sous le règne de Saint Louis, un savant philosophe nommé Rudolf présida un grand concours œnologique. Le premier prix fut décerné au vin de Chypre, proclamé le « pape » des vins ; le second au vin de Malaga, « cardinal » des vins ; le troisième fut partagé entre les vins de Malvoisie, d'Alicante et de la Goutte d'Or, déclarés les « rois » des vins. La ville de Paris n'avait pas attendu cet élogieux verdict pour offrir chaque année au roi de France, au jour anniversaire de son couronnement, quatre muids de vin de la Goutte d'Or.

Empruntez la rue des Poissonniers sur quelques mètres.

Elle grimpe vers le nord, sinueuse et relativement étroite, épousant le tracé de l'ancien chemin de la Marée. Par là arrivait au Moyen Âge le poisson pêché au large des côtes picardes et normandes et acheminé *fissa* par le chasse-marée. Celui-ci roulait toute la nuit à un train d'enfer pour arriver à l'ouverture de la halle aux poissons. Son parcours se lit aujourd'hui sur un plan de Paris : rue des Poissonniers, rue du Faubourg-Poissonnière, rue Poissonnière, laquelle aboutit aux Halles où le poisson était vendu.

Virez de bord dans la rue Polonceau.

Son arrondi révèle qu'elle suit la ligne de crête de la butte des Couronnes, sur laquelle les ailes de cinq moulins à vent tournèrent de 1750 à la Restauration (et qui était aussi appelée butte des Moulins).

La haute grille du n° 41 offre un paysage rare en ce quartier : celui d'une allée pentue aux pavés rebelles, bordée de cottages presque invisibles derrière un voile de végétation. La villa Poissonnière, créée vers 1850, étant privée, il faudra vous contenter de cette frustrante échappée.

Consolez-vous en tournant la tête de l'autre côté de la rue, vers le n° 38.

Une maisonnette posée de biais nargue l'alignement de la rue. Patinée, arrondie, protégée d'un muret de vieilles pierres, elle est précédée d'un escalier d'une dizaine de marches

1. À l'angle de la rue des Gardes et de la rue de la Goutte d'Or.
2. L'église Saint-Bernard-de-La-Chapelle.
3. À l'angle de la rue de Chartres et de la rue de la Charbonnière.
4. Le Sacré-Cœur vu dans la perspective de la rue de Chartes.

menant à une terrasse. Sur ce socle étaient jadis plantés le moulin des Couronnes, dernier survivant des cinq moulins de la butte, et la cahute du meunier. C'est un véritable petit miracle que l'urbanisation ait épargné cet emplacement très nettement identifiable.

➨ Poursuivez dans la rue Polonceau puis tournez à droite dans la rue des Gardes. Arrivés devant la fontaine Wallace, posez-vous sur un banc.

La description que fit Zola de la rue de la Goutte-d'Or dans *L'Assommoir* n'est pas si éloignée de son visage actuel. La population y est toujours cosmopolite et laborieuse. Les papis y potinent sur le seuil des portes, assis sur des chaises bancales.

Cette placette était la frontière entre le hameau de la Goutte d'Or et celui de Saint-Ange. Un certain Trutat de Saint-Ange acquit entre 1815 et 1830 une bande de terre contiguë à l'enceinte des Fermiers généraux. Il y traça deux rues en X – la rue de la Charbonnière et la rue de Chartres – et y fit construire des immeubles qu'il loua.

➨ Longez la rue de la Goutte-d'Or puis tournez à gauche dans la rue Boris-Vian. Dirigez-vous vers la rue Saint-Bruno.

L'église Saint-Bernard-de-La-Chapelle, majestueuse, émerge peu à peu du pâté de maisons qui l'entoure. Sa richesse d'ornementation surprend : des arcs-boutants néogothiques, un porche de style flamboyant, un clocher avec une flèche de soixante mètres de haut… Un édifice si somptueux dans un si petit hameau ! Las de devoir aller écouter la messe en l'église Saint-Denis-de-La-Chapelle, là-bas, à l'autre bout de la paroisse, les habitants des hameaux de la Goutte d'Or et de Saint-Ange réclamèrent une église plus proche – d'autant plus que leurs rangs se grossissaient de jour en jour d'un afflux d'ouvriers. Ils furent entendus et la construction débuta en 1858. Ce devait être un bâtiment plus modeste mais entretemps survint l'annexion ; la municipalité parisienne offrit en cadeau de bienvenue un porche pour l'église, consacrée le 29 novembre 1861. Deux plaques apposées près de la porte d'accès à la tribune rappellent cette chronologie. Chose curieuse : ce sont encore le maire et les conseillers municipaux de l'ancienne commune de La Chapelle, son curé et l'architecte de la nouvelle église, qui, à la manière médiévale, sont représentés sur les chapiteaux des piliers de la nef et du chœur. Le grand orgue a été réalisé par le prestigieux facteur Aristide Cavaillé-Coll.

➨ En sortant de l'église, traversez le square en direction du chemin de fer.

La rue Jean-François-Lépine enjambe les lignes de chemin de fer du Nord. La tranchée ferroviaire, creusée de 1843 à 1846, scinda en deux la commune de La Chapelle. Et une autre tranchée, celle des lignes du chemin de fer de l'Est, la sépare de La Villette. Le relief naturel de la région ne laissait guère de choix : bloqués de part et d'autre par les collines de Montmartre et de Belleville, les trains ne pouvaient passer ailleurs que par le col de La Chapelle. Dans mille mètres de plaine, on a dû loger deux gares très proches l'une de l'autre (300 mètres), ainsi que le canal de La Villette. Pour relier tout de même

1. 52, rue Marx-Dormoy.

2. L'église Saint-Denis-de-La-Chapelle.

3. 70, rue Marx-Dormoy.

4. Statue de Jeanne d'Arc, devant l'église Saint-Denis.

5. La circulation a toujours été dense rue de La Chapelle. (© LL/Roger-Viollet)

6. Au rond-point de La Chapelle, de la Saint-Barnabé à la Saint-Jean, avait lieu la foire du Lendit. (Bnf)

les quartiers, des ponts furent jetés au-dessus des voies. Celui-ci fut exécuté en 1897 sans que l'on interrompe la circulation des trains, et son tablier lancé en une seule journée.

➨ Stoppez un moment à l'angle de la rue Marx-Dormoy.

Au loin à droite passe le viaduc du métro. À cet emplacement se dressait la barrière Saint-Denis, la préférée des contrebandiers qui profitaient ici de la présence d'un gros mur devant la guérite de l'octroi pour faire passer en douce des marchandises.

➨ Remontez la rue Marx-Dormoy en direction de Saint-Denis, sur les pas des rois et des empereurs, en cheminant côté impair.

Cette voie s'appelait au XVIIIe siècle rue du Faubourg-de-Gloire. Ce nom n'invite-t-il pas à l'arpenter la tête haute et le torse bombé ? Les rares vestiges de l'ancien village de La Chapelle présentent l'apparence de bâtisses de province flétries, coincées entre des immeubles modernes. C'est le cas des n°s 40 à 44 (notez l'anomalie du 42 bis, mal placé après le 44) et du 52 (sous l'enseigne des Peausseries et mégisseries de France, à la toiture basse en zinc), du 70 (palme de la décrépitude) et du 76 (plus riant).

Un carrefour se forme. La rue Riquet fait depuis le XVIIIe siècle la jonction entre La Chapelle et les villages voisins de La Villette, de Clignancourt et de Clichy.

➨ Traversez la rue et poursuivez votre remontée sur le côté pair.

Noircie par les pots d'échappements et étranglée par un trottoir de deux mètres de large, l'église Saint-Denis-de-La-Chapelle se lamente sur son sort. Au 16 de la rue de La Chapelle, on la remarque à peine. Elle tente bien de rappeler à notre bon souvenir le passage de Jeanne d'Arc qui vint s'y recueillir le 7 septembre 1429 avant d'attaquer les Anglais devant la porte Saint-Honoré. Las ! On lui préfère pour l'office quotidien l'église jumelle. Ses parties les plus anciennes remontent au XIIIe siècle, les plus récentes aux années 1965.

➨ Continuez à longer la rue de La Chapelle, jadis bordée d'auberges, jusqu'à la rue des Roses.

Le prochain feu de circulation que vous voyez dans la rue de La Chapelle coïncide avec l'élargissement de la rue, qui forme là une rotonde. Malgré ses apparences de rond-point moderne, elle est très ancienne. Elle fut dessinée à la sortie du village en 1724 quand la route jusqu'à Saint-Denis fut aplanie et ombrée d'une quadruple rangée d'arbres. Au-delà se tenait du XIIe au XVIe siècles la foire du Lendit, l'une des plus importantes de France au Moyen Âge, qui se déroulait chaque année le deuxième mercredi de juin. Elle drainait des marchands venus de toute l'Europe et même de Byzance. Elle fut transférée en 1556 à l'intérieur des murs de Saint-Denis.

➨ Engagez-vous dans la rue des Roses.

Cette plaque rappelle que ces fleurs poussaient en abondance dans les jardins du village, où l'on en cultivait pour les vendre par brassées aux Halles. À l'intersection de la rue de la Madone se trouve dans une niche une vierge à l'enfant. En face, des roses métalliques s'agrippent à une gouttière.

➨ Plus loin s'annonce la place

1

2

1. 5, rue de l'Olive.

2. Rue des Roses.

Hébert, toute ronde. Asseyez-vous un moment dans le square Paul-Robin.

Haussmann commanda en 1863 le forage de deux puits artésiens : l'un au sud (place Paul-Verlaine, 13e arrondissement), l'autre au nord, ici même, dans ce square. Les deux chantiers rivalisèrent de malchance et les travaux durèrent plus longtemps que prévu. Le forage de ce puits, profond de 718 mètres (120 mètres de plus que ceux de Grenelle ou de Passy), dura vingt-trois ans. Des outils furent inventés spécialement pour ce travail et une difficulté ne cessait de chasser l'autre mais au final, les observations minéralogiques sur la composition du sous-sol ont consolé les ingénieurs de leurs peines. Le puits débite quotidiennement, à une température de 30 °C, 1 100 mètres cubes d'eau qui alimentent la piscine Hébert.

➨ Prenez la rue de l'Évangile.

Cette portion se nommait en 1655 chemin de la Flache. Sachant qu'une « flache » était un endroit rempli de boue et d'eau, mieux valait faire attention où l'on posait les pieds. Des entrepreneurs chargés de l'enlèvement des boues de Paris venaient quotidiennement déverser dans les fossés de chaque côté du chemin leurs charrettes pleines d'immondices. En 1775, un couple y chuta malencontreusement ; on repêcha leurs corps sans vie, asphyxiés par une épaisse bourbe.

➨ Sur la place de Torcy, accolée au dos de l'église, battait le cœur du village.

À la place du marché couvert fut déplacé au XIXe siècle le fameux marché aux vaches laitières, à la paille et aux fourrages de la rue de La Chapelle, qui attirait depuis 1784 l'élite des bovins. Il fut rejoint par trois autres marchés : l'un proposant des bœufs et des taureaux, un deuxième des veaux et le troisième des porcs. L'ensemble déménagea en 1867 dans le marché aux bestiaux de La Villette. On ouvrit alors sur cet emplacement les rues de la Louisiane, de la Martinique et de la Guadeloupe et l'on érigea le marché couvert de La Chapelle, destiné aux produits comestibles.

➨ Flânez dans la rue L'Olive, piétonnière et animée, qui longe le marché couvert. Puis revenez sur la place Paul-Éluard et le métro Marx-Dormoy, terminus de la balade.

Un petit creux ?

Juste devant le métro se trouve la brasserie ***Au Roi du café*** *(2, rue de La Chapelle, tél. 01 46 07 41 10), ouverte tous les jours.*

4
VILLA
DES
GLYCINES

Bibliographie

ADAMOWICZ Serge, *Le 17e arrondissement*, Paris, Michel Dansel éditeur, 1985.

ANTOINE Serge, PIZZORNI-ITIÉ Florence, *La Bièvre redécouverte*, Jouy-en-Josas, JDG Publications, 2000.

AUBERT Chanoine Léon, *Le Petit-Montrouge et l'église Saint-Pierre*, Paris, 1938.

BACHELIN Henri, *Nouveaux tableaux de Paris, Collines et buttes parisiennes*, Paris, Firmin Didot, 1944.

CARACALLA Jean-Paul, *Montmartre*, Paris, Bordas, 1995.

CHADYCH Danielle, LEBORGNE Dominique, *Atlas de Paris, évolution d'un paysage urbain*, Paris, Parigramme, 2001.

Chaillot-Passy-Auteuil, *Promenade historique dans le 16e arrondissement*, catalogue d'exposition, Paris, Délégation artistique de la Ville de Paris, 1982.

CLÉMENT Alain, THOMAS Gilles (dir.), *Atlas du Paris souterrain*, Paris, Parigramme, 2001.

PRÉFECTURE DU DÉPARTEMENT DE LA SEINE, *Commission d'extension de Paris, Aperçu historique*, Paris, impr. Chaix, 1913.

CONTE Gérard, *C'était hier, le XIIIe arrondissement*, Paris, éditions L.M.-Le Point, 1992.

CORBEL Henri, *Petite histoire de Neuilly-sur-Seine*, Tours, 1923.

COTTARD René-Léon, *Vie et histoire du 14e arrondissement*, Paris, Hervas, 1988.

COULOMB Pierre, *Neuilly des origines à nos jours*, Paris, Maurice Gonon éditeur, 1966.

De Vaugirard à Grenelle, promenade historique dans le 15e arrondissement, catalogue d'exposition, Paris, Délégation artistique de la Ville de Paris, 1984.

FIERRO Alfred, *Vie et histoire du XIXe arrondissement*, Paris, Hervas, 1986.

GAGNEUX Renaud, ANKAERT Jean, *Sur les traces de la Bièvre parisienne*, Paris, Parigramme, 2002.

GAUDREAU Abbé, *Histoire de Vaugirard ancien et moderne*, Paris, G.-A. Dentu éditeur, 1842.

GRAVEREAU André, *Chère Villette, histoire d'un quartier de Paris*, auteur-éditeur, Paris, 1977.

Guide de Paris mystérieux, Paris, Tchou, 1985.

HILLAIRET Jacques, *Évocation du vieux Paris, Les villages de Paris*, Paris, éditions de Minuit, 1954.

HOFFMANN Micheline, DAUVOIS Dominique, *Le 14e historique et pittoresque*, Paris, SOS manuscrits, 1980.

JACQUEMET Gérard, *Belleville au XIXe siècle, du faubourg à la ville*, Paris, éditions de l'EHESS, 1984.

JOUBERT Xavier, *Vaugirard et Grenelle au fil des siècles, histoire du XVe arrondissement*, Paris, impr. SPIG, 1960.

LAFFITTE Jules, *Un coin de Paris, le XVIe arrondissement dans le passé*, Paris, Hachette, 1898.

LAMBEAU Lucien, *Histoire des communes annexées à Paris en 1859*, Paris, éditions Ernest Leroux, 1926.

Le 16e arrondissement, Chaillot, Passy, Auteuil, métamorphose des trois villages, catalogue d'exposition, Paris, Délégation artistique de la Ville de Paris, 1991.

LÉPIDIS Clément, *Belleville, mon village*, Paris, Henri Veyrier, 1975.

MAGNIEN Joseph, *Notre vieux Montrouge*, Paris, Éditions franciscaines, 1961.

MARTIN Alexis, *Paris, promenade dans les vingt arrondissements, 18e arrondissement*, Paris, A. Hennuyer éditeur, 1892.

Mémoire présenté par le préfet de la Seine au conseil municipal au sujet de l'extension des limites de Paris, 1859.

PERROY Gilbert, *Histoire du 14e arrondissement de Paris*, Paris, Bordas, 1952.

RENOU Gaëtan, *Histoire de Montrouge des origines à nos jours et du Petit-Montrouge, de Montparnasse et de Plaisance*, Montrouge, 1932.

ROBLIN Michel, *Quand Paris était à la campagne ; origines rurales et urbaines des vingt arrondissements*, Paris, Picard, 1985.

ROCHEGUDE marquis Félix de, DUMOLIN Maurice, *Guide pratique à travers le vieux Paris*, Paris, Champion, 1923.

ROCHEGUDE marquis Félix de, *Promenades dans toutes les rues de Paris par arrondissements*, Paris, Hachette, 1910.

ROULEAU Bernard, *Villages et faubourgs de l'ancien Paris, histoire d'un espace urbain*, Paris, Le Seuil, 1985.

ROUQUET Auguste, *La Villette, vie d'un quartier de Paris*, Paris, éditions du Cygne, 1930.

Société historique et archéologique du 13e arrondissement, *Paris d'hier à demain, le XIIIe arrondissement*, Paris, Éditions municipales, 1971.

VERPRAET Georges, *Paris, capitale souterraine*, Paris, Plon, 1964.

Édition Mathilde Kressmann
Avec la collaboration de Lucie Fontaine et de Sandrine Calas

Direction artistique Isabelle Chemin
Maquette Marylène Lhenri
Cartographie Aurélie Boissière

ISBN 978-2-84096-547-3
Dépôt légal février 2009
Photogravure Alésia studio

Achevé d'imprimer en septembre 2012,
sur les presses de l'imprimerie Moderne de l'Est, à Baume-les-Dames.
Imprimeur respectant toutes les normes environnementales.

11